铁路专业特色教材 ——施工类

无砟轨道施工与组织

陈小平　编

王　平　审

西南交通大学出版社

·成都·

图书在版编目（ＣＩＰ）数据

无砟轨道施工与组织 / 陈小平编. —成都：西南
交通大学出版社，2017.7
铁路专业特色教材. 施工类
ISBN 978-7-5643-5474-9

Ⅰ．①无… Ⅱ．①陈… Ⅲ．①无砟轨道 – 铁路施工 –
施工组织 – 教材 Ⅳ．①U213.2

中国版本图书馆 CIP 数据核字（2017）第 127495 号

铁路专业特色教材 —— 施工类
无砟轨道施工与组织

	责任编辑／姜锡伟
陈小平／编	助理编辑／宋浩田
	封面设计／何东琳设计工作室

西南交通大学出版社出版发行

（四川省成都市二环路北一段 111 号西南交通大学创新大厦 21 楼　610031）
发行部电话：028-87600564
网址：http://www.xnjdcbs.com
印刷：成都勤德印务有限公司

成品尺寸　185 mm×260 mm
印张　16.75　　字数　418 千
版次　2017 年 7 月第 1 版　　印次　2017 年 7 月第 1 次

书号　ISBN 978-7-5643-5474-9
定价　48.00 元

前 言

本书是面向铁道工程及具有铁路特色的土木大类本科生的教材，也可作为研究生及科研、设计、施工技术人员参考书。本教材编写以客运专线铁路轨道施工技术为主，兼顾无砟轨道施工组织技术；突出了轨道施工的"科学性、实用性、可操作性"等基本技术要求；突出了无砟轨道、无缝线路等重点施工技术。

轨道结构直接为高速列车提供走行条件，必须具有高平顺性、高稳定性和高可靠性的特点，因此轨道结构设计及施工是高速铁路建设中的关键技术之一。在高速铁路建设初期，我国通过引进技术的消化吸收及再创新，形成了高速铁路无砟轨道技术系列：CRTS（China railway track system）Ⅰ、Ⅱ型双块式；CRTS Ⅰ、Ⅱ、Ⅲ型板式等。这些无砟轨道结构因受力合理、施工便捷、结构稳定可靠，已在我国时速 250 km、350 km 高速铁路建设中得到广泛应用，并通过京沪、京津、武广、郑西等几条客运专线的建设实践，逐步形成了较完善的无砟轨道施工工法。

无砟轨道制造与施工技术复杂，精度要求高，具有工厂化、机械化、专业化、信息化等特点，应通过标准化建设来确保其施工质量。本书在第二~六章中重点阐明了各型无砟轨道的新技术、新理论、新材料、新工艺，以满足工程技术人员工作的需要。第七章中阐述了无砟轨道跨区间无缝线路施工技术。同时，为兼顾本书内容的系统性和完整性，满足施工的需要，第八章还以一个工程实例介绍了无砟轨道施工组织技术。读者在使用本教材时，可根据实际需要，选用有关内容。

参加本书编写的有：西南交通大学王平（第一章）；中铁四局集团有限公司耿锦、陈亮、姚松柏（第二章）；中铁二局集团有限公司胡健（第三章）；成都大学陈小平（第四章~第八章）。

全书由成都大学陈小平副教授主编，并担任全书的统稿工作，由西南交通大学王平教授担任主审。

本书参考、选用了已出版的《客运专线铁路技术管理手册》、相关的教材，并且得到了铁总各主管部门、中铁二院、各工程局技术人员的大力协助，在此致以衷心的谢意。

鉴于各工程施工单位在高速铁路的前期建设过程中，均研发了有自己特色的新技术、新工艺、新装备，本书未能全面吸收整理，望各施工单位能予以提供相关内容，便于在再版中补充完善。

编 者

2016 年 10 月

目 录

第一章 绪 论

第一节 客运专线铁路轨道施工的技术要求

轨道是铁路重要的基础设备，支承和引导列车车轮，直接承受列车荷载。轨道应保证机车车辆在规定的最大载重和最高速度下运行时，具有足够的强度、稳定性和合理的修理周期。此外，客运专线铁路还特别要求轨道能够为动车提供舒适、平稳运行的高平顺性几何状态。

是否能够实现高平顺的标准是客运专线成败的核心问题，要求高、难度大、涉及面广。国外高速铁路在工程建设和设备管理方面积累了大量的经验，但也得到不少的挫折和教训。这些挫折和教训，很多都由对要求认识不够、对平顺控制不严、采取的措施不当等造成的。因此，所有从事客运专线研究、设计、施工、监理、管理的人员都应该十分重视客运专线轨道平顺性的问题。

无砟轨道是混凝土或沥青混合料等取代散粒道砟道床而组成的轨道结构形式，具有轨道平顺性高、刚度均匀性好、轨道几何形位能力保持持久、维修工作量显著减少等特点，因此，在世界各国铁路建设中得到广泛应用。近年来，随着我国高速铁路（客运专线）的发展，发展无砟轨道新技术成为轨道结构的发展趋势。相对有砟轨道而言，无砟轨道突出的特点之一就是能确保轨道高度平顺，保证旅客列车高速运行时的安全性和舒适度。无砟轨道的特点和性能对铁路线路的设计和施工提出了更高的要求，线路必须具备准确、稳定的几何形态，特别是道床板混凝土施工以后及运营维护过程中可调整的范围极其微小，所以，施工单位在无砟轨道的施工过程中必须保证轨道的高平顺性和强稳定性。

可见，无砟轨道是客运专线铁路重要的工程结构，是核心建造技术之一，其工程质量直接决定客运专线铁路的安全性、舒适性和耐久性。目前，我国客运专线无砟轨道的结构型式有 CRTS I 型双块式、CRTS II 型双块式、CRTS I 型板式、CRTS II 型板式、岔区长枕埋入式、岔区轨道板式等，其施工包括轨道板（枕）制造和现场铺设两大步骤。无砟轨道制造与施工技术复杂，精度要求高，具有工厂化、机械化、专业化、信息化的特点，要求树立起精细施作、精确定位的理念，严格源头控制、细节控制、过程控制，通过严谨的技术与质量管理制度，以先进的设备保工艺，以规范的工艺保质量。

此外，我国铁路客运专线 CTCS-2 级列车控制系统的地面设备要求利用以钢轨传送信号的 ZPW-2000 轨道电路设备，以满足我国客运专线与既有线之间大量的跨线列车的机车信号车载设备的兼容性，从而避免因兼容性问题而浪费铁路运能资源的情况出现。由于无砟轨道内大量铺设钢筋，如果按传统的钢筋施工方法进行施工，则在无砟轨道内的钢筋网会形成闭合回路。ZPW-2000 轨道电路是以钢轨作为传输通道的，当通过钢轨传送信号电流时，会在钢轨周围产生电磁场。由于无砟轨道内的钢筋网距离钢轨轨底较近，钢轨内信号产生的电磁场会在钢筋网内产生感应电流，在轨道电路和钢筋网间形成变压器效应，对轨道电路的钢轨参数产生影响，使轨道电路的传输长度缩短。无砟轨道结构设计与施工要求增大钢轨与无砟轨道结构中钢筋网的距离，降低互感影响；采取结构或绝缘措施，防止无砟轨道结构中钢筋网形成回路；减小钢筋电环路表面整体面积。

第二节　轨道施工关键技术

高速铁路轨道施工的关键技术包括工程测量技术、关键施工工艺、质量控制等。

一、客运专线工程测量技术

客运专线无砟轨道的推广应用，带来了铁路工程测量理念的更新。为保证高速行车对轨道平顺性的要求，轨道必须具备准确的几何线形参数。无砟轨道铺设工艺复杂，一旦建成很难进行调整，若出现质量问题，将为整个工程留下隐患，想改善轨道几何参数将变得十分困难，必须花费高昂的代价进行弥补。因此，无砟轨道的施工质量是客运专线运营能否成功的关键，其施工精度必须保持在毫米级的范围内。高精度的测量是无砟轨道施工质量的重要保证。

无砟轨道对测量精度要求高，其测量方法也有别于普通的铁路测量，但并非仅仅通过购买高精度的测量仪器设备，采用高等级的测量方法来建立客运专线测量控制网，便可一劳永逸地解决无砟轨道的测量问题。我国传统铁路测量方法是采用定测中线控制桩作为联系铁路勘测设计与施工的线路平面测量的控制基准。中线控制桩在线路竣工后便不复存在，线路平面控制基准已经失去，因而在竣工和运营阶段的线路复测只能通过相对测量的方式进行。这种方式只适合测量精度要求低的普通铁路的测量。根据既有线提速的实践可以发现，轨道几何参数有较大变化，这也反映了仅仅依靠相对测量方法对线路进行维护是远远不够的，必须引入绝对测量系统，恢复平面控制网。根据国外高速铁路建设和运营经验，在无砟轨道的勘测、施工、竣工和运营管理的各个环节，需要建立统一的空间数据基础，这样才能在勘测、施工、竣工和运营过程中使轨道变形监测的数据基准统一，才有利于第三方的检测验收和测量数据的标准化和规范化。要成功地建设客运专线无砟轨道，就必须有一套完整、高效且非常精确的测量系统。因此，客运专线勘测控制网、施工控制网和运营维护控制网必须统一坐标系统和起算基准，即所谓的"三网合一"。

"三网合一"包括以下几方面的内容：

（1）勘测控制网、施工控制网、运营维护控制网坐标高程系统的统一。

在客运专线无砟轨道的勘测设计、线下施工、轨道施工及运营维护的各阶段均采用坐标测量定位，因此必须保证三网的坐标和高程系统的统一，才能实现无砟轨道的勘测设计、线下施工、轨道施工及运营维护控制网起算基准的统一。

（2）勘测控制网、施工控制网、运营维护网起算基准的统一。

客运专线勘测控制网、施工控制网、运营维护控制网平面测量应以基础平面控制网 CP Ⅰ作为平面控制基准。高程测量应以二等水准点作为高程控制测量基准。

（3）线下工程施工控制网与轨道施工控制网、运营维护控制网的坐标高程系统和起算基准的统一。

（4）勘测控制网、施工控制网、运营维护网测量精度的协调统一。

工程测量控制网包括平面控制和高程控制两部分，一般采用逐级控制的方式来形成完善的工程测量控制网。分级控制的级数根据国家控制点的精度和密度来确定。对于大型桥梁和长大隧道等构筑物工程还应给予特殊考虑，建立局部专门工程控制网来保证精度。

铁路建设的特点决定了测量控制网必然是分期建设的，施工期间建立的控制网必须保证已建工程不受影响，设计坐标不得变更。不同阶段建立的控制网，需要在已有控制网的基础上加密，形成分级布网形式，先期的控制点坐标作为后期已有控制网的已知数据参与平差。这种固定数据平差形式假定这些已知控制点是没有误差的（实际上必然含有误差），这样它们将以原始数据误差的形式影响（降低）加密控制网的精度。

无砟轨道平面控制网分为三级，依次为基础平面控制网（CPⅠ）、线路控制网（CPⅡ）和基桩控制网（CPⅢ）。基础平面控制网沿线路走向设置，按 GPS 静态相对定位原理建立，为全线（段）各级平面控制测量的基准。线路控制网在基础平面控制网上沿线路布设，为勘测、施工阶段的线路平面控制和无砟轨道施工阶段基桩控制网起闭的基准。基桩控制网为沿线路方向布设的三维控制网，起闭于基础平面控制网或线路控制网，一般在线下工程完成后进行施测，为轨道铺设和运营维护的基准。CPⅡ控制网应附合到 CPⅠ上，采用固定数据平差。当 CPⅡ采用导线测量时，CPⅢ控制网应附合到 CPⅠ或 CPⅡ上，采用固定数据平差；当 CPⅡ采用边角后交会法测量时，CPⅢ控制网应采用独立自由网平差，然后在 CPⅠ或 CPⅡ中置平。分段附合或置平时，相邻段应有足够的重叠，重叠长度应不小于 1 km。

由于铁路设计在高程方面与其他工程关系密切，因此采用国家统一的高程系统即黄海高程系统。如果线路附近无黄海高程系统的水准点，可采用其他高程系统，但必须求得高程系统间的高差或在最后全部换算成黄海高程系统。水准点高程测量应与国家水准点或相当等级的水准点联测，每大于 30 km 联测一次，形成附合水准线路。高程控制网可分级进行：首级采用二等水准网，为全线统一的高程控制网；次级水准网为精密水准网，水准点距离为 1 km。

二、客运专线无砟轨道施工关键工艺

客运专线无砟轨道施工关键工艺包括以下内容。

（一）轨道板（枕）预制场建设

建设单位要按照部颁《客运专线铁路预制板（枕）场建设手册》组织对轨道板（枕）预制场的建场规划和设计进行审查。规划与选址必须满足无砟轨道施组要求，布局与配置要做到工艺先进，流程顺畅，设备齐全，能力匹配，试验检测设备、量具、专用检具校定合格。建设过程要按照批准的建场规划和设计进行监理。

（二）试验室建设

试验室建设必须满足无砟轨道施工要求，试验制度健全，试验仪器齐全，检测规程明确，人员的资质和数量满足要求。乳化沥青砂浆试验室必须按部颁《板式无砟轨道水泥乳化沥青砂浆标准试验室建设方案》进行建设。试验数据应实现计算机管理。

（三）原材料控制

建立严格的原材料采购、运输、存放和使用管理制度。所有原材料要按验标和技术条件的要求进行进场质量检验，不合格批次产品要清除出场。要分类存放，标识齐全，散装材料存放场的基础要进行硬化处理。乳化沥青砂浆充填层主要材料必须按照部颁《板式无砟轨道水泥乳化沥青砂浆施工材料储存管理办法》的要求进行存储，确保存放期间不变质。

（四）预制件生产

严格按照技术条件要求进行轨道板（枕）的生产，做好模板和预埋套管定位精度控制，钢筋网片绝缘及成品板（枕）绝缘测试须达标，混凝土浇筑、振捣、养护等工序应进行工艺试验，预应力张拉应准确同步，扣件组装、成品检验和存放要满足技术条件和设计要求。

（五）精密测量

无砟轨道施工测量必须应用 CPⅢ控制网，采用精密测量方法。建设单位要统筹部署全线CPⅢ网测设工作，统一数据格式、平差软件、仪器精度和基桩设置。施工单位要对 CPⅢ网的基桩做好保护，并负责移交给运营接管单位。

（六）物流管理

建设单位要将无砟轨道物流管理作为施组审查的重要内容，统筹协调好相关单位的便道、通道的使用和维护工作。施工单位要提前做好施工调查，统筹安排原材料、轨道板（枕）运输和存放，统一规划各种施工机械的运行通道。长大隧道和跨江、跨河长大桥梁无砟轨道施工的物流组织方案需经监理单位审查批准。

（七）底座（支承层）施工

混凝土或水硬性材料要按照设计要求进行配合比设计，并报监理单位审批。严格控制混凝土或水硬性材料的入模温度、坍落度、切缝时机和养护工艺。底座（支承层）的顶面高程误差必须满足验标要求。CRTSⅠ型板式无砟轨道凸形挡台的定位精度必须严格控制。CRTSⅡ型板式无砟轨道底座板的临时端刺划分、后浇带位置、张拉工艺和后浇带灌注顺序要经设计单位认可。

底座（支承层）施工质量控制重点为凸形挡台定位（CRTSⅠ型）及底座混凝土标高控制。钢筋绑扎前需测量每个凸形挡台的中心点，并注意曲线地段及长大坡度地段中心的偏移量。中心点测量完成后，将中心点沿线路法向方向引出，做好距离标记。钢筋绑扎完成后利用引出点进行钢筋位置的检查。底座混凝土施工完成后，重新测量凸形挡台的中心点，同时注意曲线地段及长大坡度地段的偏移量，并应明确中心点为凸形挡台上表面或下表面的偏移。底座混凝土利用两侧的伸缩缝模板精确定位标高，伸缩缝木板安装完成后复测其标高，混凝土浇筑后采用型钢沿伸缩缝木板找平。

（八）轨道板（道床板）施工

轨道板必须采用精调系统和先进的软件进行精调，精调不合格不予存盘或打印，不得进行下道工序。CRTSⅡ型轨道板的纵向连接方案必须经过设计单位认可。轨道板（道床板）钢筋绝缘的接地端子必须符合设计要求。

现浇道床板支撑系统的强度、刚度、稳定性必须满足要求，曲线和路基地段应适当加强。利用轨道几何状态测量仪检查确认轨排调整精度，合格后方可浇筑混凝土。道床板平整度应满足验标要求。

（九）乳化沥青砂浆充填层施工

乳化沥青砂浆（简称 CA 砂浆）施工必须严格按照技术要求进行。配合比在上道前必须经过型式试验和工艺性试验，及获得建设单位组织审查认可。施工过程中不得随意变更乳化沥青砂浆施工配合比和搅拌、灌注工艺，确需变更的，应重新进行型式试验、工艺性试验和通过建设单位审批手续。乳化沥青砂浆灌注前必须对轨道板定位精度进行复核。砂浆搅拌车要逐台进行砂浆工艺性试验。

乳化沥青砂浆施工质量控制的重点为砂浆性能指标、灌注密实度、轨道板的精度等。由于 CA 砂浆所采用原材料较多，各类原材料的掺量对其性能指标的影响不一，同时拌和机械搅拌速度及搅拌时间对其性能指标的影响较大，施工中须提前做试验确定标准的计量、拌和程序，保证 CA 砂浆性能指标满足要求。CA 砂浆应密实，灌注袋内应存部分砂浆，并在 0.5 h 后挤压。由于 CA 砂浆采用袋装灌注，灌注过量时会导致轨道板上浮或中线偏移，须采取措施并禁止超灌。

（十）轨道精调

建设单位要组织对轨道精调进行系统研究，确定采用的相关软件和方法。长钢轨锁定后，施工单位采用轨道几何状态测量仪对轨道几何状态进行初始测量，依据验标和设计值，系统分析确定轨道精调。精调应在锁定轨温范围内进行，扣件调高使用量不应超过调整能力的一半。

（十一）成品保护

无砟轨道施工要建立严格的成品保护制度。施工单位要明确预制件生产、运输、存放、铺设等环节的保护措施。施工作业指导书要对防止成品伤损、扣件污染、套管堵塞等问题提出明确要求。做好工序移交记录，明确成品保护责任，实现责任可追溯。

三、客运专线轨道施工质量控制

客运专线轨道施工质量应在以下几方面予以重点控制。

（一）落实质量责任

客运专线轨道施工质量要明确质量责任，严格落实质量终身负责制。建设单位是轨道建设管理的责任主体，全面负责轨道施工组织、技术质量管理。设计单位是轨道设计质量的责任主体，全面负责轨道设计及施工技术支持。施工单位是轨道施工质量的责任主体，全面负责轨道实施的质量控制。监理单位对轨道施工质量承担监理责任。专项技术咨询单位对轨道专项技术进行审核、指导，对咨询工作的质量负责。

（二）加强技术管理

建设单位要建立健全轨道施工图审核、技术交底、技术培训、测量复测、沉降变形观测评估、专用材料准入、试验检验、技术资料管理、专项技术咨询等技术管理制度，重点抓好无砟轨道板（枕）制造、主要机械设备选型、乳化沥青砂浆灌注、轨道精调、专业接口等关键技术方案的审查。施工和监理单位要落实技术管理的相关要求，细化工程技术措施和监理细则，确保落实到位。

（三）统一作业标准

施工单位要根据部颁客运专线轨道施工标准、规范、验标和《客运专线铁路无砟轨道施工手册》《客运专线铁路道岔铺设手册》等，编制作业指导书、施工作业要点卡片等技术文件。建设单位要组织有关单位按照定量化、标准化的原则进行审查，统一无砟轨道和道岔作业标准。

（四）严格质量管理

建设单位要建立严格的质量检查和考核制度，及时发现、整治现场质量问题，形成闭环管理。施工单位要建立质量自控体系，按照验标、技术条件和作业指导书进行工序质量控制。监理单位要编制客运专线质量监理细则。质量自控体系和监理细则经建设单位审查后实施。

（五）做好施工组织设计

建设单位要编制客运专线轨道指导性施工组织设计。施工单位要编制客运专线轨道实施性施工组织设计，经监理单位审查，报建设单位审批后实施。指导性和实施性施工组织设计要根据工程进展的情况适时优化、动态管理。

（六）推行无砟轨道工艺试验

无砟轨道制造和施工要推行"试验先行、样板引路"的管理方法。轨道板（枕）预制场建设要有试生产期，试生产期内要完成预制工艺的摸索和设备的匹配验证等工作，在试生产和上道审查通过后全面展开轨道板（枕）的预制。乳化沥青砂浆配制灌注、精密测量、铺设、精调等关键工序要在线路外进行模拟施工，经建设和监理单位审查通过后方可进行先导段施工作业。先导段施工的长度原则上不小于 2 km。在建设单位对先导段进行验收，并对修改完善的作业指导书进行审查后，施工单位方可展开全面施工。

（七）严格准入制度

客运专线轨道施工应用的新技术、新材料、新工艺、新设备，必须严格履行审查程序。属于科研课题的，按科研管理办法进行审查；部件及产品按上道认证程序进行审查；计量器具按规定进行许可、检验和标定；其他相关设备、工艺、材料的改进应经建设单位批准。

（八）做好开工前的评估及验收

客运专线轨道开工前，建设单位要组织对线下工程的沉降变形观测和 CP Ⅲ 测量网的测设进行评估，组织对路基、桥梁、隧道与轨道接口工序进行验收，组织对轨道施工准备情况进行全面检查，具备条件后方可开工。

（九）加强人员培训

无砟轨道施工必须实行全员培训、持证上岗制度。建设单位要组织对施工、监理等单位的无砟轨道技术、管理人员进行专项技术培训，考试合格后方可上岗。施工单位要组织对精密测量、轨道板（枕）制造、底座（支承层）施工、乳化沥青砂浆灌注、轨道板铺设与调整、道床板混凝土浇筑、轨道精调等关键工序的操作和质检人员进行深化培训，需理论和实作考核合格后持证上岗。

（十）推进专业化施工

无砟轨道施工必须提高专业化施工水平。施工单位要整合资源，组建相对稳定的专业化施工队伍，固定专业技术人员，配齐技术工人，配置专业施工设备，建立专业质量检验体系。建设单位要按照专业化的要求，对无砟轨道施工队伍进行审查，满足要求后方可批准施工。

（十一）提高机械化水平

无砟轨道制造中预应力张拉、桁架钢筋加工、混凝土灌注、养护温度控制、打磨及施工中散枕、粗铺、精调、灌浆等关键工序必须使用数控化、自动化的成套机械设备，有效提高作业精度和工作效率。

（十二）推进信息化管理

无砟轨道施工要在建设管理、施工组织、制造、铺设、成品检验和竣工验收等方面实行信息化管理。建设单位要在无砟轨道施工前对信息化管理工作进行规划，统一相关软件，统一数据库管理。设计单位要提供轨道设计数据，施工、监理单位要及时收集、整理全过程的施工数据，做好数据库维护，确保无砟轨道施工质量和责任可追溯。

第三节　轨道施工组织设计

轨道施工组织设计是指导轨道施工全过程各项活动的技术经济的纲领性文件，是通过运用先进合理的建筑施工技术、利用统筹的基本原理和方法，使轨道工程施工有组织、有计划、有秩序地连续均衡生产。

一、轨道施工组织设计的作用、分类及基本内容

施工组织设计的目的是规定最合理的施工程序，保证用最短的工期将工程建成投产；采用技术先进、经济合理的施工方法和技术组织措施；选定最有效的施工机具和劳力组织；周密地计算和考虑人力、物力，保证均衡施工；制订正确的工程进度，找出施工过程的关键路线；对施工现场的平面和空间进行合理的布置。可以看出，施工组织设计实际上是施工图与实际施工的有效连接纽带，是施工图关于施工单位、工程特性和施工现场具体情况的必要补充。施工组织设计是否合理，在一定程度上还影响工程总造价。

根据轨道工程规模的大小、工程特点和施工特点，轨道施工组织设计一般可分为施工组织总设计、单位工程施工组织设计、分部或分项工程作业设计。作为指导整个施工现场施工全过程的综合性设计文件，施工组织设计可作为编制年度或季度施工计划的依据，也作为修建现场临时性设施工程的依据，还可作为施工准备的依据。

施工组织设计包括编制工程概况、选择施工方案、制订施工进度计划、绘制施工平面图等基本内容。一般情况下施工组织设计是以单个工程为对象进行编制的，它有很强的技术性

和综合性,编制人员应有足够的轨道工程理论基础和一定的实践经验。施工组织设计的内容必须适应工程项目和业主、设计、监理的特殊要求,同时也必须符合国家有关法律、法规、标准及地方规范的要求。施工组织设计编制必须满足最终的一个基本要求即对施工过程起到指导和控制作用,在一定的资源条件下实现工程项目的技术经济双赢的目的。

二、施工组织设计编制要点

施工组织设计的内容,取决于它的任务和作用。在轨道工程施工组织设计体系中,各设计的种类、内容和繁简不尽相同,因此在编制时要突出重点,以解决实际问题为宗旨,提高施工组织设计的实用性。一般应当注意以下三点。

(一)突出重点

施工组织设计的基本内容是组成施工组织设计的最基本骨架,是最主要的部分。但是应根据施工组织设计的不同对象和不同作用,在内容上有所侧重。在轨道工程施工组织总设计中,应当突出总体计划进度的阐述,对施工准备、轨道板(枕)预制、底座(支承层)施工、凸形挡台施工、轨道板(道床板)铺设、乳化沥青灌注、无缝道岔铺设、长轨铺设、钢轨焊接、轨道精调和检验等基本施工方法要明确,对主要物资材料的供应方式和供应时间应进行大致安排,对项目管理部组成、专业施工队和其他劳动组织应作出具体的规定。

在施工技术基本方案中,应着重阐述关于路基沉降与评估、轨道板或凸形挡台定位、底座平整度、工程测量等对轨道铺设精度影响的措施;关于保证轨道板(枕)预制质量控制的技术措施;关于底座(支承层)施工质量控制的技术措施;关于轨道板(道床板)施工质量控制的技术措施;关于 CA 砂浆灌注质量控制的技术措施;关于道岔铺设质量的控制措施;关于长钢轨焊接质量控制的技术措施,关于轨道精调质量控制的技术措施;关于有砟线路道床早期稳定的措施;关于综合施工组织方案等。

在无砟轨道施工组织设计中,要突出具体组织、专用工具选择、关键工序施工方案、施工顺序、质量检验等具体施工要领。在无缝线路铺设的施工组织设计中,要加强长轨运输、现场焊接、应力调整等施工作业的安排。

制订正确的施工方案是提高编制质量的关键。施工方案是指施工方法及相应的技术措施,它主要解决如何把各生产要素有效结合起来的问题,是群体、单体、分部等工程施工组织设计的基础,是决定、指导施工组织设计内容的先决条件。构成施工组织设计的各个环节无一不与施工方案产生关系,并受其制约。因而选择的施工方案是否合理在很大程度上决定着施工任务完成的质量。

重要施工方案的制订需要注意以下几点:对重要施工工艺要预先进行试验,在无砟轨道工程中,底座(支承层)及轨道板铺设、CA 砂浆灌注等关键工序施工难度很大,为此施工单位须进行多次试验,形成成熟便捷的工艺。对重要技术措施要反复论证,因技术措施是否得当对完成轨道工程具有举足轻重的影响,为此要根据国家质量标准和合同、标书的工期、经济要求,结合现有各方面的具体条件加以综合定量分析,采用论证的方式确定合理、可行、经济的技术措施。对重大施工方案的作业流水方向进行认真选择,应根据确定的施工工艺和技术措施,制相控制性流水段、施工层和流水步距,并按总流水方向组织人流、物流和机流,对完成工程有重大影响的施工方法和施工机械要进行定量论证。施工方案是施工组织的核心，在施工中起着制约的作用。只有制订正确的施工方案，才能提高施工组织设计的编制质量。

（二）注意配套

施工组织设计的配套内容是指从基本内容进一步演化或指导出来，为了说明拟建工程中某个局部问题而编制的辅助计划，因此其必须依附于基本内容，如施工准备总进度计划、劳动力需要量计划、大型主辅机械进退场计划、各类物资供应计划等。配套内容应当包括经济指标和某些规定指标。

（三）考虑增变

施工组织设计中增变的内容是指在特定条件下，对基本内容和配套内容的补充，如冬（夏）、雨季施工和既有线附近施工时的重大技术措施。增变的内容是不定型的，随特定条件而变化。在每个施工组织设计中应包括基本内容、配套内容和增变内容。但是在整套施工组织设计中，由于各设计是相辅相成的有机整体，所以在编制过程中对各项设计应选择不同的重点，使整套施工组织设计更适于指导实际施工。

三、施工组织设计应遵循的基本原则

（1）遵循基建程序，适当留有余地。施工总进度的安排应在保证工程质量和安全的前提下，使之符合高速度、有节奏施工的要求。

（2）制定技术措施和组织措施时，应符合保证工程质量和生产安全的要求。

（3）施工组织设计应遵循"以先进的设备保工艺、以规范的工艺保质量、以良好的质量保进度"的原则。

（4）无砟轨道及高速道岔的施工还应遵循"试验先行、样板引路"的技术路线。

（5）高速铁路轨道施工应贯彻落实管理制度、人员配置、现场管理、过程控制标准化的要求，确保轨道施工有序可控。

（6）坚持不断提高施工机械化水平，研制新型的数控化、自动化的成套机械设备，能有效提高作业精度和工作效率。

（7）积极采用新技术、新工艺，结合实际，引进国外先进技术和设备。

（8）做好人力、物力和财力的综合平衡，力争均衡施工。

（9）研究冬季、夏季和雨季施工的特点及产生的问题，力争增加有效工作日。

第二章 CRTS I 型板式无砟轨道施工

第一节 CRTS I 型板式无砟轨道结构

CRTS I 型板式无砟轨道（单元板式无砟轨道）是将工厂化预制的高精度轨道板铺设在浇筑好的底座上，其空间状态精调到位后，将水泥乳化沥青砂浆灌注在板下约 50 mm 的间隙内，从而构成板下全面支承的结构。

CRTS I 型板式无砟轨道主要包括：底座与凸形挡台、水泥乳化沥青砂浆、轨道板、扣件、充填式垫板、钢轨，如图 2-1 所示。轨道板按照结构可分为普通型（图 2-2）和框架型（图 2-3），框架型轨道板的混凝土和水泥乳化沥青砂浆用量相对较小，可以节约成本，同时还可以减缓日温差引起的板的翘曲。

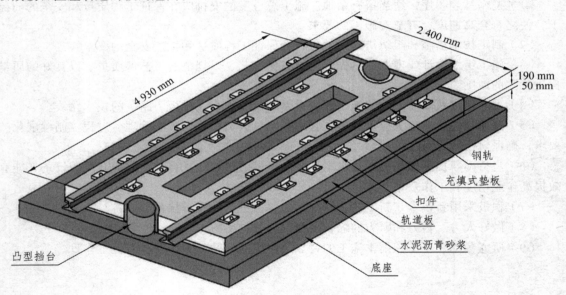

图 2-1 CRTS I 型板式无砟轨道结构示意图

为了在高速运行的状态下也能满足社会环保对噪声振动的要求，在相关线路区段可以铺设减振型轨道板，如图 2-4 所示，除在板底设置弹性垫层外，减振型结构基本与普通型相同。

轨道板按长度可分为 4 962 mm、4 856 mm 和 3 685 mm 这 3 种，其宽度均为 2 400 mm，厚度均为 190 mm。

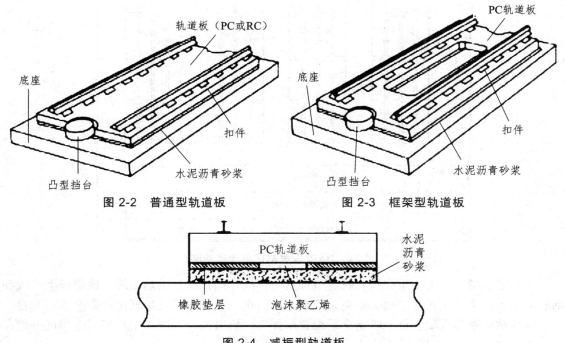

图 2-2 普通型轨道板　　　　　　　　图 2-3 框架型轨道板

图 2-4 减振型轨道板

运营过程中，因线下工程变形或不均匀沉降导致轨道状态不平顺时，可通过改变铁垫板位置整正轨道方向，通过改变充填式垫板的厚度调节轨道高低。如果上述调整方法不足以使轨道恢复平顺，可以采用抬起轨道板的方式进行调整，并重新灌注水泥乳化沥青砂浆。

第二节　轨道板的预制

一、轨道板预制厂

（一）设计生产能力

轨道板预制厂在一定距离范围内提供供应是较为经济的，一般控制在 30 km 内，最大不超过 50 km。因而轨道板预制厂的生产能力约为 50 000 m（线路长度）×2（双线）÷5 m/块×1.05（富余系数）= 21 000 块。

轨道板预制厂的预制能力、存板能力和供应范围应根据项目情况综合考虑，假定按轨道板预制工期 24 个月、每月 25 天考虑，则平均每天需要生产轨道板 21 000 块÷（24 月×25 天/月）= 35 块/天。轨道板预制周期为 24 小时，考虑不同板型轨道板的生产需要，计划配备各类模板共 36 套，即轨道板预制厂的设计生产能力为 36 块/天，才可以满足施工需要。

（二）总体布置

轨道板预制厂一般分为生产区、存板区、办公生活区，同时还应设置配电房、材料仓库等附属设施，厂内道路应与施工便道或地方道路连通，方便原材料进厂和轨道板成品出厂的运输，详见图 2-5。

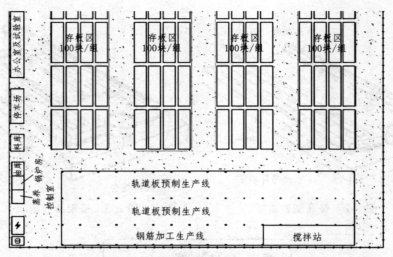

图 2-5　轨道板预制厂平面布置图

生产区包括钢筋加工生产线、轨道板预制生产线、搅拌站及供热系统。轨道板生产线和钢筋加工生产线应布置在室内，一般采用钢结构厂房，模板数量应根据生产需要进行配置。

搅拌站应根据混凝土每小时需求量配置搅拌机，轨道板在湿润养生后运至存板区分组存放；存板区存板能力设计应考虑生产规模和铺设工期等。

（三）功能区的设计及说明

轨道板预制厂平面布置规划说明如下。

1. 生产区

（1）轨道板预制区：内设轨道板预制生产线、成品质量检测区和轨道板湿润养护区，模板采用定型厂制钢模，底模采用预埋高强螺栓的方式固定在台座上，侧模和端模采用铰接方式连接在底模上，可侧向旋开，方便拆模。

钢筋骨架由桁吊吊装入模，预埋件在制板台座上安装，并采用特制的预埋件固定装置固定在底模上，以保证其平位置和垂直度。

混凝土采用变频底振工艺，装配式高频振动器悬挂在底模上，由高频转换器控制其振动频率。高频转换器放置在移动台架上，每条生产线配备 2 台，分别控制 4 台高频振动器。

轨道板拆模由专用千斤顶配合桁吊完成，首先松开侧模，装上支压板，采用千斤顶支承在支压板上将轨道板垂直顶起 6～8 mm，再由桁吊将轨道板移至成品检测区。

轨道板预制和钢筋加工生产线、轨道板成品检查和湿润养护区均设在钢结构厂房内，详细布置参见图 2-6 和图 2-7。

（2）钢筋加工生产线：布置在轨道板预制生产线的一侧，包括原材料存放区、钢筋切割区、钢筋弯制区、钢筋绑扎区和成品骨架存放区，配备 1 台钢筋切断机和 2 台钢筋弯曲机，专用钢筋绑扎胎具 10 套。

根据配筋图进行钢筋下料、弯制，半成品放置在专用移动式台架上推至绑扎区，利用专用钢筋胎具进行绑扎。成品骨架由桁吊吊至存放区或直接吊装入模。

（3）搅拌站：由搅拌设备、水泥筒仓、骨料仓、计量设备和控制室等组成，骨料通过传送带送入搅拌机。

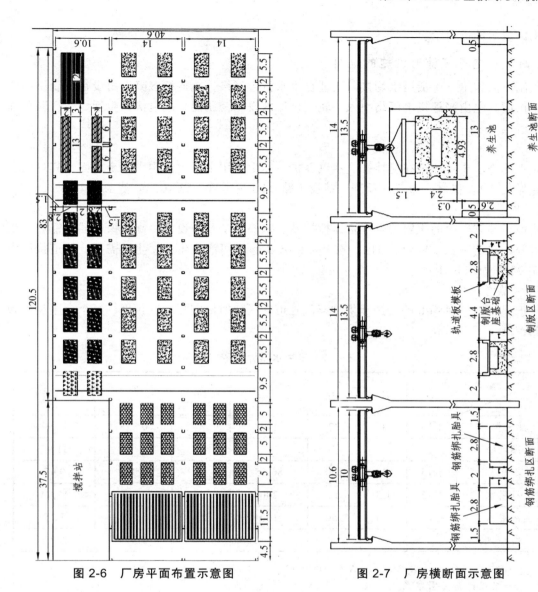

图 2-6　厂房平面布置示意图　　　　图 2-7　厂房横断面示意图

2. 办公生活区

办公生活区主要布置办公室、试验室、职工宿舍、停车场等生活配套设施。

3. 存板区

轨道板铺设由预制厂同时向两端辐射，轨道板铺设速度为 250 m/天×单工作面，按每月 25 个工作日考虑，则轨道板铺设工期为 50 000 m（线路长度）×2（双线）÷2（双工作面）÷250 m/天·单工作面÷25 天/月 = 8 个月。

轨道板储存期按 1 个月考虑，则轨道板铺设期间预制厂的生产量为（8 - 1）月×25 天/月×36 块/天 = 6 300 块，则存板区的理论存板量应为 21 000 - 6 300 = 14 700 块，设计存板能力为 14 400 块，就可以满足施工需要。该区与进出场道路相连，便于轨道板吊装和搬运。

4. 其他临时设施

预制厂内还设置油罐、锅炉房、蒸养控制室及配电房等，用于生产配套服务等，主要布置在生产厂房的进口端。

（四）水电气等辅助设施的说明

预制厂内施工、生活用水均接入当地自来水供应网络。轨道板混凝土由设在预制厂内的搅拌站供应。电由当地供电网络引入，轨道板厂内设置变压器、配电房，生活、生产区单独配线供应。

1. 水

对水的需求主要体现在搅拌站、蒸汽养护、养生池用水、生活用水四个方面，其日用水量计算见表 2-1。供水网布置：预制厂铺设 1 路 ϕ80 主水管，设 100 m³ 蓄水池 1 座。

2. 电

轨道板预制厂内的主要用电设备是搅拌站、钢筋加工制作设备、高频振动器、锅炉、生活用电等，总功率在 500 kW 以内，按 400 kVA 配置即可满足生产、生活需要，轨道板厂内备用 300 kW 发电机 1 台。

3. 供热系统

养护蒸汽由一台 4t/h 的锅炉提供，蒸汽管道在厂建时沿制板台座预埋，每个台座利用阀门单独控制。

表 2-1 日用水量计算表

项目 \ 参数	K_1	K_2	Q_1	N_1（L/m³）	H（h）	q_1（L/s）	Q（m³）
混凝土搅拌	1.15	1	72	144	4	0.828	11.92
蒸汽养护					4	2.22	31.97
二次养护	1.15	1	100	86.65	3	0.923	9.97
洗石用水	1.15	1.5	52	200	5	0.99	17.94
生活用水	1	1.5	250	100	24	0.434	37.5
场内小计						5.395	109.3

注：q_1——用水流量，$q_1 = K_1 \times K_2 \times Q_1 \times N_1 / (H \times 3600)$

K_1——未预计施工用水系数，取 1.0～1.15

K_2——不均衡系数，取 1.0～1.5

Q_1——工作量

N_1——用水定额，混凝土搅拌用水量=144 L/m³

H——日工作时间

Q——日用水量，$Q = q_1 \times H \times 3\,600 / 1\,000 = K_1 \times K_2 \times Q_1 \times N_1$

单台锅炉用水量计算：$4 \times 1\,000 / 3\,600 = 1.11$ L/s

供应网路管径计算：

进场区管径 $D = \sqrt{\dfrac{4 \times q_1}{n \times 1\,000 \times \pi \times v}} = \sqrt{\dfrac{4 \times 5.95}{n \times 1\,000 \times \pi \times 1.5}} = 0.068$ m，设计管径 $D = 80$ mm

n：水管路数

v：流速，施工及生活用水取 1.5m/s（经济参考流速）

（五）生产线的详细设计

1. 工艺布置

模板采用钢丝刷和高压风清理,每次使用前均进行检查以确保变形量处在允许误差之内。

钢筋在加工区内下料、弯制并绑扎成型后,放在钢筋骨架运输台车上运至轨道板预制生产线内,并由10 t桁吊提升放入已经清理、检查完毕的模板内,安装预埋件,自检合格后报请质量工程师检查,确认达到技术要求后浇筑混凝土。

混凝土出料时由串筒直接放料至料斗内,并通过横移滑道运输至轨道板生产线内,再由桁吊提升浇筑,高频转换器配合高频振动器完成振捣工艺,人工抹面并刷毛。混凝土浇筑完毕后,静停4 h,进行蒸汽养生,采用自动温控设备进行温度调节,确保养护温度和湿度能够满足技术要求。

蒸汽养生结束后自然降温至室温,确认同条件养护试件满足强度要求后进行拆模作业,拆模由专用千斤顶和桁吊配合进行。轨道板预制周期为24 h。

轨道板拆模后立即运至成品检测区,经检查合格并标识完毕后移至养护水池内进行二次养护,湿润养护结束后运至存板区内存放。

2. 生产工艺流程设计

轨道板预制总体来说均以模板→钢筋制安→混凝土浇筑→养生作为主线,不同类型轨道板预制工艺略有区别,详见图2-8。

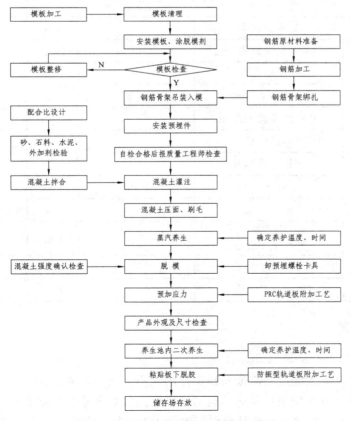

图2-8 轨道板预制施工工艺流程图

3. 制造设备及说明

制造主要设备见表 2-2。

表 2-2 主要设备配置表

设备名称		规格	数量	备注
1.搅拌站装置	散装水泥筒仓	早强 50t	2 个	
	骨料堆放场地	600 m³	1 个	
	计量搅拌装置	HZS60	1 台	
2.钢筋加工设备	钢筋切断机		1 台	
	钢筋弯曲机		2 台	
	半自动焊接机		1 台	
3.装卸设备	桁吊	10 t	4 台	
	汽车起重机	25 t	1 台	
	桁吊	5 t	1 台	
	大型卡车		2 台	场内倒运板用
4.混凝土浇筑设备	轨道板模板		36 套	
	混凝土料斗	1.5 m³	2 个	
	高频变换器		4 台	
	高频模板振捣器		16 台	
	压缩机		2 台	
5.养护设备	锅炉	4 t/h	1 台	小型直管式
	自动温度控制装置		1 套	
	养护水槽		2 套	
6.试验设备	骨料试验器具		1 套	
	万能试验机	100 t	1 套	
	养护水槽		1 套	附带恒温水循环装置
	塞孔栓拉拔试验装置		1 套	
	模板检查器具		1 套	
	产品检查器具		1 套	

二、制造工艺

（一）模板制作与安装

模板采用具有足够的强度、刚度及稳定性的钢模，确保轨道板各部位结构尺寸的正确及预埋件位置的准确，且在使用周期内，轨道板模板的外形尺寸和精度变化应满足允许的偏差要求。模板的允许偏差以轨道板成品允许偏差的 1/2 为准，见表 2-3；对于新制造或翻修的模板，在使用前应接受检查。

表 2-3　模板允许偏差表

序号	检查项目		允许偏差（mm）
1	长度		±1.5
2	宽度		±1.5
3	厚度		0，+1.5
4	预埋套管	中心位置距板中心线	±0.5
		保持轨距的两套管中心距	±0.75
		保持同一铁垫板位置的两相邻套管中心距	±0.5
		歪斜（距顶面 120 mm 偏离中心线距离）	±1
		凸起高度	0，-0.25
5	标记线（板中心线）位置		±0.5
6	轨顶面平整度	轨道板四角水平	±0.5
		承轨面水平	≤0.5
		单侧承轨面中央翘曲量	≤1.5
		相邻承轨面高差	≤0.2
7	其他预埋件位置及垂直歪斜		±1.0
8	半圆形缺口直径		±1.5
9	底模错缝、错台		不允许有
10	侧模、端模错缝错台		≤1.0
11	端模、侧模旁弯		≤1.5
12	底模对角线误差		≤1.5
13	预应力锚穴		≤0.5

模板采用预埋螺栓的方式固定在基础上，测量确认模板与基础的接触程度；模板使用前需进行清扫，在侧模、底模、拐角部分，采用喷气方式清除垃圾、混凝土屑。

在模板表面用棉纱均匀涂刷隔离剂。模板表面不允许漏涂、也不允许涂刷过多，表面不能见明显的油渍，以免影响外观。隔离剂不能涂刷在预埋件表面。

模板应进行日常检查和每月 1 次的定期检查，及时进行维护，检查结果记录在模板检查表中。

（二）钢筋及预埋件安装

CRTS I 型板式无砟轨道包含预应力混凝土轨道板、预应力混凝土框架板及普通钢筋混凝土框架板。其预应力筋采用低松弛预应力钢棒，抗拉强度不低于 1 420 MPa，其性能应符合 GB/T5223.3 的规定。预应力筋端部螺纹采用滚轧成型，配套采用锚固螺母。预应力筋无粘方式宜采用护套包裹，护套材料应采用挤塑型高密度聚乙烯树脂，其性能应符合 GB11116 的规定。非预应力筋中的Ⅱ级热轧带肋钢筋性能应符合 GB1499 规定，环氧树脂涂层钢筋性能应符合 JG3042 的规定，螺旋筋采用低碳钢冷拔钢丝，其性能应符合 YB/T5294 的规定。

使用前首先目视检查钢筋表面洁净、损伤、油渍、锈蚀等状态及程度，并检查钢筋原材料试验报告及产品质量证明书。钢筋的加工、装配以及检测方法报质量工程师审批后才准予施工。钢筋在常温下加工，根据设计图纸制作与实物相同比例的样品，然后进行加工，并随机抽取和对比，避免已经弯曲过的钢筋再度加工。钢筋的加工允许偏差见表 2-4。

表 2-4　钢筋加工允许偏差表

序号	检查项目	允许偏差（mm）
1	受力钢筋顺长度方向全长	−10，0
2	箍筋内边距离	±3
3	钢筋弯钩长度	+10
4	其他钢筋尺寸偏差	±5

由于轨道板内预埋件较多，为避免钢筋绑扎误差影响其位置的准确性，钢筋骨架利用专用台架进行制作，利于钢筋的准确定位和工厂化生产，台架每月用钢卷尺检查 1 次。

把钢筋组装在正确的位置上，在钢筋交叉点用 ϕ0.7 mm ~ 0.9 mm 的铁丝充分牢固地拧紧，梅花形布置绑扎点，交叉点用橡胶绝缘套进行绝缘处理。加工好的钢筋网片分层存放在加工厂房内，以不超过 9 层为宜，每层间用方木支垫。搬运钢筋骨架时，采用 4 点吊具小心搬运。

为保证混凝土保护层厚度，使用细石混凝土垫块，并用铁丝绑紧，每平方米垫块设置数量为 2 ~ 4 块，梅花形布置，并对保护层厚度进行记录。钢筋网装配允许偏差见表 2-5。

表 2-5　钢筋网装配允许偏差表

序号	检查项目	允许偏差（mm）
1	钢筋保护层	0，+5
2	折弯、固定、接头等位置	±20
3	箍筋间距	±10
4	非预应力筋	±5
5	预应力筋	±1
6	预埋绝缘套管位置	±0.5

钢筋就位后，作业人员不得直接在钢筋上行走，必要时设置专用行人板。安放结束后，按设计图纸进行检查，合格后进行下一道工序的施工。

预埋件加工必须做到满足设计要求，外购件必须全部进行检验，合格后方能投入使用。

（三）混凝土浇筑与养护

混凝土浇筑前，应进行配合比设计，测定其坍落度、含气量及抗压强度等，取得满足设计条件的施工配合比后报质量工程师批准后便可用于施工。

混凝土入模温度应控制在 10 ~ 35 ℃，因此夏季时应避免水泥和骨料受到长时间阳光直射，同时适当降低拌合用水的温度；冬季低温施工时，应对材料和模板进行预热。

混凝土由设在预制厂内的搅拌站供应，混凝土运输车配送至预制生产线内，转卸至料斗内，利用 10 t 桁吊吊运料斗进行浇筑。

在混凝土浇筑前应充分地检查钢筋骨架和预埋件的状态，确保没有发生变形和位移。每块板混凝土的浇筑以一块板为单位连续完成，不能增补、接长。混凝土采用高频振捣工艺捣固，避免使用振动棒捣固的方式，同时应注意避免出现过振的现象。混凝土浇筑结束后，用整面机平整混凝土浇筑面。混凝土表面修整完工后，覆盖养护薄膜进行蒸汽养护。

混凝土养护采用蒸汽高温促进养护。蒸汽养护采用自动控温装置，并自动记录温度。蒸汽养护分为静停、升温、恒温、降温四个阶段。浇筑完混凝土静停至少 3 h 后才能升温，升温、降温速度不超过 15 ℃/h，恒温控制在 40～55 ℃，最高温度低于 60 ℃，最高温度的持续时间在 6 h 以内。蒸汽养护完成后，混凝土表面温度和环境温度差小于 15 ℃ 后便可脱模起吊轨道板。

（四）脱模、二次养生

轨道板的脱模要在确认随轨道板进行同条件养护的试件的混凝土抗压强度达到 30 MPa 后方可进行，以防止轨道板发生变形和产生裂缝。脱模时首先松开侧模和端模，拆除内模，装上支压板，用专用千斤顶将轨道板顶出模板，再由桁吊提升。脱模流程见图 2-9。

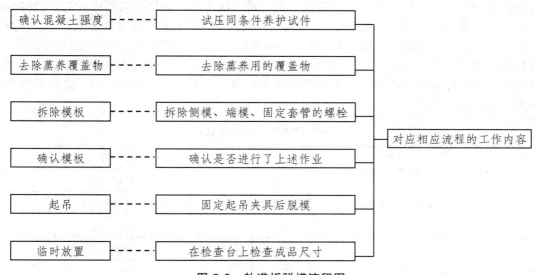

图 2-9　轨道板脱模流程图

轨道板脱模后经检查合格的产品，用 10t 桁吊移至养生池内，养生池的水温应满足养生条件的相关要求。

（五）预加应力

PRC 轨道板脱模后，首先要确认混凝土的预加应力强度（$\sigma_{ci} > 30$ MPa），然后再进入张拉作业。圆钢预加应力的适宜范围是 $\phi13$ 为 95～100 kN/根，$\phi11$ 为 68～76 kN/根。

张拉时应将轨道板的每一根圆钢都编上顺序号码，记录张拉力和实测伸长值，张拉后的圆钢应进行标记，避免遗漏。

张拉采用应力应变双控制，当在规定的张拉应力下不能充分产生拉伸时，应更换位置或回返，以获得规定的拉伸为宜，不得采用冲击圆钢、靠纵向移动减小摩擦的方法。张拉应力由安装在千斤顶上的压力仪测定，拉伸长度由安装在千斤顶上的自动测定仪读出。

千斤顶、压力仪和自动测定仪除在首次张拉之前、修理后和改变组合后需要标定外，每两周也应该标定一次，以保证预加应力的精度。

张拉作业时，严禁站在张拉装置或锚定装置的后面，同时还应设置防护板等保护措施，防止圆钢断裂或锚定装置及张拉装置破坏后给作业人员带来危险。

（六）砂浆封锚

锚定后，应采用无收缩灰浆进行封锚处理，并采用湿润养生。对于养生后产生的细微缝隙，可采用涂抹树脂的方法进行处理，避免对轨道板的耐久性造成缺陷。

封锚砂浆采用 42.5 级水泥、筛除 5 mm 以上的细骨料以及能提高砂浆韧性的聚酯乙烯类聚合物乳液等配制，水泥用量不宜小于 800 kg/m³，灰砂比不应小于 0.50，水灰比不宜大于 0.18，聚合物用量应不小于胶凝材料的 2%。封锚砂浆利用强制式搅拌机拌制，搅拌机转速不宜小于 180 r/min。封锚砂浆填压前，应对锚穴进行清理，不得有油污、浮浆（尘）、杂物和积水，并均匀喷涂能够提高粘结强度的界面剂。封锚砂浆应分层填压，采用空气锤对砂浆进行振捣，频率不小于 1 000 Hz，振捣力不小于 6 kg，振捣次数不得少于 3 次，每次不少于 20 s。封锚砂浆填压过程中，可对砂浆进行二次搅拌，但严禁二次加水。封锚砂浆填压时的环境温度宜为 5 ~ 35 ℃。当昼夜平均气温低于 5 ℃ 或最低气温低于 – 3 ℃ 时，应采取保温措施，保温时间不少于 24 h。避免在阳光直射、雨、雪和大风环境下进行封锚作业。封锚砂浆填压过程中，应随机取样制作 1 d、7 d 和 28 d 的抗压强度试件，试件应采用与封锚砂浆相同的成型条件，试件脱模后进行标准养护。封锚砂浆的性能要求如表 2-6 所示。封锚砂浆填压完毕后应立即在砂浆表面喷涂养护剂。

表 2-6　封锚砂浆的性能要求

序号	项目名称		性能要求
1	抗压强度（MPa）	1 d	≥40
		7 d	≥50
		28 d	≥60
2	抗折强度（MPa）	1 d	≥5
		7 d	≥7
		28 d	≥9
3	抗渗透性能		≥P20
4	收缩率（%）		≤0.02
5	氯离子总含量		不超过胶凝材料总是的 0.06%

（七）板下防振胶垫的粘贴

对于防振型轨道板，在湿润养生结束且轨道板表面充分干燥后，进行板下胶垫的粘贴。利用研磨机对板下胶垫的接触面进行最后的平整加工，采用钢丝刷和高压空气清除残余灰浆、灰尘等附着物，均匀的涂刷黏着剂，胶垫粘贴后立即采用木槌或滚子滚压使其充分密贴，一直静养至产生最大黏着力。

切除板下胶垫的多余部分，并穿通预留孔洞，使其与轨道板尺寸形状保持一致，胶垫的端头和接头部位采用胶带加固保护，胶垫的边角料应按工业废弃品处理方式进行环保处理。

（八）产品的标识及质量保证书

在轨道板的上表面，标识制造时间、制造公司（代号）及轨道板的种类（代号）、制造编号，具体位置和标识方式参见图 2-10。在轨道板的表面，用墨线弹出左右股钢轨的中心线及轨道板中心线。

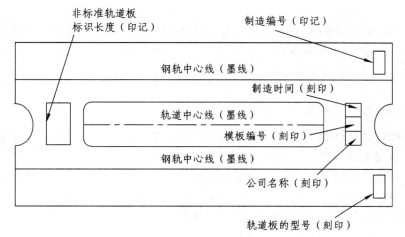

图 2-10　轨道板标识大样图

（九）产品吊装、贮存与运输

为防止轨道板变形、减少占地，轨道板的储存、堆放采用侧立放置的形式。储存台位两端采用三角支撑架固定，板块之间采用"U"形卡连接，以防板块倾倒，如图 2-11 所示。

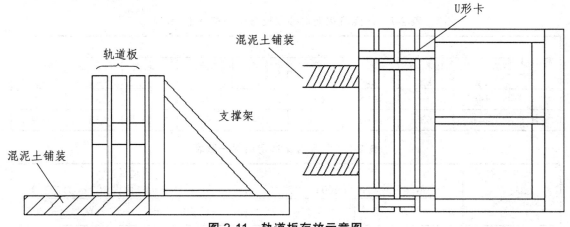

图 2-11　轨道板存放示意图

起吊前，将轨道板翻转成"平置"状态，避免碰伤轨道板。外观检查合格后，安装轨下垫板。

起吊时，用 25 t 轮胎起重机四点起吊，平放在 15 t 载重卡车上，叠放两层，两层间用方木隔开，并用钢丝绳把轨道板全部固定在卡车上，运至指定的吊装点。

轨道运输时，四层平放。装车前先画出车辆底板纵横中心线，以横中心线为界对称装载，每排轨道板纵中心线要重合，其纵中心线投影与车底板纵中心线重合，偏差控制在 ± 20 mm 以内，并采用适当的加固材料进行加固，限制运输过程中轨道板的纵向和横向位移。

第三节　水泥乳化沥青砂浆

水泥乳化沥青砂浆（简称 CA 砂浆）是板式无砟轨道的板下填充层，由沥青乳剂、水泥和细骨料等混合而成，是利用沥青的弹性和水泥的刚性构成的半刚性胶泥，属于水泥系注入材料和沥青系注入材料的中间领域。

一、水泥乳化沥青砂浆的作用

水泥乳化沥青砂浆的强度和刚度与水泥和沥青显著不同，具有较强的水密性、耐油性和耐热性，用于板式无砟轨道填充层主要有以下三个目的：

（1）可部分提供轨道弹性，提高乘坐舒适性；

（2）可完全填满轨道板与底座之间的空隙，形成全面支承的结构；

（3）可对下部结构某一限度内的变形进行修补。

二、水泥乳化沥青砂浆的配合比

为了适应不同气候，可以根据区域将水泥乳化沥青砂浆划分为 2 种配合比（表 2-7），分别适用于寒冷地区和温暖地区（表 2-8），其中 B 配合比是将部分沥青乳剂替换成聚合物乳剂，用以改善寒冷地区水泥乳化沥青砂浆硬化后在低温时的耐冲击性和抗冻性。

表 2-7　水泥乳化沥青砂浆配合比一览表（$1m^3$）

配合比	材料用量								
	A 乳剂 kg	P 乳剂 kg	水 kg	砂 kg	水泥 kg	铝粉 g	消泡剂 g	膨胀剂 kg	AE 剂 kg
A	496	—	≤78	620	279	40	155	31	7.8
B	441	63	≤62	630	284	41	158	32	7.9

表 2-8　各配合比适用情况一览表

轨道板类型　　地区	明亮区间（包括隧道坑口向内 200 m 的范围）		隧道区间（不包括隧道坑口向内 200 m 的范围）	
	平板型轨道板	框架型轨道板	平板型轨道板	框架型轨道板
温暖地区	A 配合比	B 配合比	A 配合比	A 配合比
寒冷地区	B 配合比	B 配合比	A 配合比	A 配合比
说明：寒冷地区是指一年内冻融次数超过 80 次的地区				

三、水泥乳化沥青砂浆的质量标准

水泥乳化沥青砂浆的主要技术指标详见表 2-9。

表 2-9 水泥乳化沥青砂浆的质量标准

序号	项目		单位	指标
1	抗压强度	1 d/7 d/28 d	MPa	>0.1/>0.7/>1.8
2	弹性模量 28 d		MPa	100～300
3	砂浆温度		℃	5～40
4	流动度		s	18～26
5	可工作时间		min	≥60
6	含气量		%	8～12
7	表观密度		kg/m³	>1 300
8	膨胀率/材料分离度/泛浆率		%	1.0～3.0/<1.0/0
9	抗冻性			300 次冻融循环试验后，相对动弹模量不得小于60%，质量损失率不得小于5%
10	耐候性			无剥落、无开裂、相对抗压强度不低于70%

四、原材料

（一）各种原材料的主要作用

水泥乳化沥青砂浆由水泥、乳化沥青、聚合物乳液、细骨料（砂）、混合料、水、铝粉、各种外加剂等原材料组成。各种原材料的主要作用见表 2-10。

表 2-10 水泥乳化沥青砂浆各组成材料及作用

序号	原材料	作用
1	A 乳剂	改善砂浆的抗裂性能，提高韧性，具有一定缓冲作用
2	P 乳剂	使砂浆更加细密，提高水密性，改善抗裂性能，具有一定抗冲击作用
3	铝粉	使砂浆在凝固之前发生膨胀，提高其填充性能
4	膨胀剂	补偿水泥乳化沥青砂浆硬化后的收缩
5	消泡剂	消除水泥乳化沥青砂浆搅拌时裹入的粒径较大的气泡，起到气泡微化的作用
6	AE 剂	具有引入微小气泡的作用，提高抗冻性，有利于降低成本
7	水泥	提高早期强度，加快作业循环，并确保砂浆强度
8	水	调节砂浆的流动度，提高工作效率

（二）各种原材料的技术要求

水泥乳化沥青砂浆用的所有原材料应有合格证明书和复验报告单，并按国家现行检验标准及技术条件要求进行检验。水泥乳化沥青砂浆所用原材料应符合下列规定。

無砟軌道施工與組織

1. 沥青

沥青应选用重交通道路石油沥青，主要性能指标应满足表 2-11 的要求。

表 2-11　沥青性能指标

序号	项　目		单位	指标要求	试验方法
1	针入度（25 ℃，100 g，5 s）		0.1 mm	60～100	JTJ052- T0604
2	延度（5 cm/ min，15 ℃）		cm	>100	JTJ052- T0605
3	软化点（环球法）		℃	42～54	JTJ052- T0606
4	闪点（COC）		℃	≥230	JTJ052- T0611
5	含蜡量（蒸馏法）		%	≤2.2	JTJ052- T0615
6	密度		g/ cm³	≥1.0	JTJ052- T0603
7	溶解度（三氯乙烯）		%	≥99.0	JTJ052- T0607
8	薄膜加热试验后的残留物（163 ℃，5 h）	质量损失	%	≤0.6	JTJ052- T0603
		针入度比	%	≥50	
		延度（15 ℃）	cm	≥50	

2. 改性沥青

沥青可采用 SBS 或 SBR 进行改性，改性沥青性能应分别符合表 2-12、表 2-13 的要求，用于生改性沥青的沥青性能应能满足表 2-14 的要求。

表 2-12　SBS 改性沥青技术要求

序号	项目		单位	指标要求				试验方法
				I -A	I -B	I -C	I -D	
1	针入度（25 ℃，100 g，5 s）		0.1 mm	≥100	≥80	≥60	≥40	
2	针入度指数 PI			≥-1.0	≥-0.6	≥-0.2	≥+0.2	
3	延度（5 cm/ min，15 ℃）		cm	≥50	≥40	≥30	≥20	
4	软化点（TR&B）		℃	≥45	≥50	≥55	≥60	
5	运动黏度（135 ℃）		Pa·s	≤3				
6	闪点（COC）		℃	≥230				JTJ052 -2000
7	溶解度		%	≥99				
8	离析，软化点差		℃	≤2.5				
9	弹性恢复（25 ℃）		%	≥55	≥60	≥65	≥70	
10	薄膜加热试验后的残留物（163 ℃，5 h）	质量损失	%	≤1.0				
		针入度比	%	≥50	≥55	≥60	≥65	
		延度（5 ℃，5 cm/ min）	cm	≥30	≥25	≥20	≥15	

表 2-13　SBR 改性沥青技术要求

序号	项目	单位	指标要求			试验方法
			II -A	II -B	II -C	
1	针入度（25 ℃，100 g，5 s）	0.1 mm	>100	80～100	60～80	
2	针入度指数 PI		≥-1.0	≥-0.8	≥-0.6	
3	延度（5 cm/ min，15 ℃）	cm	≥60	≥50	≥40	
4	软化点（TR&B）	℃	≥45	≥48	≥50	
5	运动黏度（135 ℃）	Pa·s	≤3			
6	闪点（COC）	℃	≥230			JTJ052 -2000
7	溶解度	%	≥99			
8	黏韧性	N·m	≥5			
9	韧性	N·m	≥2.5			
10	薄膜加热试验后的残留物（163 ℃，5 h）	质量损失	%	≤1.0		
		针入度比	%	≥50	≥55	≥60
		延度（5 ℃，5 cm/ min）	cm	≥30	≥20	≥10

3. 乳化沥青性能指标

应使用满足要求的沥青或改性沥青进行乳化沥青的生产，其主要性能指标应满足表 2-15 的要求。其性能指标除了满足规定的要求外，必须以满足最终砂浆的性能为前提。

表 2-15　乳化沥青性能指标

序号	项目		单位	指标要求	试验方法
1	外　观			浅褐色液体、均匀、无机械杂质	JC/T797
2	颗粒极性			阳	
3	恩氏粘度（25 ℃）			5～15	
4	筛上剩余量（1.18 mm）		%	<0.1	
5	贮存稳定性（1d，25 ℃）		%	<1.0	
	贮存稳定性（5d，25 ℃）		%	<5.0	
6	低温贮存稳定性（-5 ℃）[1]			无粗颗粒或块状物	JTJ052- 2000
7	水泥混合性		%	<1.0	
8	蒸发残留物	残留物含量	%	58～63	
		针入度（25 ℃，100 g）	0.1 mm	60～120	
		溶解度（三氯乙烯）	%	>97	
		延度（5 ℃）[2]	cm	≥20	
		延度（15 ℃）	cm	≥50	

注：（1）当乳化沥青实际使用中经过低温贮存和运输时，进行此项检测。
　　（2）当采用改性沥青制备乳化沥青时，进行此项检测

3. 聚合物乳液

采用高分子聚合物乳液，其主要性能指标应符合表 2-16 的要求。与乳化沥青混合时，应具有良好的相容性，不得产生凝聚、破乳等现象。

表 2-16　聚合物乳液的主要性能指标要求

序号	项目	单位	指标要求	试验方法
1	密　度	g/cm³	1.0±0.1	GB4472-84
2	不挥发物	%	45±3	GB/T20263-2006
3	水泥混合性	%	<1	JTJ052-2000
4	Tg	°C	不低于−5°C	GB/T11175-2002

4. 水泥

采用强度等级不低于 42.5 的硅酸盐水泥或快硬硫铝酸盐水泥，其技术要求应符合 GB175 和 JC933 的规定。

5. 细骨料（砂）

细骨料应选用河砂或机制砂。细骨料应为最大粒径小于 2.50 mm 的岩石颗粒，不得包含软质岩、风化岩石的颗粒。细骨料的其他技术要求应符合表 2-17 的规定。

表 2-17　细骨料的技术指标

序号	项目	单位	指标要求	试验方法
1	细度模数		1.4~1.8	
2	表观密度	g/cm³	≥2.55	
3	吸水率	%	<3.0	
4	泥块含量	%	<1.0	JGJ 52—2006
5	含泥量	%	<2.0	
6	有机物（比色法）		比标准色浅	
7	氯化物含量	%	<0.01	

细骨料宜烘干后使用，颗粒级配宜符合表 2-18 的规定。在贮存和运输过程中，应采取措施防止雨淋、杂物的混入。

表 2-18　细骨料的颗粒级配要求

序号	筛孔尺寸（mm）	过筛物的质量百分比（%）	筛余物的质量百分比（%）
1	2.36	100	0
2	1.18	90~100	0~10
3	0.60	60~85	15~40
4	0.30	20~50	50~80
5	0.15	5~30	70~95

6. 膨胀剂

宜采用硫铝酸钙类膨胀剂,除初凝时间应大于 60 min 外,其他性能指标应满足 JC476 的规定。

7. 水

拌和水应符合 JGJ 63—2006 的相关规定。

8. 铝粉

宜采用鳞片状铝粉,其性能指标满足 GB/T 2085.1 – 2007 的规定。

9. 消泡剂

宜采用有机硅类消泡剂。

10. 引气剂

宜采用松香类引气剂。

11. 干料

其组成成分应分别满足上述原材料的规定要求。

（三）原材料存放要求

各种原材料应根据其性能及用途合理存放,标识清楚。为防潮防雨,水泥、砂、混合料、防水料等在棚内架空存放。液态外加剂及乳化沥青密封存放。

在原材料的贮存和使用过程中,应严格控制在限界温度范围内。其适宜的贮存和使用温度应满足表 2-19 的要求。低于 5 ℃ 时,应对原材料及水泥乳化沥青砂浆的配制过程中所用的容器、机具采取必要的保温措施。

表 2-19　水泥乳化沥青砂浆原材料及所用容器、机具的温度管理

原材料与器具		贮存温度	使用时	
			限界温度	适宜温度
粉体	水泥、混合料、细骨料（砂）、铝粉	5～25 ℃	5～30 ℃	10～25 ℃
液体	乳化沥青、P 乳液、水、消泡剂、引气剂、其他外加剂	5～25 ℃	5～30 ℃	10～25 ℃
机具	搅拌机、泵、软管	—	—	10～25 ℃

五、水泥乳化沥青砂浆质量检测方法

（一）水泥乳化沥青砂浆流动度与可工作时间试验方法

1. 试验设备

（1）黄铜制 J 漏斗（如图 2-12）:上口径为 $\Phi70$ mm,下口径为 $\Phi10$ mm,高度为 450 mm。

（2）秒表,读数精度为 0.1 s。

2. 试验条件

试验温度:23±2 ℃。

3. 试验步骤

（1）将 J 漏斗垂直地架设在支架上。

（2）将拌和均匀的砂浆试样注入表面润湿的 J 漏斗中，从输出口流出适量的砂浆后，用手指将输出口压住，使砂浆注满漏斗，并将表面整平。

（3）放开手指，砂浆自然流出，用秒表测定砂浆从开始到结束连续流下所经历的时间，即为砂浆的流动度 ——t（以秒计）。

（4）每隔 10 min 对同一试样进行一次流动度试验，并绘出流动度曲线（如图 2-13），即流动度与累计时间的对应关系。砂浆在规定的流动度范围内可持续的时间，即为砂浆的可工作时间 ——T（以分钟计）。

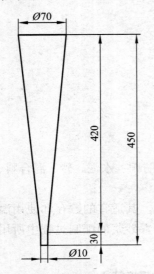

图 2-12　流动度试验漏斗示　　　　　　　　　图 2-13　流动度曲线

4. 检验结果

每组试样进行三次流动度、可工作时间的测试，取其算术平均值。

（二）水泥乳化沥青砂浆表观密度与含气量试验方法

1. 试验设备

（1）天平，感量 1 g；

（2）三角烧瓶，1 000 mL。

2. 试验条件

试验温度：23±2 ℃。

3. 试验步骤

（1）按公式 2-1 计算砂浆的密度：

$$密度 = \frac{原材料总质量}{原材料的容积（质量/密度）总和} \tag{2-1}$$

（2）将三角烧瓶置于天平上，去皮。然后向烧瓶中加入水，使水面与瓶口齐平，记下加入水的质量，由此可得三角烧瓶的容积。

（3）将拌和均匀的水泥乳化沥青砂浆，倒入三角烧瓶中，使砂浆表面与瓶口齐平，记下加入砂浆的质量。

（4）由三角烧瓶的容积以及加入砂浆的质量，可得砂浆的表观密度公式见 2-2：

$$表观密度 = \frac{三角烧瓶内砂浆的质量}{三角烧瓶的容积} \tag{2-2}$$

（5）按式（2-3）计算其含气量：

$$含气量（\%）= \frac{密度 - 表观密度}{密度} \times 100 \tag{2-3}$$

4. 检验结果

检验结果包括试样的表观密度、含气量。取三次试验的算术平均值作为该试样的检验结果。

（三）水泥乳化沥青砂浆抗压强度试验方法

1. 试验设备

（1）材料试验机，载荷误差不大于 ±1%。

（2）浇筑模型，型腔尺寸为 50 mm × 50 mm。

（3）游标卡尺，读数精度为 0.02 mm。

2. 试件

（1）试件尺寸为 50 mm × 50 mm，各龄期试件数均不少于 3 个。

（2）养生条件：20 ± 3 ℃，65 ± 5%RH。

3. 试验条件

（1）试验温度：23 ± 2 ℃。

（2）加载速率：1.0 mm/min。

4. 试验步骤

（1）将流动度、含气量调整合适的水泥乳化沥青砂浆注入 50 mm×50 mm 的模型内，约 24 小时后拆模，然后在指定温度、湿度条件下养生。

（2）到达相应龄期后，用石膏粉对砂浆试样的上表面进行处理，使其表面平滑。

（3）用游标卡尺测量试样承压面的直径，准确至 0.02 mm，测量 3 次取其平均值。

（4）将试样平放在试验机压板的中央，以规定的加载速率施加载荷。

（5）按 1、7、28 天龄期进行单轴压缩试验，当压力达到最大值后停止加载。

5. 检验结果

取同批次三个试件抗压强度的算术平均值（取 3 位有效数字）作为该组试件的抗压强度值，算式见 2-4：

$$\sigma_b = \frac{\sigma_1 + \sigma_2 + \sigma_3}{3} \tag{2-4}$$

（四）水泥乳化沥青砂浆弹性模量试验方法

1. 试验设备

（1）材料试验机，载荷误差不大于±1%。

（2）浇筑模型，型腔尺寸为 50 mm×50 mm。

（3）游标卡尺，读数精度为 0.02 mm。

（4）百分表。

2. 试件

（1）试件尺寸为 50 mm×50 mm，每组试件不少于 3 个。

（2）养生条件：20±3 ℃，65±5%RH

3. 试验条件

（1）试验温度：23±2 ℃。

（2）加载速率：1.0 mm/ min。

4. 试验步骤

（1）将流动度、含气量调整合适的水泥乳化沥青砂浆注入 50 mm×50 mm 模型内，约 24 小时后拆模，然后在指定温度、湿度条件下养生。

（2）到达 28 天龄期后，用石膏粉对试样的上表面进行处理，使其表面平滑。

（3）用游标卡尺测量试样承压面的直径，准确至 0.02 mm，测量 3 次取其平均值。

（4）将试样平放在试验机压板中央，以规定的加载速率加载至抗压强度 0.1 MPa（约 196 N），然后立即卸载，卸载速率与加载速率相同，如此重复 4 次，然后以第 5 次的加载曲线的数据计算弹性模量，一般取加载曲线 3/4 抗压强度与最终抗压强度（0.1 MPa）之间的曲线段进行计算，然后取三个试样的平均值作为该批试样的结果，计算式见 2-5：

$$E = \frac{(\sigma_b - \sigma_a)h}{b-a} \tag{2-5}$$

式中　E —— 试件的弹性模量；

　　　h —— 试件的高度；

　　　σ_a —— 试件加载曲线 3/4 的抗压强度；

　　　σ_b —— 试件加载曲线最终抗压强度；

　　　a —— 试验时第 5 次加载，加载曲线 3/4 抗压强度时试样的变形；

　　　b —— 试验时第 5 次加载，加载曲线最终抗压强度时试样的变形。

5. 检验结果

每组三个试件弹性模量的算术平均值作为该组试件的弹性模量值，公式见 2-6：

$$E = \frac{E_1 + E_2 + E_3}{3} \tag{2-6}$$

（五）水泥乳化沥青砂浆材料分离度试验方法

1. 试验设备

（1）浇筑模型，型腔尺寸为 50 mm×50 mm。

（2）电子比重天平（附带孔的称量挂斗以及水槽），感量 0.1 g。

（3）游标卡尺，读数精度为 0.02 mm。

（4）锯子。

（5）夹钳台。

2. 试件

（1）试件尺寸为 50 mm×50 mm，每组试件不少于 3 个。

（2）养生条件：20±3 ℃，65±5%RH。

3．试验条件

试验温度：23±2 ℃。

4．试验步骤

（1）制作 50×50 mm 的砂浆试件，每组试件不少于 3 个，约 24 小时后拆模，然后在指定温度、湿度条件下养生。

（2）打开电子比重天平预热，将称量挂斗悬挂在电子比重天平下方，并使其浸泡在水槽中，水槽中的水要达到指定的位置。

（3）在砂浆龄期达 28 天后，用游标卡尺量取试样两底面之间的距离，然后将其均分为上、下两等分，并分别用水将其表面润湿。

（4）分别将试样上下两部分放进称量挂斗中，称取其在水中的质量 $M_{上水}$、$M_{下水}$（每次称量水面高度均应达到相同的指定位置）；然后取出试样，用棉布将其表面拭干，达到表干状态，称取上、下两部分的表干质量 $M_{上空}$、$M_{下空}$。

（5）由阿基米德浮力原理，可得上、下两部分试样的体积，然后结合表干状态的质量，利用公式 2-7 和 2-8 可得上、下部分的单位体积质量：

$$上部单位容积质量 = \frac{M_{上空}}{M_{上空} - M_{上水}} \qquad (2\text{-}7)$$

$$下部单位容积质量 = \frac{M_{下空}}{M_{下空} - M_{下水}} \qquad (2\text{-}8)$$

（6）根据称量结果，按式 2-9 计算材料分离度：

$$材料分离度（\%） = \frac{（下部单位容积质量 - 上部单位容积质量）×0.5}{上下部平均单位容积质量} ×100 \qquad (2\text{-}9)$$

5．检验结果

每组三个试件的材料分离度的算术平均值作为该试样的材料分离度。

（六）水泥乳化沥青砂浆膨胀率试验方法

1．试验设备

（1）带刻度、250 mL 的量筒。

（2）游标卡尺，读数精度为 0.02 mm。

（3）深度卡尺。

（4）玻璃板。

2．试验条件

试验温度：23±2 ℃。

3．试验步骤

（1）将量筒竖立在一个无冲击和无振动的水平面上。

（2）测量量筒直径，精确至 0.02 mm，测量三次，取其平均值作为量筒的直径 D；

（3）将流动度、空气含量合适的水泥乳化沥青砂浆，注入量筒，当砂浆表面与量筒 250 mL

刻度处重合时，停止加入；

（4）在量筒上面加一块玻璃板，用游标卡尺（或者深度卡尺）测量水泥乳化沥青砂浆表面至玻璃板的深度 H_0，24 h 后，再测量水泥乳化沥青砂浆表面深度 H_{24}，测量三次，取其平均值。

（5）根据测量结果，用式 2-10 计算其膨胀率：

$$膨胀率 (\%)=0.000\,314\times(H_0-H_{24})\times D^2 \tag{2-10}$$

式中　D ——量筒直径，mm；

　　　H_0 ——初始深度，mm；

　　　H_{24} ——24 h 后的深度，mm。

4. 检验结果

每组三个试件膨胀率的算术平均值作为该试样的膨胀率。

（七）水泥乳化沥青砂浆泛浆率试验方法

1. 试验设备

（1）聚乙烯袋：直径约 50 mm，长度为 500 mm 以上。

（2）玻璃吸管。

（3）容量为 1 000 mL 和 20 mL 的玻璃量筒。

2. 试验条件

试验温度：23 ± 2 ℃。

3. 试验步骤

（1）将水泥乳化沥青砂浆试样注入聚乙烯袋内。

（2）排出袋内空气，封闭袋口，悬挂静置。

（3）24 h 后，观察表面是否有泛浆水。

（4）按式 2-11 计算泛浆率：

$$泛浆率 (\%) = \frac{V_1}{V_0}\times100 \tag{2-11}$$

式中　V_1 ——24 h 以后的泛浆水（mL）；

　　　V_0 ——水泥乳化沥青砂浆的容积（mL）。

4. 检验结果

每组三个试件的泛浆率算术平均值作为该试样的泛浆率。

（八）水泥乳化沥青砂浆抗冻性试验方法

1. 试验设备

（1）浇筑模型：型腔尺寸 100 mm×100 mm×400 mm。

（2）冻（结）融（解）循环试验机（ –18 ℃±2 ℃ ~ 5 ℃±2 ℃ ）。

（3）橡胶试件盒。

（4）动弹模量测定仪。

（5）台秤，感量 1 g。

2. 试件

（1）试件尺寸：100 mm×100 mm×400 mm。

（2）养生条件：20±3 ℃，65±5%RH。

3. 试验条件

（1）每次冻融循环应在 2 h～4 h 完成，其中用于融化的时间不得小于整个冻融时间的 1/4。

（1）在冻结和融化终了时，试件中心温度应分别控制在 –18 ℃±2 ℃ 和 5 ℃±2 ℃；

（2）每块试件从 3 ℃ 降至-16 ℃ 所用的时间不得少于冻结时间的 1/2。每块试件从 –16 ℃ 升至 3 ℃ 所用时间也不得少于整个融化时间的 1/2，试件内外的温差不宜超过 28 ℃。

（3）冻结和融化之间的转换时间不宜超过 10 min。

4. 试验步骤

（1）将流动度、含气量合适的水泥乳化沥青砂浆浇筑在 100 mm×100 mm×400 mm 的模具中，每组试件 3 块，约 24 小时后拆模，然后在指定温度、湿度条件下养生；除制作冻融试件外，尚应制备同样形状、尺寸、中心埋有热电偶的测温伴随试件。测温时间伴随试件所用水泥乳化沥青砂浆的抗冻性能应高于被测试件。

（2）砂浆试件在到达 28 天龄期后开始冻融试验，试验前首先在砂浆试件的 100 mm×400 mm 的侧面分别画出横向、纵向的中心线，然后将砂浆试件浸泡于温度在 20 ℃±2 ℃ 的水中（包括测温试件），浸泡时水面高出试件顶面 20 mm，浸泡时间为 4 天，浸泡完后进行冻融试验。

（3）浸泡完毕后，取出试件，用湿布擦除试样表面水分，称量试件初始质量 G_0；用动弹模量测定仪测定砂浆试样的横向基频的初始值 f_0，并对试件的外观进行必要的记录。

（4）将试件放入试件盒内，向试件盒中注入清水。在整个试验过程中，盒内水位高度始终保持高出试件顶面 3 mm 左右。

（5）将试件盒放入冻融箱内的试件架中。测温伴随试件放在冻融箱的中心位置。

（6）一般情况下每经 25 次冻融循环应测量一次试件的横向基频 f_n，测量前将试件表面浮渣清洗干净，擦去表面积水，并检查其外部损伤并称量试件的质量 G_n。测完后，应迅速将试件调头重新装入试件盒内并加入水，继续试验。试件盒在冻融箱中的位置应固定，也可根据预先的计划转换试件盒的位置，以消除可能存在的温度影响。试件的测量、称重及外观检查应尽量迅速，以免水分损失，待测试件需用湿布覆盖。

（7）为保证试件的温度稳定均衡，当有一部分试件停冻被取出时，应另用其他试件填充空位。如冻融循环因故中断，试件应保持在冻结状态下，并最好能将试件保存在原容器内用冰块围住。如无法实现，则应将试件在潮湿状态下用防水材料包裹，加以密封，并存放在 –18±2 ℃ 的冷冻室或冰箱中。

试件处在融解状态下的时间不宜超过两个冻融循环的时间。特殊情况下，超过两个循环周期的次数，在整个试验过程中只允许发生最多 2 次。

（8）冻融达到以下三种情况之一时即可停止试验：

① 达到规定的冻融循环次数。

② 相对动弹模量下降到 60% 以下。

③ 质量损失率达 5%。

（9）试件的相对动弹模量按式 2-12 计算：

$$P = \frac{f_n^2}{f_0^2} \times 100 \qquad\qquad (2\text{-}12)$$

式中　P——经 N 次冻融循环后试件的相对动弹模量，以 3 个试件平均值计算（%）；

f_0——冻融循环试验前测得的试件横向基频初始值（Hz）；

f_n——经 N 次冻融循环后试件的横向基频（Hz）。

（10）试件冻融后的质量损失率按式 2-13 计算：

$$\Delta W_n = \frac{G_n - G_0}{G_0} \times 100 \qquad\qquad (2\text{-}13)$$

式中　ΔW_n——经 N 次冻融循环后试件质量损失率，以 3 个试件的平均值进行计算（%）；

G_0——冻融循环试验前的试件质量（kg）；

G_n——经 N 次冻融循环后的试件质量（kg）。

（11）试件耐久性系数按式 2-14 计算：

$$K_n = P \times N / 300 \qquad\qquad (2\text{-}14)$$

式中　K_n——试件耐久性系数；

N——冻融循环次数；

P——经 N 次冻融循环后试件的相对动弹模量。

5. 检验结果

水泥乳化沥青砂浆抗冻性试验结果应包括：冻融循环次数、相对动弹模量、质量损失率，耐久性系数（参考值）。

（九）水泥乳化沥青砂浆耐候性试验方法

1. 试验设备

（1）浇筑模型：型腔尺寸 40 mm×40 mm×160 mm。

（2）人工加速耐候试验箱：

光源：6 000 W 水冷式管状氙灯；

试件与光源的距离：35 ~ 40 cm；

稳定设备：CZ – 63 型磁饱和稳压器或其他稳压设备。

（3）材料试验机，载荷误差不大于±1%。

2. 试件

（1）试件尺寸为 40 mm×40 mm×160 mm。

（2）养生条件：20±3 ℃，65±5%RH。

3. 试验条件

（1）工作室温度 60±2 ℃。

（2）相对湿度：70±5%RH。

（3）模拟降雨周期：试样每照射 1 h，降雨 9 min。

4. 试验步骤

（1）将流动度、含气量合适的水泥乳化沥青砂浆，注入 40 mm×40 mm×160 mm 的模型中，一次成型 8 组试件，每组试样数为 3 个，约 24 小时后拆模，然后在指定温度、湿度条件下养生。

（2）试件标准养护 28 d 后，将其中 4 组试件放入快速耐候试验箱的试样夹具架，并将其插到转鼓上，按人工气候箱的操作规程开动机器，按试验条件进行试验，照射时间为 500h。同时将另外 4 组的对比试件继续置于 20±3 ℃，65±5%RH 的环境中进行标准养护。

（3）当照射时间达到 0、100、300、500 h 时，分别对被照射试件和同龄期未被照射的标准试件进行抗压试验，同时检查试件的外观变化情况。

（4）按式 2-15 计算不同照射时间水泥乳化沥青砂浆试件的相对抗压强度：

$$\sigma = \frac{\sigma_t}{\sigma_0} \times 100\% \tag{2-15}$$

式中　σ_t——不同照射时间被照射试件的抗压强度值，MPa；

　　　σ_0——相同时段标准养护试件的抗压强度值，MPa；

　　　σ——不同照射时间试件的相对抗压强度，%。

（5）检验结果

检验结果应包括试件的外观变化情况、试样的相对抗压强度。其中试样的相对抗压强度值取每组三个试件相对抗压强度的算术平均值，即 $\sigma = (\sigma_1 + \sigma_2 + \sigma_3)/3$。

第四节　专业施工机具

CRTS I 型板式无砟轨道施工机具主要包括混凝土施工设备（混凝土搅拌站、混凝土运输车、混凝土泵车、混凝土运送泵、钢筋加工设备等）、轨道板吊装设备（线下至线上）、轨道板运输设备（线下、线上）、轨道板铺设设备、轨道板空间状态调整设备、水泥乳化沥青砂浆搅拌灌注设备、凸形挡台周边树脂灌注设备、充填式垫板施工设备及无缝线路施工设备等，各个施工单位选择施工设备时会因为项目情况不同而有所区别。

一、轨道板吊装设备

吊装设备主要有悬臂龙门吊（图 2-14）、汽车式起重机（图 2-15）等，在桥梁顶面高度较低且场地开阔时一般使用汽车式起重机，反之则会选择悬臂龙门吊。

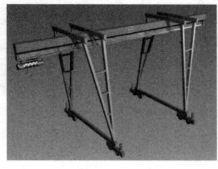

图 2-14　悬臂龙门吊示意图　　　　图 2-15　汽车式起重机作业图

二、轨道板运输设备

轨道板运输设备主要包括平板卡车（图 2-16）、专用运板车（图 2-17）、轮轨式运板车组（图 2-18）等。

图 2-16　平板卡车运板作业图　　　　　图 2-17　专用运板车

三、轨道板铺设设备

铺设设备主要包括龙门吊（图 2-14）、铺板机（图 2-19）、PBC 运铺一体机（图 2-20）等。

图 2-18　轮轨式运板车组作业图　　　　　图 2-19　铺板机

图 2-20　PBC 轨道板运铺一体机

四、轨道板空间状态调整设备

轨道板调整主要包括量测设备如三角规（图 2-21）和调节设备如三向千斤顶（图 2-22）、

三向吊架（图 2-23）等。

图 2-21 三角规

图 2-22 三向千斤顶

图 2-23 三向吊架

五、水泥乳化沥青砂浆搅拌灌注设备

由于 CRTS I 型板式无砟轨道采用低弹模砂浆，要求在无外加压力的情况下依靠重力进行自流灌注，因此水泥乳化沥青砂浆搅拌灌注一般采用一体化设备，主要有轮轨式的 M1500型（图 2-24）和轮胎式（图 2-25）两种。

图 2-24 M1500 型搅拌灌注车

图 2-25　轮胎式搅拌灌注车

六、凸形挡台周边树脂搅拌灌注设备

凸形挡台周边树脂搅拌设备一般为手持式搅拌机（图 2-26），灌注则采用量杯分装后人工进行的方式。

图 2-26　手持式搅拌机

七、充填式垫板

充填式垫板采用树脂填充，一般人工拌和树脂，倒入灌注器（图 2-27），进行压注（图 2-28）。

图 2-27　灌注器

图 2-28　灌注作业

八、无缝线路施工设备

无缝线路施工设备主要包括长轨铺设车（图 2-29）、移动式焊轨机（图 2-30）等。

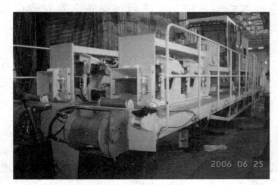
图 2-29 长轨铺设车

图 2-30 移动式焊轨机

第五节 施工工艺

一、国外单元板式无砟轨道施工工艺简介

日本新干线是应用单元板式无砟轨道技术最多的线路，其主要施工方法有"双线运输轨道法""单线运输轨道法""便道法"等，其中以"双线运输轨道法"作为主要方案，其他两种施工方法一般只是在特殊情况下才采用。

（一）双线运输轨道法

将钢轨（日本一般采用用于运营的长钢轨）铺设施工完毕的底座上，形成左右线两条标准规矩的运输通道。首先将其中一条线路的待铺段轨距扩大为 3 100 mm，采用铺板机铺设轨道板，水泥乳化沥青砂浆灌注车行驶在邻线进行灌注，这一条线施工完毕后，将钢轨收拢铺设在轨道板上，进行邻线的施工，如图 2-31 所示。

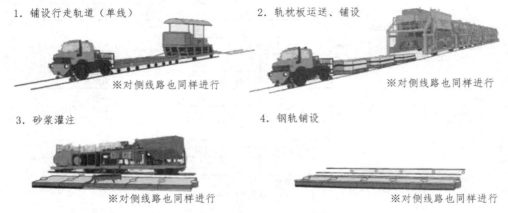

1. 铺设行走轨道（单线）　　　※对侧线路也同样进行

2. 轨枕板运送、铺设　　　※对侧线路也同样进行

3. 砂浆灌注　　　※对侧线路也同样进行

4. 钢轨铺设　　　※对侧线路也同样进行

图 2-31 双线运输轨道法作业顺序示意图

（二）单线运输轨道法

首先铺设一条线的钢轨作为运输通道，运板车组和水泥乳化沥青砂浆灌注车均行驶在该线上，利用龙门吊铺设邻线的轨道板，其余作业基本相同，施工完毕后将钢轨拆除安装在邻线已经铺设好的轨道板上形成新的运输通道，再用同样的方法施作第二线。

（三）便道法

该方法仅在线下工程未贯通且需要抢工时使用，采用汽车式起重机将轨道板从线下直接吊装至线上安装，采用压注法进行水泥乳化沥青砂浆灌注施工作业。

二、CRTS I 型板式无砟轨道施工方法

由于我国的国情限制，一般不会采用"双线运输轨道法"作为 CRTS I 型板式无砟轨道的施工方法，"线间运输轨道法"和"轮胎式运输法"成为了主要选择。

（一）线间运输轨道法

1. 工艺流程

板式无砟轨道线间运输轨道法施工工艺流程详见图 2-32。

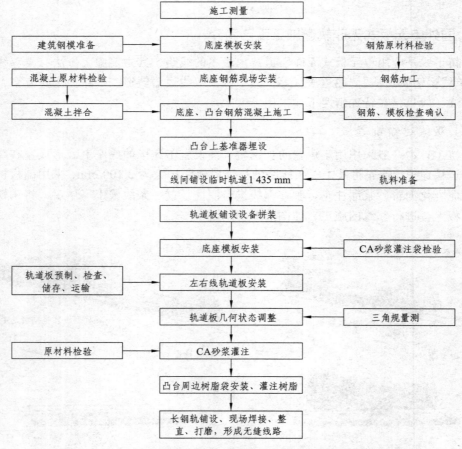

图 2-32 线间运输轨道法施工工艺流程图

2. 施工测量

（1）CPⅢ控制网复测。

线下构筑物经铺设条件评估获得合格后，无砟轨道工程施工应接收基桩测设单位的线路测量资料及基桩控制网，并复测基桩控制网、中线桩和基床面（含路基面、桥面和隧道仰拱填充层顶面，下同）高程、平整度及几何尺寸等，核实中线和高程贯通情况，复核情况应及时上报。

（2）基准器测设。

基准器是轨道板铺设的重要量测依据，设在凸形挡台顶部。基准器位于线路中心线上，纵向间距与凸形挡台间距基本一致，标准间距为 5 m。

在底座和凸形挡台混凝土浇筑前，先在底座范围外的基床面上测设各个基准器的法线点，用以保证凸形挡台位置的准确性，同时也方便基准器安装。

为便于精确定位，基准器设计为微调式，采用膨胀螺栓安装在凸形挡台上的预留凹槽内。根据线路平纵断面资料，详细计算基准器的坐标，采用高精度的测量仪器，精确测定基准器三维调整铜质标志，使其同时满足里程方向、线路中心点位、高程的要求。精确定位后用高标号砂浆覆盖。

3. 底座及凸形挡台施工

凸形挡台除提供板体铺装中心线与高程外，更重要的功能是限制板的纵、横向移动，因此底座、凸形挡台必须连续现浇完成，其施工工艺流程如图 2-33 所示。

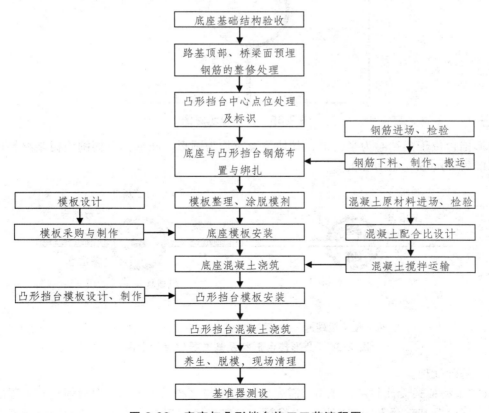

图 2-33　底座与凸形挡台施工工艺流程图

（1）结构形式。

结构断面形状：底座采用 C40 混凝土，双层配筋，底座通过预埋在桥梁或路基里的钢筋与其连成一体。底座上设 C40 混凝土凸形挡台，半径 260 mm，凸形挡台与底座连成一体。其结构断面形式如图 2-34 所示。曲线超高在底座上设置，缓和曲线和圆曲线范围的底座厚度根据实设超高计算确定。

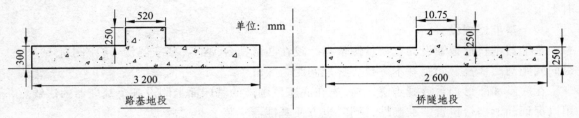

图 2-34　底座与凸形挡台结构断面示意图

桥梁地段底座混凝土每 5 m、路基地段每 60 m 设横向伸缩缝，与轨道板缝相对应，凸形挡台处伸缩缝绕边而设。伸缩缝宽 2 cm，充填沥青板。详见图 2-35。

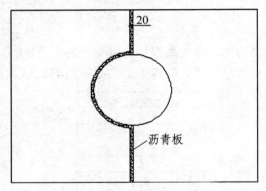

图 2-35　伸缩缝示意图

凸形挡台位于梁端时为半圆形，其他位置时均为圆形。凸形挡台周围用树脂材料填充，树脂厚度为 40 mm，见图 2-36。

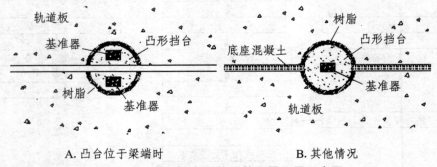

A. 凸台位于梁端时　　　　　　　B. 其他情况

图 2-36　凸形挡台形状及基准器位置示意图

（2）基础处理。

CRTS Ⅰ型板式无砟轨道施工前，需完成路基段与之相关的排水、沟槽等基础工程的施工作业。全标段路基部分左右两侧均设电缆槽，当基床表层填筑完成后，用专用机械开槽，砌筑预制电缆槽及路肩预制件。

完成路基段 50 m 间距的 C20 钢筋混凝土排水井,施工前疏通井下 ϕ150 mm 的横向 PVC 排水管。除相关的质量检测和外观质量检查验收外,需给无砟轨道的施工提供合格、连续、无阻碍的施工环境,做好路基表面的保护工作。

路基地段底座与基床表层的连接钢筋,在基床表层填筑碾压时埋入,其布置方式如图 2-37 所示。

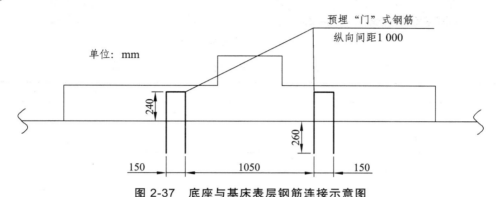

图 2-37　底座与基床表层钢筋连接示意图

对于桥隧地段,在桥面(仰拱回填混凝土)上下行线路中心线上,各量出宽度为 2 600 mm 的底座混凝土范围,对其进行凿毛、冲洗和清理。

整理梁面(仰拱回填混凝土)预留的“门”形和“L”形钢筋,不符合设计要求的重新钻孔预埋,“门”式钢筋与路基相同。将底座、凸形挡台钢筋与预埋的“门”形钢筋连成一体。

在无砟轨道施工前,须由专业单位对线下工程进行无砟轨道铺设条件评估,符合要求后方可进行无砟轨道铺设。

(3)钢筋绑扎。

底座和凸形挡台钢筋在工区内集中下料,自卸汽车从施工便道运至相应工位,汽车吊吊运上桥或由自卸汽车直接运抵工作面,人工散运就位,施工顺序为:

① 绑扎底座钢筋骨架,并做好钢筋间的绝缘工作,按要求放好钢筋保护层垫块;

② 将底座结构钢筋与预埋的底座连接钢筋、凸形挡台连接钢筋相连;若钢筋相碰可沿线路纵向稍作调整;

③ 预埋底座内的横向排水装置、预埋信号过轨钢管,并采取措施防止混凝土浇筑时堵塞管道。

(4)模板安装。

底座侧边模板采用标准建筑钢模,端模采用厂制定型钢模,模板高度与底座混凝土内、外侧高度相同,并按设计要求埋设过轨管线。

凸形挡台与底座混凝土分两次浇筑成型,底座混凝土浇筑完成 24 h 后,开始支立凸形挡台模板。凸形挡台模板由两片半圆形钢模拼合而成,模板利用内部预留的与底座相连的钢筋固定其空间位置,如图 2-38 所示。底座和凸形挡台模板安装的允许偏差应符合表 2-20 的要求。

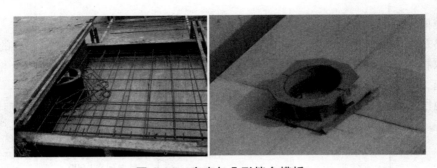

图 2-38　底座与凸形挡台模板

表 2-20　混凝土底座及凸形挡台模板安装允许偏差

序号	项 目	允许偏差（mm）
一	底座	
1	顶面高程	0 −5
2	宽度	±5
3	中线位置	2
4	伸缩缝位置	5
二	凸形挡台	
1	圆形挡台模板的直径	±3
2	半圆形挡台模板的直径	±2
3	中线位置	2
4	挡台中心间距	±2
5	顶面高程	+4 0

底座与凸形挡台混凝土的施工顺序为：

① 按底座设计的位置与高程支立模板；曲线地段混凝土底座施工时，曲线外测模板高度应满足曲线超高的设计要求；

② 在底座伸缩缝处固定好 20 mm 厚的沥青板，沥青板的尺寸根据基面横坡与设计高程确定；

③ 检查合格后，浇筑底座混凝土，根据底座面的设计高程，将其表面抹平并进行养护；

④ 在底座混凝土拆模 24 h 后，方可进行凸形挡台的施工，并固定好基准器底座（如需要）。

（5）混凝土浇筑。

底座及凸形挡台混凝土应就近由各个搅拌站分段提供，混凝土可通过运输车运至工作面直接浇筑或采用输送泵泵送，具体情况应结合各工程段施工的交通情况决定。

混凝土振捣宜采用插入式捣固棒振捣，在振捣混凝土过程中，应加强检查模板支撑的稳定性和接缝的密合情况，以防漏浆。混凝土浇筑完成后，应仔细将混凝土暴露面压实抹平，抹面时严禁洒水。

底座与凸形挡台混凝土采用自然养护，养护方式、时间应满足《铁路混凝土施工技术指南》（TZ210—2005）的规定。

底座与凸形挡台混凝土拆模时的强度应符合设计要求,当设计未提出要求时,应满足《铁路混凝土施工技术指南》的规定。底座混凝土强度未达到设计强度前,严禁各种车辆在底座上通行。

4. 轨道板铺设

铺板前先在待铺段铺设水泥乳化沥青砂浆灌注袋,并用专用的固定夹具(图 2-39)夹住灌注袋的四周,方便后续的轨道板调整和 CA 砂浆灌注。

图 2-39　灌注袋专用夹具

(1)线间临时运输轨道铺设。

线间运输轨道采用 60 kg/m 工具轨铺设而成,在底座和凸形挡台施工成型后,首先铺设上料点范围内的线间运输轨道,然后在其上拼装运板车组,作为钢轨的临时运输工具,逐渐在两线之间铺设成轨距为 1 435 mm 的轨道板运输轨道,运输轨道铺设位置与固定方式见图 2-40。

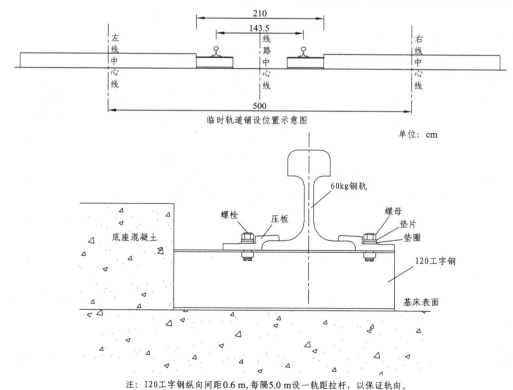

注: I20工字钢纵向间距0.6 m,每隔5.0 m设一轨距拉杆,以保证轨向。

图 2-40　运输轨道铺设位置与固定示意图

为保证施工运输期间，运行轨道稳固，利用Ⅰ20工字钢和专用轨距拉杆的配合将长轨条固定在两线底座混凝土之间；为保证接头平顺稳定，保护轨头，利用专门设计的轨道夹板固定钢轨接头，如图2-41所示。

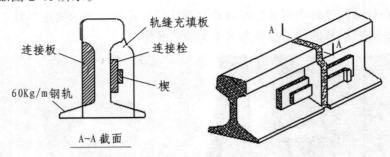

图2-41　钢轨接头临时连接示意图

（2）轨道板运输安装。

选择与线路相交的公路、地方道路、施工便道或与线路紧邻的平行施工便道，作为临时提升站的位置所在。

以采用悬臂龙门吊作为装吊工具为例：采用平板卡车将轨道板由预制厂运至临时提升站，悬臂龙门吊从卡车上将轨道板直接起吊，装至轨道板运输车组上，推送至铺设作业面，由龙门吊等铺板设备实现铺板作业。

起吊前，将轨道板翻转成"平置"状态，避免碰伤轨道板。外观检查合格后，安装轨下垫板。

起吊时，用25 t轮胎起重机四点起吊，平放在15 t载重卡车上，叠放二层，两层间用方木隔开，并用钢丝绳把轨道板全部固定在卡车上，运至指定的吊装点。

轨道运输时，装载层数应不超过4层。装车前先画出车辆底板纵横中心线，以横中心线为界对称装载，每排轨道板纵中心线要重合，其纵中心线投影与车底板纵中心线重合，偏差控制在±20 mm 以内，并采用适当的加固材料进行加固，限制运输过程中轨道板纵向和横向的位移。

按照施工进度要求，将每天所需铺装的轨道板分次运抵工作面，轨道板铺装利用龙门吊进行，为了避免多台龙门工作时吊相互干扰，龙门吊在车长范围内应分别负责其对应区段的左右线铺板，该段吊装完毕后，轨道车和龙门吊同时往前运动至待铺段进入下一循环。

轨道板安装时应注意板型与底座长度相对应，因此在装车时即应根据铺设顺序确定装车位置和顺序，确保现场施工时方便快捷。轨道板安装精度应尽可能提高，以减少后续轨道板调整的工作量，加快施工进度。轨道板安装时应注意对凸形挡台的保护，落板时应由专人在板体两端进行防护，利用木条等较软的材料填塞轨道板与凸形挡台的缝隙，避免两者相互撞击。

5. 轨道板调整

轨道板精调作业可采用自定心适配器测量法、T形测量标架测量法、螺栓孔速测标架测量法。轨道板精调作业的主要设备见表2-21。

表 2-21　轨道板精调作业的主要设备表

序号	设备	数量	用途
1	自定心螺孔适配器	4 只	放置位置代表整个轨道板的空间状态，并可安放反射棱镜，作为全站仪的测量目标。根据轨道板定位测量方法可从三种设备中选取其一
	T 形测量标架	2 副	
	螺栓孔速测标架	2 副	
2	棱镜	4 只	安放在测量机械装置是，用于全站仪测量
3	无线信息显示器	4 个	显示高速工位的横向和高程高速量
4	测控计算机设备	1 台	运行轨道板精调作业软件的计算机设备，操控并完成轨道板测量
5	气象传感器	1 只	用于测距气象修正
6	全站仪	1 台	用于测量棱镜的坐标
7	CPⅢ目标棱镜	8 个	全站仪自由设站边角交会的目标
8	轨道板精调机具	4 套	用于轨道板横向和高程高速的机械装置

轨道板精调作业应遵循以下步骤：

（1）将表 2-21 中第一项的测量装置放置于轨道板的固定位置上。

（2）用已设程序控制的全站仪测量放置在适配器或标加上的 4 个棱镜，获取 4 个工位的调整量。

（3）按照 4 个工位上的调整量用轨道板调整机具作相应调整。

（4）重复精调作业步骤（2）、（3），直至满足轨道板铺设允许偏差的要求。

轨道板的调整，可以基准器为基础，采用三向千斤顶、支撑螺栓、螺纹丝杆顶托等，调整轨道板的高低、方向及凸形挡台缝。轨道板调整如图 2-42 所示。

调整时，将支撑螺栓安装到轨道板侧面的支承板上，支承板与轨道板通过螺栓连接。利用三向千斤顶缓慢吊起轨道板，除去板下临时支撑方木。

按照预定高度值，使用三角规及三向千斤顶调节轨道板高度（图 2-42 中图 B）。调整轨道板中心线及凸形挡台基准器之间的连线，使其与轨道板中心线重合。用钢尺精确测量两凸形挡台间的纵向距离，将凸形挡台缝均匀设置（图 2-42 中图 C）。在轨道板两端设置轨距尺、根据基准器测设数值，使用三向千斤顶调节轨道板面的水平（图 2-42 中图 B）。

如果是曲线区间，使用三向千斤顶初调，支撑螺栓精调轨道板，轨距尺控制外轨超高。轨道板面的水平、中心线、凸起间隔调节后，在凸形挡台与轨道板之间钉入楔子，固定轨道板。

测定轨道板的安装精度及水泥乳化沥青砂浆注入厚度，提交记录。

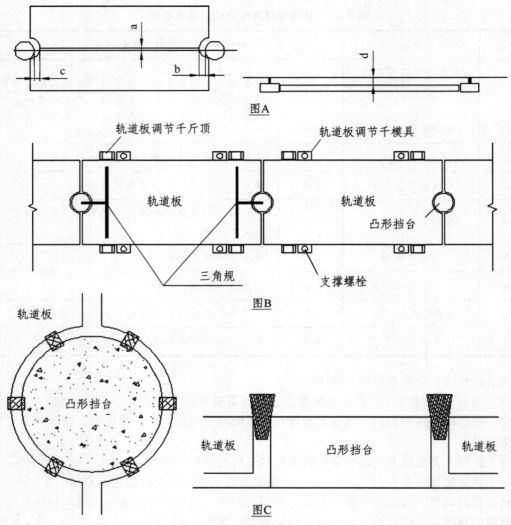

图 2-42 轨道板调整示意图

6. 水泥乳化沥青砂浆灌注

水泥乳化沥青砂浆灌注采用移动式成套设备施工，将每天工作需要的水泥乳化沥青砂浆原材料利用提升设备吊装到移动设备车上，运送至施工现场，在灌注车上搅拌后采用重力法灌注，工艺流程如图 2-43 所示。

水泥乳化沥青砂浆宜采用移动搅拌灌注法施工，特殊情况下可根据现场情况和施工方案选择固定搅拌站法和压送法。水泥乳化沥青砂浆搅拌时的材料投入顺序、搅拌时间及搅拌机转速等指标应根据工业化放大试验所确定的参数进行设定。

水泥乳化沥青砂浆灌注宜采用灌注袋，灌注前应清除底座上的积水、粉尘等可能对灌注结果产生不良影响的杂物；灌注前，应根据现场测量结果和线路资料复核灌注厚度；将灌注袋平整地铺开在指定的位置，避免出现褶纹，并利用木楔将灌注袋的四个角固定在轨道板下方（灌注开始后，水泥乳化沥青砂浆到达时移除）；灌注前应在轨道板表面铺设塑料薄膜，防止轨道板受到污染。

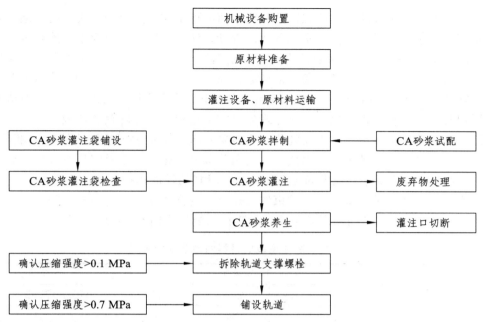

图 2-43 水泥乳化沥青砂浆灌注施工工艺流程图

水泥乳化沥青砂浆用灌注袋应采用聚酯无纺布，性能指标应满足表 2-22 的要求。

表 2-22 水泥乳化沥青砂浆用灌注袋材料的性能指标要求

序号	项目		单位	指标要求	试验方法
1	单位面积质量		g/m²	100±5	GB/T 13762—1992
2	厚度		mm	0.42±0.06	GB/T 3820—1997
3	透气率		mm/s	320±40	GB/T 5453—1997
4	抗渗水性		cmH₂O	27±4	GB/T 4744—1997
5	断裂强力	纵向	N/5 cm	≥190	GB/T 3923.1—1997
		横向		≥130	
6	断裂伸长率	纵向	%	23±9	
		横向		28±9	
7	撕破强力	纵向	N	≥25	GB/T 3917.2—1997
		横向		≥22	
8	干热收缩率 （180 ℃，10 min）	纵向	%	<3.6	科技基[2008]74 号
		横向		<1.7	

采用灌注漏斗与搅拌机连接，将搅拌好的水泥乳化沥青砂浆经过灌注软管等流进灌注漏斗内，采用带阀门的软管将灌注漏斗与灌注袋连接，打开阀门，使水泥乳化沥青砂浆依靠自身的重力作用流入灌注袋内（不得从搅拌灌注车上直接通过灌注软管与灌注袋相连）。出现灌注作业临时中断的情况时，搅拌机等应随时清洗干净。

水泥乳化沥青砂浆灌注时应注意作业时间，超出可工作时间范围或流动度不满足要求的水泥乳化沥青砂浆不得进行灌注。水泥乳化沥青砂浆灌注应以一块板为单位连续进行，出现超高较大的情况时，可分 2～3 次灌注完成，每次灌注均应在前次灌注的水泥乳化沥青砂浆尚未凝固时进行（具体参数应在工艺试验时确定）。灌注口应位于较低处，由低向高灌注（框架板时按实际情况处理），保证充分填充，避免轨道板下面出现空隙。此外，在灌注时应安排专人在四周观察，确保轨道板无拱起、上浮现象；施工过程中不得踩踏轨道板。

灌注时应在灌注口多留一些水泥乳化沥青砂浆（补充用），将灌注漏斗的软管卸下，撤除防污用的塑料薄膜。灌注结束后，确认灌注袋角落部分的张力状态及定位螺栓（4 处）的浮起状态。灌注后，要用专用的尼龙布（灌注袋袋口材料的性能指标要求如表 2-23 所示）扎紧灌注口，用木板等将其竖起来。灌注结束约 2 h 后，观察灌注袋与轨道板之间的空隙情况，在砂浆凝固之前，将灌注口的水泥乳化沥青砂浆挤入灌注袋内，最后用专用夹具夹住灌注口。

表 2-23　灌注袋袋口材料的性能指标要求

序号	项目		单位	指标要求	试验方法
1	单位面积质量		g/m^2	77±2	GB/T 13762—1992
2	断裂伸长率	纵向	%	≤ 3	GB/T 3923.1—1997
		横向	%	≤ 2	
3	撕破强力	纵向	N	≥ 15	GB/T 3917.2—1997
		横向	N	≥ 13	

如灌注袋发生破损渗出水泥乳化沥青砂浆，量少时用夹具止漏，量多时，用废棉纱头、细骨料及水泥等进行防漏处理。为了防止水泥乳化沥青砂浆溢出造成污染，应采用废棉纱头等在灌注作业范围内进行防护。

水泥乳化沥青砂浆灌注应在环境温度处于 5～35 ℃ 的时候进行，必须在这个温度范围外进行施工的时候，应采取特别措施。施工时应对使用材料进行温度管理，以确保灌注时水泥乳化沥青砂浆温度在 5～40 ℃ 的范围内。流动度处于标准值范围外时，要继续搅拌并调整材料，确定达到指定温度范围内之后灌注。下雨天不得进行灌注作业，如灌注作业途中出现降雨，应及时加盖防水布等，避免雨水与灌注袋直接接触。

灌注结束 24 h 并确认水泥乳化沥青砂浆达到指定强度（1 天 0.1 N/mm^2 左右）后，拆除定位螺杆和托架，同时检查轨道板与混凝土底座之间有无空隙；切断灌注口，用喷灯和刮刀将封口的沥青苫布热熔后均匀地涂抹在切口上，灌注袋破损的地方也可以同样处理。灌注时所剩的乳剂和水泥乳化沥青砂浆均应作为工业废料，收集后交给有资质的单位集中处理。

水泥乳化沥青砂浆的养生原则上采用自然养生。在气温高于 30 ℃ 或低于 5 ℃ 时，应采取相应的处理措施。水泥乳化沥青砂浆在灌注不少于 10 天或压缩强度达到 1.5 MPa 后方可进行轨道铺设等的作业。

采用压送法（在高架桥下等临时放置搅拌灌注车，向高架上进行压送灌注的方法）时，为了确保材料不分离、保持水泥乳化沥青砂浆的均匀，软管最大长度不超过 200 m，水平状态的软管长度不得超过 180 m，高度不能超过 20 m，泵最大输出量不超过 140 L/min。采用固定搅拌站法施工时，水泥乳化沥青砂浆开始搅拌至开始灌注的时间不得超过可工作时间的一半，从而确保砂浆的可工作性。其他事项与移动搅拌站法相同。

水泥乳化沥青砂浆灌注质量的判断及不合格品的处理办法，详见表 2-24。

表 2-24　水泥乳化沥青砂浆灌注质量判断及不合格品的处理办法

项　　目			合格	不合格的处理措施
灌注厚度	普通轨道板		40～100 mm	调整混凝土底座的高度或者灌注树脂
	防振轨道板		30～100 mm	
	凸形挡台	隧道（水泥乳化沥青砂浆）	30～100 mm	修补
		隧道外（凸形挡台树脂）	20～60 mm	
空隙	轨道板下		1 mm 以下	修补
	凸形挡台周围		2 mm 以下	修补
灌注袋的出入量			全面支撑	修补
抗压强度（材料龄期 28 d）			1.8 N/ mm² 以上	返工

7. 凸形挡台周边灌注

板下水泥乳化沥青砂浆灌注 24 h 并清洁、整理完毕后，在凸形挡台周围安放树脂灌注专用袋，采用布制橡胶带或黏着剂进行防水和固定处理。树脂灌注工艺流程如图 2-44 所示，成型后的凸形挡台如图 2-45 所示。

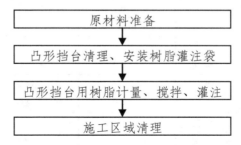

图 2-44　凸形挡台周围树脂灌注工艺流程图

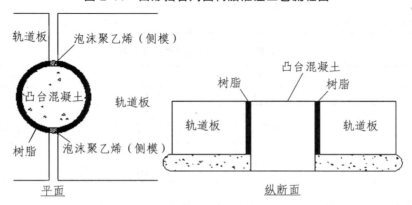

图 2-45　凸形挡台周边树脂灌注示意图

凸形挡台周边树脂灌注施工方法及技术要求如下：

（1）采用（10±2）MN/m 聚氨酯系或者环氧树脂系合成树脂，在水泥乳化沥青砂浆灌注完成 24 h 后，安放凸形挡台树脂灌注袋，其性能指标要求如表 2-25 所示。

（2）根据规定的比例进行计量，用手摇搅拌器等在专用特殊混合容器内进行均匀搅拌，如图 2-46 所示。

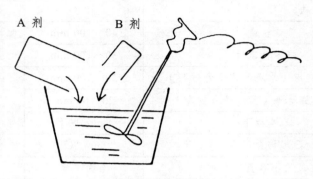

图 2-46　树脂的混合

（3）每 1 000 m 轨道长度抽取 3 个样品（100 mm×100 mm×25 mm）进行混合液性能试验，应满足表 2-26 的要求。

表 2-25　凸台树脂用灌注袋材料的性能指标要求

序号	项目		单位	指标要求	试验方法
1	单位面积质量		g/m²	85±5	GB/T 13762-1992
2	厚度		mm	0.42±0.06	GB/T 3820-1997
3	断裂强力	纵向	N/5 cm	≥170	GB/T 3923.1-1997
		横向		≥1112	
4	断裂伸长率	纵向	%	23±9	
		横向		28±9	
5	撕破强力	纵向	N	≥25	GB/T 3917.2-1997
		横向		≥22	
6	干热收缩率（180 ℃，10 min）	纵向	%	<3.6	科技基[2008]74 号
		横向		<1.7	

表 2-26　混合液的性能指标要求

序号	项目	单位	性能指标要求	试验方法
1	黏度	Pa·s	≤10	科技基[2008]74 号
2	可工作时间	min	≥20	
3	表干时间	h	≤24	
4	承载时间	h	≤48	
5	固化收缩量	mm	≤10	

（4）室外施工环境温度低于 10 ℃ 时，需将树脂的液体温度调到 20 ℃ 以上混合。

（5）要对垃圾、异物、水分等进行清扫和清除。

（6）使用灌注袋时，要防止树脂泄漏。

（7）为防止空气进入，应尽量保持低位进行灌注施工。

8. 废弃物处理

水泥乳化沥青砂浆和树脂的残留材料及空袋、空罐等作为工业废弃物，由专人负责处理，处理方法在报监理工程师批准后方可付诸实施。

冲洗水泥乳化沥青砂浆搅拌机等产生的污水处理后循环使用，处理后的回用水应达到铁路生产低质用水标准。污水处理设备设在箱梁预制场内，冲洗则固定在对应的桥位上进行，污水经专用管道排至污水处理设备内。污水循环处理采用的是铁路常用的三级生产污水处理法，其系统及工艺分别如图 2-47 和图 2-48 所示。

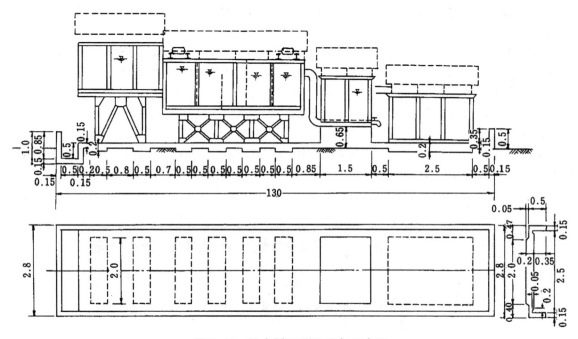

图 2-47　污水循环处理设备示意图

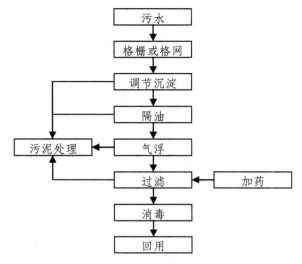

图 2-48　污水处理工艺流程图

9. 轨道状态精调

水泥乳化沥青砂浆灌注 7 天后且强度达到 0.5 N/ mm² 以上时，进行长轨条铺设，并根据基准器采用高低纵距测量仪进行轨道状态调整。钢轨精调作业的轨向基本轨，曲线地段以外轨为准，直线地段同大里程方向下一个曲线。相对于轨向基本轨的另一轨为高低基本轨。钢轨精调作业应遵循以下步骤。

（1）将轨道几何状态测量仪置于待调轨道上，启动测量程序。

（2）通过程序控制的全站仪测量轨道几何状态测量仪上的棱镜，获得轨道几何状态数据。

（3）通过对轨道几何状态数据的分析和合理的适算，得到每个扣件支点位置的调整量值。

（4）依据适算结果，对每个扣件支点位置进行逐点调整，调整时应先调整轨向基本轨的平面位置和高低基本轨的高程，确保轨向平顺性指标和高低平顺性指标合格。再调两个基本轨相对应的另一根钢轨的平面位置和高程，使轨距和水平（超高）达标。

（5）重复精调作业步骤（2）、（3）和（4），直至满足轨道几何状态静态检测精度及允许偏差的要求。

板式轨道的钢轨高低、水平调整采用特制的调整块进行。垫块分基准垫块和微调垫块，调整时放在钢轨与板体顶面之间。调整垫块形状与安放位置如图 2-49 所示。

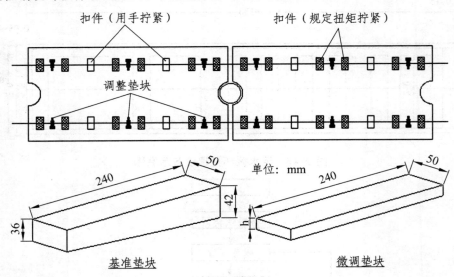

说明：1. 基准垫板表面的坡度为 1/40；
　　　2. 微调垫块的厚度 h 的规格分为：0.5、1、2、4 mm 等级。

图 2-49　调整垫块安放位置及调整垫块示意图

10. 充填式垫板灌注

充填式垫板的充填厚度约为 4～8 mm，若测量后调高量超出该范围，应在扣件垫板下垫入预制的调高垫板。

充填式垫板是由注入袋及树脂浇铸体组成的，用于精确调整钢轨高低用的垫板。注入袋由袋膜、灌注嘴、排气嘴、芯材组成。袋膜和芯材应满足表 2-27 的要求。

表 2-27　袋膜和芯材的性能指标要求

项目	材料	性能指标	试验方法
袋膜	尼龙、聚乙烯复合	外观质量：不得有对使用有碍的气泡、穿孔、水纹、暴筋等瑕疵 厚度：0.18 mm ~ 0.25 mm 拉伸强度（纵横向）：≥21 MPa 断裂伸长率（纵横向）：≥180%	科技基[2008]74 号
芯材	玻璃纤维布	材料具有良好的亲和树脂性能： 周边平整，外形尺寸、面密度应符合设计图的规定	

注入袋的外观质量要求：注入袋的周边应平整，上、下袋膜与强化芯材密贴。注入袋的外形尺寸应符合设计图的规定。其长度和宽度允许偏差为±2 mm，厚度允许偏差为±0.05 mm。注入袋周边（含灌注嘴、排气嘴）应在干燥环境下严密封边，不得漏气。注入袋标识清晰、完整。

注入袋的性能要求：灌注嘴应设置有止回阀门，同时排气嘴具有防渗漏功能。用于充填间隙 0.8 ~ 6 mm 的注入袋，其厚度不得大于 0.6 mm；用于充填间隙超过 6 mm 的注入袋，内置芯材宜采用多层或复合强化结构，但注入袋的厚度不得大于 4 mm。热封强度应不小于 8.0N/15 mm；注入袋的承压性能应不小于 0.4 MPa。

注入袋安装时不区分袋的上、下面。直线地段，注入袋的灌注口应置于轨道的内侧；曲线超高地段，灌注口应朝曲线内侧，从低侧灌注。

注入袋插入时，应使其位置印记与轨下胶垫对齐，保证注入袋的位置准确。注入袋的形状及灌注口方向如图 2-50 所示。

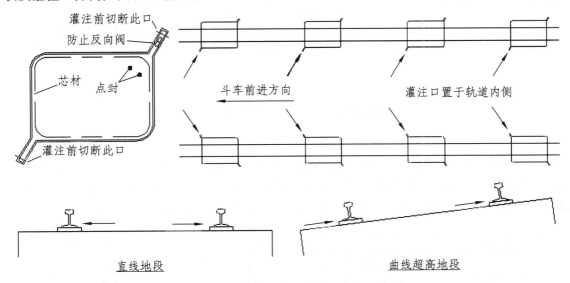

图 2-50　注入袋形状及灌注口方向示意图

（1）树脂性能要求。

充填式垫板树脂材料应采用不饱和聚脂树酯或满足相关技术条件要求的其他树脂材料，由 A（树脂材料）、B（固化剂）两组分混合而成，A 组分的质地应细腻，颜色均匀，外观不分层且无杂质。充填式垫板树脂材料 A、B 组分混合液的主要性能指标应符合表 2-28 的要求。

表 2-28　树脂混合液的性能指标要求

序号	项目	单位	指标要求	试验方法
1	黏度	Pa·s	≤4	GB 7193.1
2	可工作时间	min	≥40	科技基[2008]74 号
3	凝胶时间	min	≥50	GB 7193.6
4	可承载时间	h	≤10	科技基[2008]74 号
5	固化收缩率	%	≤2	

（2）树脂的计量与拌和。

① 根据树脂材料的可工作时间，确定树脂材料一次的拌和量。

② 按规定的比例准确计量 A 剂和 B 剂，材料开罐后，必须在使用期内使用。

③ 将 A、B 剂先后倒入约 30 L 的聚乙烯容器内，用手持式电动搅拌机或采用机械混合注射机，将 A、B 剂均匀搅拌，搅拌时间为 2～3 min。

④ 将搅拌好的树脂分配至更小的聚乙烯容器内。

（3）树脂的灌注

① 注入袋的灌注口与排气口必须在树脂灌注前剪开，同时确认注入袋内无水分。

② 拌和后的混合液的可使用时间随室外温度和液温的变化会有较大幅度的变化，故对 A、B 剂应有适当的温度管理，并在可使用时间内（20 ℃ 时的可使用时间约为 40～50 min）完成灌注。

③ 充填式垫板灌注时，注入压力不得超过 0.25 MPa。

④ 充填式垫板灌注施工中，一个注入袋应一次性连续灌注完成，不得二次灌注。

⑤ 充填式垫板的施工作业宜在 10～30 ℃ 的环境温度条件下进行。

第六节　施工控制测量

底座和凸形挡台混凝土施工完毕，依据相邻 CPIII 控制点或者前期测定的基准点的法线护点，设置基准器。采用光学准直法和精密水准测量方法，在每个凸形挡台上沿线路中线方向逐一测定加密基桩（基准点）的位置和高程，并标定点位。具体设置见图 2-51。

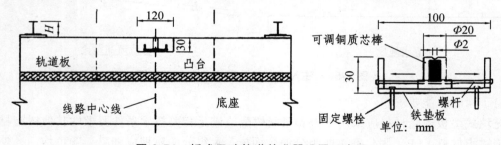

图 2-51　板式无砟轨道基准器设置示意图

一、坐标计算

对基准器进行编号，依据线路资料，计算出各点的三维坐标和外矢（曲线地段）。

在凸形挡台混凝土灌筑前，先在路基面或梁面上测设基准器中心点位，并测设该点位的法线护点，以保证凸形挡台的位置不偏移，也便于安装基准器。

相邻凸形挡台中心间距偏差应小于±3 mm，线路横向偏差小于±2 mm，高程定位限差±2 mm。

二、锚固基准器

（1）在凸形挡台上沿线路方向纵向分中，垂直线路方向横向分中后，将基准器中心对准线路纵横中心线来安装基准器，基准点高度与凸台面持平。依照基准器的型式初步锚固，一种为钻孔后螺杆铆钉，一种为混凝土浇筑直接锚固，见图2-52。

（2）首先调整基准器的基准销使其处于左右±30 mm、上下±5 mm 的可调范围状态。

（3）然后在凸形挡台上沿线路方向纵向分中，垂直线路方向横向分中后，将基准销中心对准凸形挡台上的十字中心线来安装基准器，在预留凹槽里标记出基准器的铆钉孔位置。

图 2-52　初步锚固基准器

（4）用钻孔机在标记好的铆钉位置的对角钻出两个安装孔。

（5）用吸尘器将两铆钉孔内的粉尘清理干净。

（6）利用膨胀螺栓打入铆钉孔，将基准器固定在凸形挡台。

三、设定基准销

基准销设定包括两方面的调整，一是在各种情况下高程的调整，二是在各种情况下横向位置的调整。

（一）基准销高程调整

（1）利用经过检定的钢尺测量相邻基准销之间的距离，并作好数据记录，如图2-53所示。

（2）水准测量。

首先沿线路中线找到距离基准销60 mm 的点（位于凸台表面）和距离基准销500 mm 的点（位于底座表面），用红笔标记，如图2-54所示。

采用水准仪对底座、凸形挡台上的标记进行高程测量（图2-55）。高程测量按精密水准往返观测，起闭于CPIII控制点。在返测过程中测量往测中各凸形挡上的红色印记，确认闭合差是否超限，如果在其范围内将基误差分摊。各个凸形挡台上往、返测印点与

图 2-53　基准销间距复核

砼底座的高差，相互不得超过 2 mm，否则应重测。

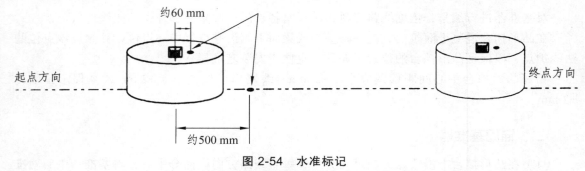

图 2-54　水准标记

图 2-55　水准测量

曲线地段，使用超高水准仪在线路中心线标记点至单元板设计边缘位置，测量出与底座中央的高低差并进行记录，如图 2-56 所示。

图 2-56　曲线地段底座超高测量

（3）内业计算。

① 曲线段各个基准销断面的超高量；

② 每个基准销与单元板顶面设计高差；

③ 每个基准销设计高程与凸形挡台标记点间的高差。

（4）基准销高程调整。

利用特制标高调整量具以凸形挡台上的标记为基准标高，根据计算资料来调整基准销，使基准销顶面高程处于设计高程位置，如图 2-57 所示。

图 2-57　基准销高程设定

（二）基准销横向位置调整

1. 直线地段基准销横向定位

（1）200 m 基准销的测量。

　　每隔 200 m 选一基准销作为基准，利用全站仪进行导线测量。采用左、右角法四测回，三联法测量（每次搬镜只换仪器头和棱镜头，三脚架不动）以减少对中引起的角度测量误差，按精密导线技术标准进行评定，以确定基准销的方向性，如图 2-58 所示。

图 2-58　200 m 基准销测量

（2）数据处理。

　　根据 200 m 基准销导线测量结果绘图并与设计线路进行比较，若与其设计线的角度偏差在 ±5″ 以内视为合格。合格后确定新的设计线，并计算各基准销的移动量。

（3）200 m 基准销调整。

　　按计算出的基准销移动量，对每个基准销进行调整，调整后利用全站仪再次检查，直至所测角值与设计角值误差在 ±5″ 以内。此时可将其视为合格，如图 2-59 所示。

平面一次测量

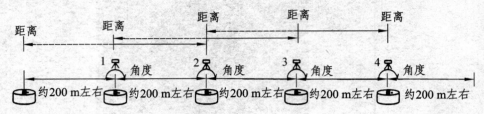

平面二次测量（移动量设定后）

第一次测量

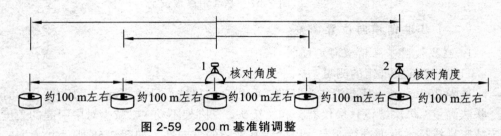

图 2-59　200 m 基准销调整

（4）100 m 基准销设定。

置镜中间 100 m 处，测量前后原 200 m 基准销角度，确定置镜基准销的移动量并做调整，如图 2-60 所示。

第二次测量

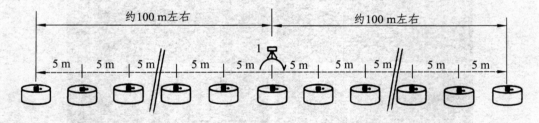

图 2-60　100 m 基准销调整

（5）5 m 基准销设定。

以 100 m 基准销为基准对 100 m 区域内的所有基准销利用串线法进行调整见图 2-61。

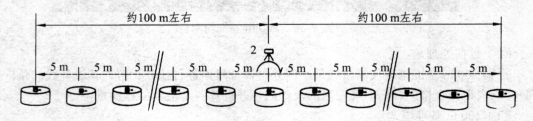

图 2-61　5 m 基准销调整

2. 曲线地段基准销横向定位

（1）曲线起点终点的调查。

确认曲线起始点里程，调查与其最近测定点之间的位置关系。同时，对第一测定点与最终测定点的所处里程一并进行确认。

（2）正矢测量。

如图 2-62 所示，采用特制正矢测量仪器（20 m 波长，5 m 间隔）对各基准销的正矢进行连续测量。

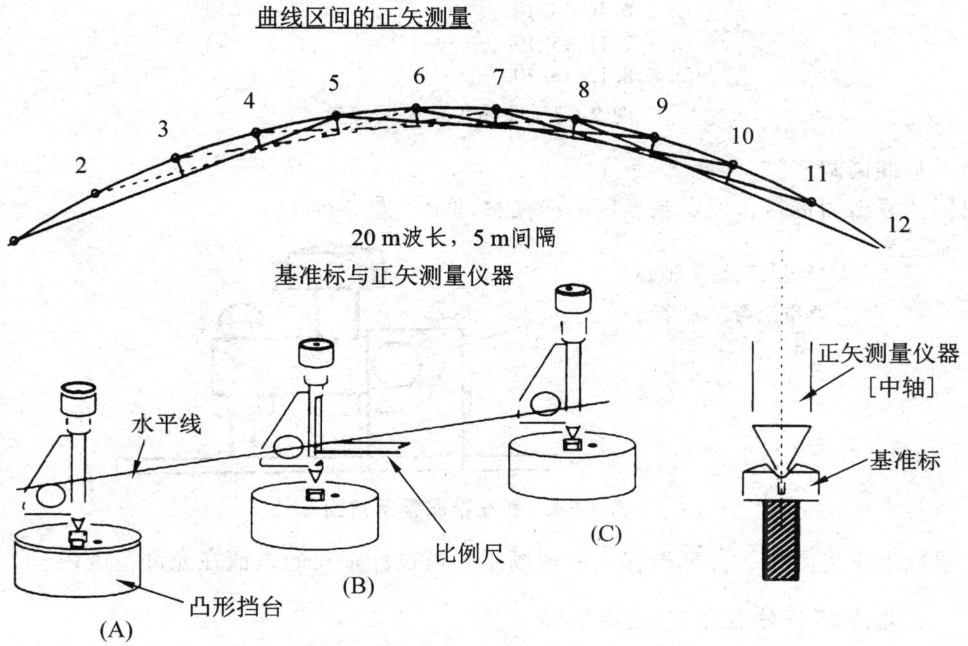

曲线区间的正矢测量

20 m 波长，5 m 间隔

基准标与正矢测量仪器

图 2-62 正矢测量

将上图中（A）（B）（C）三个测量仪器按照所示顺序固定在基准销的中心点，从（C）的测量仪器的挂钩处挂上水平线，直至（A）测量仪器处为止。同时，确保各个测量仪器顶部的圆形气泡保持在中央位置。即可测量出（B）仪器处的正矢量。往返测量值的误差应在 ± 0.5 mm 以内。

（3）记录数据。

① 基准销顶面中心点间距；

② 各基准销顶面中心往、返测正矢值；

③ 测量起点的里程、变换点的里程等。

（4）曲线补正计算。

通过弦正矢计算程序将现场测量的 20 m 波长，5 m 间隔正矢数据转换成 40 m 波长 5 m 间隔的现场正矢量（测定点间隔不等时需要转换）。

按设计曲线要素计算出 40 m 波长 5 m 间隔的设计正矢。

因为是 40m 波长 5m 间隔，所以曲线补正计算，仅与其前后 4 个测定点之间保持关联。

因此，可计算出独立的 4 组正矢调整量，使用其中调整量最少的一组进行基准销调整，如图 2-63 所示。

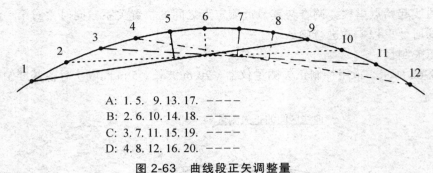

A: 1. 5. 9. 13. 17. ————
B: 2. 6. 10. 14. 18. ————
C: 3. 7. 11. 15. 19. ————
D: 4. 8. 12. 16. 20. ————

图 2-63　曲线段正矢调整量

（5）基准销调整。

根据计算出的资料，设定基准销的横向移动量（图 2-64）。

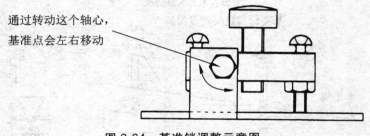

通过转动这个轴心，
基准点会左右移动

图 2-64　基准销调整示意图

重复以上正矢测量、计算流程，使现场正矢与设计正矢的差值在允许范围内。

（三）基准销三维位置的最后确认

1. 直线地段

再次通过全站仪或者水平线进行检查确认。

2. 曲线区间

正矢的测量：在每 4 个基准销之间以 20 m 拉弦线测量每 5 m、10 m、15 m 处的正矢。

现场测量正矢与计算正矢比较，如果超出允许范围，需要在 5 m、15 m 处的两个基准销之间拉起水平线（10 m 波长正矢）重新调整并再次进行测量。测量的结果超过允许范围的，要对前后数个基准销进行调整。

3. 基准销高低校正

用数字水准仪对基准销的高程进行精密水准测量。检查相邻两基准标间高差是否与设计高差一致，若超出误差允许范围要对其前后的数个基准标进行均匀调整。

（四）基准器铭牌制作及安装

利用线路关系，核准基准器点位，并依次编号、登记。并制作相应的铭牌，贴在线路前进方向的左侧或曲线外侧。铭牌标示内容和设置位置见图 2-65。

铭牌建议使用铝合金材料制作，尺寸为高 14 cm，宽 10 cm。铭牌表面上下方向等分 6 行，每行间距 0.7 cm，左右方向设置如图所示。利用射钉枪将铭牌固定在结构物上。

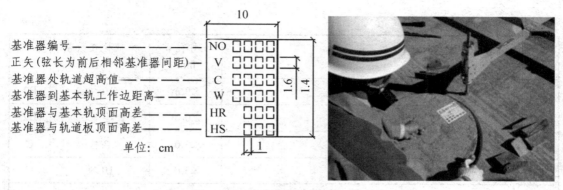

基准器编号 —— —— —— ——
正矢(弦长为前后相邻基准器间距)——
基准器处轨道超高值 —— —— ——
基准器到基本轨工作边距离 —— ——
基准器与基本轨顶面高差 —— —— ——
基准器与轨道板顶面高差 —— —— ——

单位:cm

图 2-65 基准器测量标签示意图

第七节 质量评定

一、轨道板预制质量标准

轨道板外形尺寸偏差及外观质量应符合表 2-29 的规定。根据我国目前编制标准的规定,对于 A 类检查项目,不允许有超出偏差的现象出现。然而外形尺寸的检查项目,由于参数的允许偏差很小,尺寸超偏在所难免,即使是很重要的参数,归于 A 类检查项目也非常苛刻,但如果将这些很重要的参数划归于一般重要意义的 B 类里,又显得过于放松,因此表 2-29 中,将这些允许偏差很小又很重要的参数划归于 B1 类,项别单项项点数的超偏率不大于 5%;一般重要程度的参数划归于 B2 类,项别单项项点数的超偏率不大于 10%;对于 C 类项目,按允许的总体超偏率不得大于 10% 考虑。

表 2-29 轨道板几何尺寸允许偏差及外观质量要求

序号	检 查 项 目		允许偏差（mm）	每批检查数量（出厂检验）	检查项别
1	长度		±3.0	10 块	C
2	宽度		±3.0	10 块	C
3	厚度		+3.0, 0.0	全检	B2
4	预埋套管	中心位置距板中心线	±1.0	全检	B1
		保持轨距的两套管中心距	±1.5	全检	B1
		保持同一铁垫板位置的两相邻套管中心距	±1.0	全检	B1
		歪斜（距顶面 120 mm 处偏离中心线距离）	2.0	全检	B2
		凸起高度	0.0, -0.5	全检	B2
5	标记线（板中心线、钢轨中心线）位置		±1.0	10 块	B2
6	板顶面平整度	轨道板四角承轨面水平	±1.0	全检	B1
		单侧承轨面中央翘曲量	≤3.0	全检	B1

序号	检查项目		允许偏差（mm）	每批检查数量（出厂检验）	检查项别
7	板底面平整度	普通型轨道板	5.0/m	10块	B2
		减振型轨道板	2.0/m	全检	B2
8	其他预埋件位置及垂直歪斜		±3.0	全检	C
9	半圆形缺口直径		±3.0	10块	C
外 观 质 量					
10	肉眼可见裂纹（预应力轨道板）		不允许	全检	A
11	承轨部位表面缺陷（气孔、粘皮、麻面等）		长度≤20 深度≤5	全检	B2
12	锚穴部位表面缺陷（裂纹、脱层、起壳等）		不允许	全检	C
13	其他部位表面缺陷（气孔、粘皮、麻面等）		长度≤80 深度≤8	全检	C
14	轨道板四周棱角破损和掉角		长度≤50	全检	C
15	预埋套管内混凝土淤块		不允许	全检	A
16	减振型轨道板板底垫层的翘起		不允许	全检	A
17	轨道板侧面露筋		不允许	全检	A

二、底座及凸形挡台施工质量标准

（1）底座及凸形挡台钢筋安装标准详见表 2-30。

表 2-30　混凝土底座及凸形挡台钢筋安装标准表

序号	检验项目	标准要求	检验方法
1	钢筋骨架绑扎扣安装	缺扣、松扣的数量不得超过应绑扎扣数的5%。	观察、尺量和手扳检验
2	钢筋间距	±20	观察、尺量
3	保护层厚度	+10 −5	观察、尺量

（2）混凝土原材料、配合比设计和施工的检验必须符合铁道部现行《铁路混凝土工程施工质量验收补充标准》第 6.2.1～6.2.6 条、第 6.3.1～6.3.4 条和第 6.4.1～6.4.15 条的规定。混凝土强度等级应符合设计要求。

（3）底座和凸形挡台混凝土施工质量标准见表 2-31。

表 2-31　混凝土底座及凸形挡台混凝土施工质量标准表

序号	检验项目		标准要求（mm）	检验方法
1	底座外形尺寸	顶面高程	+3 −10	测量检查
2		宽度	±10	测量检查
3		中线位置	3	测量检查
4		平整度	10/3m	测量检查
5	凸形挡台外形尺寸	圆形挡台直径	±3	测量检查
6		半圆形挡台直径	±2	测量检查
7		中线位置	3	测量检查
8		挡台中心间距	±5	测量检查
9		顶面高程	+5 0	测量检查

三、基准器测设标准

（1）基准器的设置位置：圆形挡台应设在圆的中心，半圆形挡台应设在半圆的中部。

（2）基准点与线路中线横向偏差不大于 2 mm。

（3）基准点垂直于线路中线的偏差不大于 1 mm。

（4）基准点与凸台表面高程偏差不大于 2 mm。

（5）相邻基准器间的横向、高程允许偏差均不大于 1 mm。

（6）相邻基准点间距偏差不大于 2 mm，基准点间距偏差应在两相邻 CPⅢ控制点内调整。

（7）安装基准器时，凹槽内粉尘必须清理干净。

四、轨道板铺设量标准

1. 轨道板运输安装质量标准

（1）装车时各层轨道板中心线投影均应与车辆中心线重叠，相互偏差不得超过 20 mm。

（2）轨道板应采用钢丝绳牢固绑扎在车辆底板上，保证运输过程中不发生相对位移。

（3）轨道板安装后的中心线与轨道中心线（两基准器连线）基本吻合且与两个凸形挡台的间距基本一致，纵横向偏差均应小于 5 mm。

2. 轨道板的铺设精度（表 2-32）

表 2-32　轨道板铺设精度要求表

序号	检验项目		标准要求	检验方法
1	轨道板与底座间隙	普通型板	≥40	尺量
2		减振型板	≥30	尺量
3		轨道板与凸形挡台间隙	30	尺量
4	轨道板安装位置	中线位置	2	测量检查
5		支撑点处承轨面高程	±1	测量检查
6		与两端凸形挡台间隙之差	±5	测量检查
7		相邻轨道板接缝处承轨台相对横向偏差	±2	测量检查
8		相邻轨道板接缝处承轨台相对高差	±2	测量检查

五、水泥乳化沥青砂浆灌注质量标准

（1）乳化水泥乳化沥青砂浆的配合比应根据适当选取原材料，通过计算、试配、调整等步骤选定。选定的乳化水泥乳化沥青砂浆配合比应遵循如下基本规定：

① 水泥用量宜为 $250 \sim 300\ kg/m^3$。

② 水灰比宜不大于 0.90。

③ 乳化沥青与水泥的比值应不小于 1.40。

（2）施工时水泥乳化沥青砂浆现场的试验项目和频率见表 2-33。

表 2-33　水泥乳化沥青砂浆各项目试验时间及频率

序　号	试验项目	试验时间（频率）
1	砂浆温度	1 次/罐
2	流动度	1 次/罐
3	含气量	1 次/罐
4	泛浆率	1 次/工班
5	膨胀率	1 次/工班
6	抗压强度	1 次/工班
7	分离度	1 次/工班
8	弹性模量	第一次灌注时

（3）水泥乳化沥青砂浆的性能指标应符合设计和相关技术条件的规定。主要性能指标参见表 2-34。

表 2-34　水泥乳化沥青砂浆的性能指标要求

序号	项目		单位	指标要求
1	砂浆温度		°C	$5 \sim 40$
2	流动度		s	$18 \sim 26$
3	可工作时间		min	$\geqslant 30$
4	含气量		%	$8 \sim 12$
5	表观密度		kg/m^3	>1300
6	抗压强度	1d	MPa	>0.10
		7d		>0.70
		28d		>1.80
7	弹性模量（28d）		MPa	$100 \sim 300$
8	材料分离度		%	<1.0
9	膨胀率		%	$1.0 \sim 3.0$
10	泛浆率		%	0
11	抗冻性			300 次冻融循环试验后，相对动弹模量不得小于 60%，质量损失率不得大于 5%
12	耐候性			无剥落、无开裂、相对抗压强度不低于 70%

针对严寒地区的气候条件和使用状况,严寒地区水泥乳化沥青砂浆除应满足表 2-34 技术要求外,还应满足表 2-35 的性能指标要求。

表 2-35 严寒地区水泥乳化沥青砂浆的性能指标要求

序号	项目	单位	指标要求	试验方法
1	抗疲劳性(100 万次,12Hz)	mm	≤0.10	
2	低温抗裂性(−40 ℃)	mm	≥1.0	科技基〔2009〕77 号
3	低温折压比(−40 ℃)		≥0.50	
4	低温弹性模量(−40 ℃)	MPa	100~300	

六、凸形挡台周边树脂灌注质量标准

凸台树脂材料 A 组分和 B 组分混合后浇筑体的性能指标应满足表 2-36 的要求。

表 2-36 浇筑体的性能指标要求

序号	项目	单位	性能指标要求	试验方法
1	外观质量		表面平整,无明显杂质、气泡、褶皱、裂纹	目测
2	表观密度	kg/m³	≥1.05×10³	科技基〔2008〕74 号
3	硬度(邵尔 C)	度	≥50	HG/T 2489
4	弹性系数	kN/mm	10±2	
5	剪切强度	MPa	≥2.0	
6	粘结强度	MPa	≥0.5	
7	疲劳性能		永久变形≤1.2 mm,弹性系数变化率在±20%以内,外观无异常	科技基〔2008〕74 号
8	耐腐蚀性		弹性系数变化率在±20%以内,外观无异常	
9	耐热老化性			
10	脆性温度[1]	℃	≤−50	GB/T 1682
11	压缩耐寒系数[1]		≥0.50	GB/T 6034

注:表中带(1)项目用于测试最冷月平均气温不大于−10 ℃的地区所用耐寒型聚氨酯树脂。

七、充填式垫板灌注质量标准

(1)注入袋内充填树脂由 A(树脂原材料)、B(固化剂)两种组分混合而成,采用邻苯型改性不饱和聚酯树脂或满足本技术条件要求的其他树脂材料,并能满足 5~40 ℃温度条件下的施工要求。树脂原材料(A 组分)的粘度在 25 ℃时不大于 2 Pa.S。

(2)注入袋内充填树脂浇铸体的主要性能应满足表 2-37 的要求。

表 2-37　树脂浇铸体的性能指标要求

序号	项目	单位	指标要求	试验方法
1	抗压强度	MPa	≥165	GB/T2569-95
2	弯曲强度	MPa	≥55	GB/T2570-95
3	拉伸强度	MPa	≥45	GB/T2568-95
4	延伸率	%	≥8	
5	冲击强度	KJ/m²	≥7	GB/T2571-95

（3）在环境温度低于 −20 ℃ 地区使用的充填式垫板，树脂材料 A、B 组分固化后的浇筑体除应符合表 2-37 的规定外，还应进行-50 ℃ 低温性能试验，并应符合表 2-38 的要求。

表 2-38　树脂浇铸体的低温（ −50 ℃ ）性能指标要求

序号	项目	单位	指标要求	试验方法
1	抗压强度	MPa	≥165	GB/T2569-95
2	拉伸强度	MPa	≥45	GB/T2568-95
4	延伸率	%	≥5	

（4）充填式垫板外观质量应满足表面光滑平整，修边整齐，树脂浇铸体不允许出现肉眼可见的裂纹。在充填式垫板两个工作面上的承压范围内，因橡胶垫板沟槽引起表面形成的相应沟槽的凸出量不得超过 0.8 mm。

（5）充填式垫板绝缘电阻≥1 MΩ。

（6）充填式垫板疲劳性能应满足：

① 浇铸体不得出现肉眼可见的裂纹、开裂、翘曲现象；

② 厚度变化率不大于 5%。

八、轨道状态精调质量标准

轨道静态检测精度及允许偏差应符合表 2-39 的要求。

表 2-39　轨道几何状态静态平顺度允许偏差及检验方法

序号	项目		允许偏差（mm）	检测方法
1	轨距		±1	
2	高低	弦长 10 m	2/10，每隔 10 m 的误差不超过 2 mm，下同	轨道几何状态测量仪
		弦长 30 m	2/5	
		弦长 300 m	10/150	
3	轨向	弦长 10 m	2/10	
		弦长 30 m	2/5	
		弦长 300 m	10/150	
4	扭曲	基长 6.25 m	2	
5	水平		1	

第三章　CRTSⅡ型板式无砟轨道施工

第一节　CRTSⅡ型板式无砟轨道结构

CRTSⅡ型板式无砟轨道（即纵连板式无砟轨道）系统是一种预制板式无砟轨道，该系统通过预应力结构和板间纵向连接的方式来解决耐久性问题、利用先进的数控磨床加工预制轨道板上承轨槽和使用快速方便的测量系统以满足高速铁路对轨道几何尺寸的精度要求，利用高性能水泥乳化沥青砂浆层为轨道提供竖向支承以及适当的轨道弹性。

CRTSⅡ型板式无砟轨道结构包括路基上和桥梁上两种类型。其中，路基上CRTSⅡ型板式无砟轨道系统其层次构成自下而上依次为：级配碎石防冻层、30 cm厚水硬性支承层、3 cm厚水泥乳化沥青砂浆层、20 cm厚轨道板、扣件系统和无缝长钢轨；桥梁上CRTSⅡ型板式无砟轨道系统其层次构成自下而上依次为：桥面混凝土、2 mm厚喷涂防水层、5 mm厚两布一膜滑动层及5 cm厚硬泡沫塑料板滑动层（用于梁端区域）、20 cm钢筋混凝土底座、3 cm厚水泥乳化沥青砂浆层、20 cm厚轨道板、扣件系统和无缝长钢轨，其中轨道板两侧分别布置C、D型侧向挡块。路基和桥梁过渡段利用轨道板与端刺摩擦板结构过渡。

一、路基上CRTSⅡ型板式无砟轨道系统

路基上CRTSⅡ型板式无砟轨道系统，其结构组成如图3-1，工程要求如下：

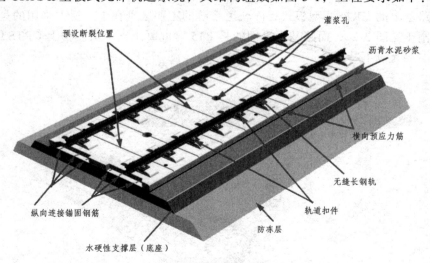

图3-1　路基上板式无砟轨道

1. 防冻层

由级配碎石组成，在此种无砟轨道系统中其主要功能是防止出现路基因冻融循环所引起

的基床表层破坏。对新建铁路防冻层的主要要求为：在满足其他力学指标的前提下，渗透率 $K \leqslant 10^{-4}$ m/s。

2. 水硬性材料支承层

采用 C15 素混凝土结构，顶宽 2.95 m，底宽 3.25 m，表面平整度为 10 mm/3 m，并通过控制路基表层高程实现轨道超高。

3. 高性能水泥乳化沥青砂浆层

高性能水泥乳化沥青砂浆作为轨道板与混凝土支承层间的调整层材料，是一种由水泥、砂、乳化沥青和外加剂组成的特殊的拌和材料。根据 CRTS Ⅱ 型板式无砟轨道系统结构设计和施工特性的要求，高性能水泥乳化沥青砂浆在施工时应具有良好的工作特性（流动度、扩展度等），凝固后具有早强、高强、微膨胀、耐久、粘结、密实等特性，它是提供道床支承和道床弹性的一种复合支承结构。高性能水泥乳化沥青砂浆层的灌注厚度通常为 30 mm，通过水泥砂浆封边。

4. 轨道板

采用横向预应力结构，在工厂集中预制，混凝土强度等级为 C60；板间纵向通过灌浆完成后的张拉锁件连接。为满足中国制式轨道电路传输的需要，轨道板内钢筋采用特殊措施相互绝缘。轨道板在工厂制造过程中，待混凝土大部分收缩徐变完成后，利用数控磨床进行精磨；现场通过精调系统进行定位安装，从而符合无砟轨道系统轨道板高程和平面 0.3 mm、相邻轨道板间的顺接偏差 0.4 mm 的误差要求。

5. 轨道

Vossol 300 扣件系统，使用由单根 100 m 长的 60 kg/m、U71Mn（K）定尺钢轨在工厂焊接而成的每根 500 m 长的钢轨，一次性铺设跨区间无缝线路。

二、桥梁上的 CRTS Ⅱ 型板式无砟轨道系统

桥梁与路基上的 CRTS Ⅱ 型板式无砟轨道系统的主要区别在于：桥上采用的是 C30 的钢筋混凝土底座（见图 3-2），而路基上采用的是 C15 素混凝土支承层。桥上 CRTS Ⅱ 型板式无砟轨道结构主要有以下特点：

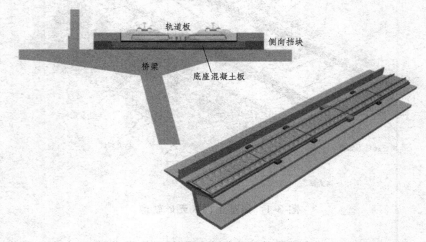

图 3-2　桥梁上板式无砟轨道构造

1. 滑动层

桥梁面上没有级配碎石防冻层，而是在验收合格的梁面上施作喷涂防水层、5 mm 厚两布一膜滑动层和梁端缝 5 cm 厚硬泡沫塑料板，使底座板与梁面可相对滑动。

2. 纵连底座板

在滑动层上铺设宽 2.95 m、厚 20 cm 的 C30 钢筋混凝土底座，底座按通桥连续布置。长桥上底座板混凝土施工时在凝结硬化过程中产生的纵向力对桥墩的影响较大，为了避免强制力传入桥梁支座和桥墩，在两个混凝土浇筑段（一个约 32 m 长）之间设一个宽 50 cm 的（钢筋）连接带（混凝土后浇带），在跨中布置。通过控制底座表面高程实现轨道超高，完工后表面高程限差范围为 ±5 mm，表面平整度为 10 mm/3 m。同时，为满足中国制式轨道电路传输的需要，轨道板内钢筋采用特殊措施确保纵、横向钢筋相互绝缘。

3. 端刺及固结机构

为了适应底座板连续结构，在桥梁两端路基上设置摩擦板及端刺，以限制底座板中的应力及温度变形，两端刺间底座板纵向跨梁缝连续，在桥梁固定支座上方设置预埋螺纹钢筋和抗剪齿槽与梁体固结，形成底座板纵向传力结构。

4. 限位挡块

底座板两侧设置 C、D 型侧向挡块，限制底座板和轨道板横、竖向位移和翘曲。

5. 其他

轨道板、水泥乳化沥青砂浆、钢轨、扣件等其他结构与路基上相同。

第二节 轨道板的布板、预制、打磨

轨道板是 CRTSⅡ型板式无砟轨道承载钢轨的主要构件，轨道板的安设位置的精度在很大程度上决定了轨道的铺设精度。单块轨道板是在工厂中按照设计提供的逐块轨道板参数，通过预制坯板、存放、在轨道板专用的精密磨床上进行磨削，使轨道板尤其是承轨台的几何尺寸能够与轨道板在线路上安装的位置完全匹配，最后达到铺设高精度轨道系统的要求后生产出来的。

一、布板

布板是根据线路的平、纵断面设计参数；轨道板几何尺寸，逐块进行的轨道板布置设计（计算）。布板计算的结果是制板厂对每一块轨道板进行磨削的依据。

整个布板设计过程是一个高度自动化的过程，它是将线路的诸要素（里程、左右线位置、道岔布置、曲线半径、超高、竖曲线半径等）输入电脑，采用专用的布板设计软件对逐块轨道板进行计算，计算的结果还要与线路设计的诸要素进行核对（复核），才能最后形成设计结果。

二、轨道板的预制

轨道板的预制第一步是要规划、设计、建设轨道板的预制与加工生产线。

　　根据工程量及施工工期以及轨道板生产的特点，轨道板生产在厂房内集中预制，实行工厂化施工管理；毛坯板采用先张长线台座法生产，根据制板的工程量和规划的生产线的生产能力，决定生产线的数量，每条生产线均采用三班制作业，每天作业周期为 24 h（其中作业时间 8 h，养护时间约 16 h）。

　　1. 预制厂各个区域

　　轨道板场总体设计按生产工艺原理，结合工程工期及预制厂场地情况，做到工序衔接顺畅，物流合理，生产规模满足工程工期要求，并适度预留生产能力。根据施工工艺流程和施工工艺特点，可将预制厂分为既互相独立又沿道路互相联系的 8 个区域。

　　（1）轨道板预制区。

　　配备桥式起重机、一套可移动的自动张拉系统及配套的工装、混凝土布料机、自动钢筋切割锯、数台多功能运输车、混凝土拉毛机、长裁筋机、温控系统及数套供热管线等。

　　（2）钢筋加工区。

　　钢筋加工区配置 1~2 台 5 t 单梁吊车。

　　（3）混凝土搅拌区。

　　180 m³/h 的混凝土搅拌站一座，主机采用 3 m³/盘的强制式搅拌机。

　　（4）轨道板打磨装配区。

　　1 台数控磨床、1 台翻转机、2 台切割钢筋余头的自动锯、1 套滚轮运输线、1 台吸水器、1 台定量油脂注射机，2 台横向运输车及 1 台 16 吨的双小车桥式起重机等。

　　（5）轨道板存放区

　　5 台起重量 16 t，跨度 40 m 的门式起重机。

　　（6）砂石料存放区。

　　2 台装载机。

　　（7）辅助生产区。

　　中心试验室、变配电室、锅炉房、维修车间、配件库、压缩空气系统及供水设施等

　　（8）办公生活区。

　　2. 预制过程

　　轨道板生产线投入生产后，首先是制造出标准的坯板，然后才能进行板的磨削等加工。轨道板的预制与普通的混凝土构件预制的原理基本相同，也是在工厂的预制生产线上进行轨道板坯板的成批预制。其预制的过程主要有：模板安装、预应力筋下料、钢筋编组及预埋件安装、施加预应力、混凝土配制和浇筑、混凝土养护、预应力放张及轨道板脱模等。

　　（1）模板安装。

　　张拉台座应具有足够的强度、刚度和稳定性，满足模板安装、钢筋入模、张拉、浇筑成型、脱模等工艺要求。

　　模板应采用具有足够的强度、刚度和稳定性的钢模，模板应能保证轨道板各部开头尺寸及预埋件的准确位置。模板的制造容许公差以轨道板成品容许公差的 1/2 为准。模板支承基础应平整、坚实，不得因其不均匀下沉导致模板变形。

　　（2）预应力筋下料。

　　轨道板中预应力钢筋采用螺旋肋钢丝，其主要技术性应能符合表 3-1、3-2 及 GB5223 的规定。

表 3-1　预应力筋主要力学性能

序号	项目	单位	技术指标
1	抗拉强度	MPa	≥1 570
2	屈服强度	MPa	≥1 420
3	断裂伸长率	%	≥6.0
4	弹性模量	MPa	2.05×10^5

表 3-2　预应力筋主要外形尺寸

公称直径（mm）	肋高（mm）	肋顶高（mm）	肋间距（mm）	肋倾角（°）	螺旋肋导程（mm）
10	0.42~0.45	1.3~1.7	—	36±1	—

预应力筋采用机械定长切断，不应使用电焊切割。用于每个台座的预应力间下料长度偏差应控制在万分之二的范围内。预应力筋在切断和移运时应保持顺直，防止变形、碰伤和污染。

（3）钢筋编组及预埋件安装。

螺纹钢筋的性能应符合 GB1499 的规定，其加工在常温下进行，按照设计图纸检查尺寸，切断刀口平齐，两端头不应弯曲，下料长度应符合设计规定，允许偏差应符合表 3-3 的规定。

表 3-3　普通钢筋下料长度允许偏差

序号	项目	允许偏差（mm）
1	直径为 8 mm 的螺纹钢筋	±10
2	直径为 16 mm 的螺纹钢筋	±10
3	直径为 20 mm 的精轧螺纹钢筋	−10，0

环氧树脂涂层钢筋的性能及锚固长度应符合 JG 3042 的规定。上、下层钢筋网片分别在专用胎具上编制，纵、横向钢筋按设计要求进行绝缘处理，钢筋间的电阻值不小于 $10^{10}\,\Omega$。直径为 20 mm 精轧螺纹钢筋的性能应符合 GB 1499 的规定，主要外形尺寸应满足表 3-4 的要求，并在专用胎具安装绝缘热缩管，软管间距应符合设计规定，允许偏差为 ±5 mm 内。

表 3-4　精轧螺纹钢筋主要外形尺寸

公称直径（mm）	公称重量（kg/m）	公称截面积（mm²）	螺纹根直径（mm）	肋高（mm）	肋宽（mm）	肋间距（mm）
20	2.47	314	19.5±0.4	1.3	4.8	10.0±0.3

钢筋编组入模后，下层钢筋网片与直径为 5 mm 定位预应力钢筋间、上层钢筋网片与直径为 20 精轧螺纹钢筋间按设计进行绝缘处理，确保钢筋间的电阻不小于 $10^{10}\,\Omega$。钢筋在模板中的位置应符合设计规定，允许偏差应满足表 3-5 的要求。轨道板内所有预埋件应按设计图位置和间距准确安装，并应与模板牢固连接，保证混凝土振动成型时不移位。轨道板内钢筋不得与预埋件相碰。

表 3-5　轨道板内钢筋位置的允许偏差

序号	项　目	允许偏差（mm）
1	普通钢筋	±5
2	预应力钢筋	±3
3	精轧螺纹钢筋	±5
4	钢筋保护层	±5

（4）施加预应力。

每次张拉前应对锚具的锚筒和锚片进行检查和清理。预应力筋采用整体张拉方式，张拉分两个阶段：初张拉将预应力钢筋张拉至约设计值的 20%，安装中间挡板，并锁定在模具上；终张拉将预应力钢筋张拉至设计值，张拉结束后，利用调整环使液压缸止动并卸压。预应力值应采用双控，以张拉力读数为主，预应力筋伸长值作校核。实际张拉力、伸长值与设计值偏差不得超过 5%，实际单根预应力钢筋的张拉力与设计值偏差不得超过 15%。张拉过程中，始终保持同端千斤顶活塞伸长值间偏差不大于 2 mm，异端千斤顶活塞伸长值间偏差不大于 4 mm。张拉记录应完整、准确地填写。张拉整体设备应整体标定，有效期不应超过一年。

（5）混凝土配制与浇筑。

混凝土浇筑前，应确认钢筋及预埋件的位置和间距，同时用 500 V 兆欧表测量确认钢筋骨架的绝缘性能，各层钢筋间电阻值不得小于 $10^{10}\,\Omega$，还应确认接地钢筋、接地端子的位置和焊接质量是否满足设计要求。

轨道板混凝土应具有良好的密实性，浇筑时应保证钢筋和预埋件的正确位置，每块板浇筑时间不宜超过 20 min，模板温度宜控制在 10 ~ 30 ℃，当温度过低、过高时，应对模板采取升、降温措施。

压入混凝土中的调高预埋件位置和数量应符合设计要求，位置允许偏差 ±5 mm。每块轨道板浇筑成型后，在保证构件棱角完整、板体不开裂前提下，将模板间的中间挡板从混凝土中取出。混凝土初凝前，应对板底混凝土面进行刷毛，刷毛深度应为 1 ~ 2 mm。

（6）混凝土养护。

混凝土采用热水保温、温度匹配养护，在绳块轨道板浇筑成型后应立即进行覆盖养护。在养护期间，板体混凝土芯部的最高温度不宜超过 55 ℃。

（7）预应力筋放张及轨道板脱模。

预应力筋放张和轨道板脱模时，混凝土立方体试件的抗压强度不得低于 48 MPa 或设计强度的 80%。预应力筋采用整体放张方式，在放张过程中要保证 4 台千斤顶动作同步。预应力筋放张完成后，先切断在张拉台座 1/2 处模板间的预应力筋，再切断在张拉台座 1/4 和 3/4 处模板间的预应力筋，最后切断其余模板间的预应力筋，不允许在带应力情况下切割。

轨道板脱模采用真空吊具，在确认工艺配件与模板的固定装置全部卸除后，水平缓缓地起吊轨道板，保证轨道板不受冲击。

轨道板脱模后在厂房内的专用支架上临时存放，每组支架上存放 3 层，每层间安放 4 个垫块。垫块要上下对齐，垫块的规格尺寸和支点位置应符合设计要求。垫块高度允许偏差 ±2 mm，承载面应平行，误差控制在 2 mm 以内。

轨道板脱模后立即进行覆盖养护，当轨道板表面与周围环境温差不大于 20 ℃ 时，可撤掉覆盖物运出厂房存放。

三、轨道板的中间存放、磨削

养生完成后的轨道板（坯板），已经具有一定的强度，可以移出生产线。此时，就要将轨道板（坯板）运至事先规划的场地进行存放，存放时间为 28 天。集中存放时，存放场地要平整并进行硬化处理，硬化地面混凝土强度不小于 7.5 MPa，并不得有下沉变形。存放时轨道板面朝上并保持水平。轨道板与地面及每层间可利用 20 cm×30 cm 方木在指定部位提供支撑。存放层数不应超过 10 层。沿线存放时，地基应平整密实，下面用方木在指定部位支垫，存放层数宜为 2～4 层。

轨道板（坯板）存放 28 天之后，经过翻转、切割钢筋余头，通过自动化滚轮运输线送至轨道板专用磨床（图 3-3），按照布板设计的数据进行打磨，并在板的端头磨制出规定的编号，此编号即规定了轨道板在线路上安装的唯一位置，最后安装弹条扣件系统，装配好的轨道板经绝缘测试和质量检测后，通过横向运输车运至成品库。

图 3-3　轨道板专用磨床

打磨生产线除配置 1 台数控磨床外，还配置 1 台翻转机、2 台切割钢筋余头的锯、1 套滚轮运输线、1 台吸水器、1 台定量油脂注射机和 2 台横向运输车。

磨床冷却及轨道板清洗用水，经污水处理系统处理实现循环使用。打磨生产线配置 1 台起重量为 16 t 的双小车桥式起重机，主要用于毛坯板测量时的翻转、轨道板在厂房内临时存放时吊运轨道板和吊运扣件系统等作业。

打磨工作流程如图 3-4 所示。

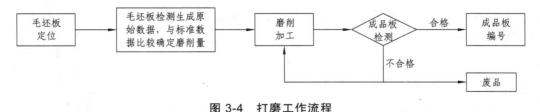

图 3-4　打磨工作流程

第三节　水泥乳化沥青砂浆

为确保高速行车的舒适性与安全性，轨道结构中需要一种既能够提供竖向支承，又具有一定竖向弹性，同时还能够提供道床纵向阻力的结构层。水泥乳化沥青砂浆（简称 CA 砂浆）是目前能够满足这些要求的最佳选择。水泥乳化沥青砂浆一般通过水泥、乳化沥青、砂及各种掺和料混合而成。京津城际无砟轨道系统调整层采用的阴离子水泥乳化沥青砂浆，是我国在高速铁路上首次规模使用的材料。

一、原材料的检测与试验方法

（一）干料扩展度试验方法

1. 主要仪具和设备

包括：水泥胶砂搅拌机、水泥胶砂流动度测定仪（跳桌）、水泥胶砂流动度试模、捣棒、游标卡尺（量程不小于 300 mm，分度值不大于 0.5 mm）、天平（量程不小于 1 000 g，分度值 0.1 g）、刮平尺。

2. 试验条件

应符合 GB/T 17671—1999 的规定。

3. 试验步骤

（1）准确称取干料 1 500 g，称取适量的水。

（2）先将水加入搅拌锅中，再加入干料，加完料后按 GB/T17671-1999 中的搅拌程序搅拌。在搅拌的同时，用潮湿棉布擦拭跳桌台面、试模内壁、捣棒，并将试模放在跳桌台面中央用潮湿棉布覆盖。

（3）按 GB/T2419-2005 中第 6.3 条装模和捣压。捣压完毕后，取下套模，用刮平尺从中间向边缘分两次以近水平的角度抹去圆模的砂浆，并擦去在桌面上的砂浆。30 s 后将圆模垂直向上轻轻提起。立刻开动跳桌，以每秒钏一次的频率，跳动 15 次。如跳桌在 24h 内未被使用，先空跳一个周期即 15 次。

（4）用卡尺测量砂浆底面互相垂直的两个方向的直径。两个方向的直径差应不大于 10 mm，如大于 10 mm，则试验无效。扩展度通过两个方向直径的平均值表示，如扩展度不满足要求，调整用水量，重复试验。

4. 结果与计算

试验结果通过水灰比及扩展度表示。水灰比精确至 0.01，扩展度精确至 1.0 mm。

（二）乳化沥青与水泥适应性试验

1. 主要仪具和设备

包括：烧杯（1 000 mL）、电子天平（量程 1 kg，分度值 0.1 g）、试验室搅拌装置（立式，转速 0 ~ 500 r/min 可调）、恒温水浴或烘箱（可保持 40 ℃ 恒温）、温度计（0 ~ 50 ℃，分度值 0.5 ℃）、量筒（250 mL，分度值 2 mL）、秒表（分度值 0.1 s）、玻璃棒、加料勺、流动度测定仪（如图 3-5 所示）。

2. 试验步骤

（1）用 1 000 mL 烧杯称取 125 g 乳化沥青，加水 75 g，搅拌（速

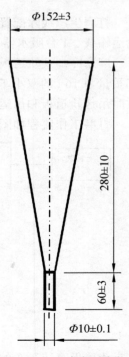

图 3-5　流动度测定仪

率 100 r/min）10 s。均匀加入 150 g 水泥（与工程实际用水泥相同），此过程应在 1 min 内完成。随水泥加入，将搅拌机转速慢慢提高至 300 r/min。加完水泥后，再搅拌 1 min。

（2）将烧杯密封好，和流动度测定仪一起放入 40 ℃ 恒温水浴箱或烘箱中放置 4 h。

（3）取出烧杯，观察乳化沥青是否破乳。如破乳，结束试验，结果评判为不合格；如没有破乳，将试样在搅拌机上搅拌 1 min（300 r/min），使其均匀。

（4）取出流动度测定仪，用手指堵住出料口，将搅拌均匀的全部试样迅速倒入 40 ℃ 的流动度测定仪中。放开手指，让试样流入量筒中，同时按下秒表。20 s 后用手指将出料口封住，读取流入量筒中的试样体积。

3. 结果与计算

试验结果通过两次试验的平均值表示，精确至 2 mL。

二、配合比设计

（一）原材料

1. 沥青

应选用重交通道路石油沥青或道路石油沥青（B 级以上），其主要性能应满足表 3-6 的要求，用于生产沥青的原油宜固定。

表 3-6　沥青性能指标

序号	项 目		单位	指标要求	试验方法
1	针入度（25 ℃，100 g，5 s）		mm	6～10	
2	延度（5 cm/min，10 ℃）		cm	>15	
3	软化点（环球法）		℃	42～52	
4	闪点（COC）		℃	≥230	
5	含蜡量（蒸馏法）		%	≤2.2	
6	密度		g/cm^3	≥1.0	JTJ052—2000
7	溶解度（三氯乙烯）		%	≥99.0	
8	薄膜加热试验后残留物（163 ℃，5 h）	质量损失	%	≤0.6	
		针入度比	%	≥50	
		延度（10 ℃）	cm	≥6	
		脆点	℃	≤－10	

2. 改性沥青

沥青可采用 SBS 或 SBR 进行改进，其主要性能应分别符合表 3-7、表 2-13 的要求，其中 PI 值可作为选择性指标。用于生产改性沥青的沥青性能应满足表 3-6 的要求。

表 3-7　SBS 改性沥青技术要求

序号	项目		单位	指标要求				试验方法
				I -A	I -B	I -C	I -D	
1	针入度（25 ℃，100g，5s）		mm	>10	8～10	6～8	3～6	
2	针入度指数 PI			≥-1.2	≥-0.8	≥-0.4	≥0	
3	延度（5 cm/min，5 ℃）		cm	≥50	≥40	≥30	≥20	
4	软化点（TR&B）		℃	≥45	≥50	≥55	≥60	
5	运动黏度（135 ℃）		Pa.s	≤3				
6	闪点（COC）		℃	≥230				JTJ052 —2000
7	溶解度		%	≥99				
8	离析，软化点差		℃	≤2.5				
9	弹性恢复（25 ℃）		%	≥55	≥60	≥65	≥75	
10	薄膜加热试验后的残留物（163 ℃，5 h）	质量损失	%	≤1.0				
		针入度比	%	≥50	≥55	≥60	≥65	
		延度（5 ℃，5 cm/min）	cm	≥30	≥25	≥20	≥15	

3. 乳化沥青

应采用满足要求的沥青或改性沥青进行生产，其主要性能指标除应满足表 3-8 的要求外，还必须满足水泥沥青砂浆的最终性能。

表 3-8　乳化沥青性能指标

序号	项目		单位	指标要求	试验方法
1	筛上剩余量（1.18 mm）		%	< 0.1	JTJ052—2000
2	颗粒极性			阴	
3	粒径		μm	平均粒径≤7 模数粒径≤5	GB/T19627 —2005
4	水泥适应性			20 s 内至少流出 70 mL 样	科技基〔2008〕74 号
5	贮存稳定性（1d，25 ℃）		%	<1.0	
	贮存稳定性（5d，25 ℃）		%	<5.0	
6	低温贮存稳定性（−5 ℃）(1)			无粗颗粒或块状物	
7	水泥混合性		%	<1.0	
8	蒸发残留物	残留物含量	%	≥60	JTJ052—2000
		针入度（25 ℃，100 g，5 s）	mm	4～12	
		软化点（环球法）	℃	≥42	
		溶解度（三氯乙烯）	%	≥99	
		延度（5 ℃）(2)	cm	≥20	
		延度（25 ℃）	cm	≥100	

注：（1）当乳化沥青实际使用中经过低温贮存和运输时，进行此项检测。

　　（2）当采用改性沥青制备乳化沥青时，按此项进行蒸发残留物延度检测。

4. 干料

干料的主要性能应满足表 3-9 的要求。用于配制干料的水泥应选用硅酸盐水泥，其性能应符合 GB175 的相关规定。用于配制干料的细骨料应采用河砂或机制砂，不得使用海砂，最大粒径 1.18 mm，其他主要性能应满足表 3-10 的要求。用于配制干料的铝粉、膨胀剂的性能应分别符合 GB/T2085.1、JC476 的相关规定。

表 3-9　干料的性能指标要求

序号	项　目		单位	性能指标要求		试验方法
1	级配	筛孔尺寸（mm）	%	通过率		JGJ52-2006
		1.18		100		
		0.6		90～100		
		0.3		55～70		
		0.15		45～55		
		0.075		35～45		
2	扩展度[1]		mm	水灰比≤0.58 $D_5≥160$；$D_{30}≥150$		科技基〔2008〕74 号
3	膨胀率[2]		%	0～3		
4	抗压强度	1d	MPa	≥12		
		7d		≥30		
		28d		≥35		

注：（1）D_5 表示砂浆出机扩展度；D_{30} 表示 30 min 扩展度。
（2）当干膨胀率不满足要求而水泥沥青砂浆膨胀率满足使用要求时，可对此值不作要求。

表 3-10　细骨料的性能指标

序号	项　目	单位	性能指标		试验方法
			河砂	机制砂	
1	表观密度	g/cm³	≥2.55		JGJ52—2006
2	含水率	%	<0.1		
3	吸水率	%	<3.0		
4	泥块含量	%	<1.0	—	
5	含泥量	%	<2.0	—	
6	石粉含量	%	—	<5.0	
7	坚固性	%	≤8		
8	有机物（比色法）		合格		
9	氯化物含量	%	<0.02		
10	硫化物及硫酸盐含量（折算成 SO_3）	%	≤0.5		
11	碱活性（快速砂浆棒法）	%	≤0.10		TB/T2922.5-2002

5. 减水剂

减水剂应符合 GB8076 或 JC/T223 有关规定。

6. 水

拌和水应符合 JCJ63 的规定。

7. 消泡剂

宜采用有机硅类消泡剂产品。

（二）原材料的储存与管理

原材料的储存应按品种、生产厂家分别储存，不同品种、不同生产厂家的原材料不得混装、混堆。乳化沥青、干料、减水剂等应避光储存，避免阳光直射。袋装材料的储存要采取相应的防水、防潮措施。

乳化沥青储罐应配有搅拌设备，定期对乳化沥青进行搅拌，使其均匀，使用前，应将乳化沥青搅拌均匀。

原材料在储存和使用过程中，其温度应严格控制在限界温度范围内。乳化沥青、干料的进场、贮存、使用温度宜控制在 5～30 ℃；未作明确要求的，材料的适宜贮存和使用温度以保证砂浆的温度要求为前提。环境温度低于 5 ℃时，应对原材料采取必要的保温措施。

乳化沥青的储存时间不宜大于 3 个月，干料的储存时间不宜大于 1 个半月。

（三）水泥沥青砂浆拌制

选定水泥沥青砂浆配合比应遵循如下基本规定：水泥用量不宜小于 400 kg/m³；乳化沥青与水泥的比值不宜小于 0.35；水灰比不宜大于 0.58；配合比设计时应考虑施工环境温度条件变化对砂浆拌和性能的影响。水泥沥青砂浆的配合比应通过适当选取原材料、计算、试配、高速等步骤选定。当乳化沥青、干料的生产原材料、生产配合比发生改变时，应重新选定配合比。水泥沥青砂浆性能指标应满足表 3-11 的要求。

表 3-11 水泥沥青砂浆的性能指标要求

序号	项目		单位	性能指标要求	试验方法
1	拌和物温度		°C	5～35	温度计
2	扩展度[1]			$D_5 \geq 280$ mm 和 $t_{280} \leq 16$ s $D_{30} \geq 280$ mm 和 $t_{280} \leq 22$ s	科技基〔2008〕74 号
3	流动度		s	80～120	
4	分离度		%	≤3.0	
5	含气量		%	≤10.0	
6	单位容积质量		kg/m³	≥1 800	锥形瓶
7	膨胀率		%	0～2.0	
8	抗折强度	1 d	MPa	≥1.0	科技基〔2008〕74 号
		7 d		≥2.0	
		28 d		≥3.0	
9	抗压强度	1 d	MPa	≥2.0	
		7 d		≥10.0	
		28 d		≥15.0	
10	弹性模量（28 d）		MPa	7 000～10 000	
11	抗冻性（28 d）			外观无异常，剥落量≤2 000 g/m²，相对动弹模量≥60%	
12	抗疲劳性（28 d）			10 000 次不断裂	

注：（1）D_5 表示砂浆出机扩展度；（2）D_{30} 表示砂浆出机 30 min 时扩展度；（3）t_{280} 表示砂浆扩展度达 280 mm 时所需的时间。

水泥沥青砂浆原材料应严格按照施工配合比要求进行准确称量。称量最大允许偏差（按质量计）应符合下列要求：乳化沥青为 ±1%，干料为 ±1%，外加剂为 ±0.5%，拌和用水为 ±1%，消泡剂为 ±0.5%。

水泥沥青砂浆应采用专用设备进行拌和，搅拌机转速应在 0～200 r/min 范围内并可调，其具体的投料顺序、搅拌速度、搅拌工艺应通过试验确定。炎热季节或低温下进行水泥沥青砂浆拌制时，应采取相应措施控制材料温度，以保证砂浆拌和物温度。一次拌和量宜为搅拌设备额定搅拌量的 30%～80%。具体搅拌量根据砂浆层厚度经过计算确定。工作日施工结束或施工中断时，应及时对搅拌设备、灌注设备等进行冲洗；更换原材料时，应对相应器具、管道进行清洗。

三、水泥乳化沥青砂浆配合比性能检测

（一）水泥沥青砂浆膨胀率试验方法

1. 主要仪具和设备

包括：量筒（250 mL，分度值不大于 2 mL）、游标卡尺（量程不小于 200 mm，分度值不大于 0.02 mm）。

2. 试验步骤

（1）将量筒竖立在一个无冲击和无振动的水平面上。

（2）将砂浆装入量筒中至约 250 mL 处，用游标卡尺测量装入样品的实际高度 h_1。

（3）将量筒密封、水平静置，24 h 后测量水泥沥青砂浆的高度 h_2。

3. 结果与计算

按下式计算水泥沥青砂浆膨胀率，试验结果精确至 0.1%：

$$膨胀率 = \frac{h_2 - h_1}{h_1} \times 100\% \qquad (3\text{-}1)$$

（二）水泥沥青砂浆扩展度试验方法

1. 主要仪具和设备

扩展度筒：内径为 50±1 mm，高为 190±2 mm，采用抗翘曲的刚性塑料制成，内壁光滑。玻璃板（400 mm ± 2 mm）×（400 mm ± 2 mm）、直尺（分度值不大于 2 mm）、秒表（分度值 0.1 s）。

2. 试验步骤

（1）玻璃板应放在固定的水平底座上。每次试验开始前，应将板的表面和管筒内表面用潮湿的抹布擦洗干净（无光泽的微湿表面）。

（2）将管筒竖立在玻璃板中间，然后将砂浆填入管内，直至管筒的上缘。

（3）如果玻璃板上有污垢应擦干净，并再次用湿布擦拭。

（4）将管筒迅速地垂直拉高 15±2 cm，并在这一位置保持 10 s，同时按下秒表，记录水泥沥青砂浆扩展达到 280 mm 的时间。

（5）待砂浆停止流动后测量其互相垂直的两个方向的扩展直径。

3. 结果与计算

试验结果以两个垂直直径的平均值（精确到 5 mm）及扩展度达到 280 mm 时的时间（精

确到 1 s）表示。

（三）水泥沥青砂浆流动度试验方法

1. 主要仪具和设备

流动度测定仪（图 3-5）、秒表（分度值 0.1 s）、容器桶等。

2. 试验步骤

（1）将漏斗润湿后放置在漏斗架上，漏斗的轴线垂直地面。将容器桶放在漏斗下方。

（2）用手指堵住漏斗口。

（3）将 1.0 L 水泥沥青砂浆缓慢而均匀地倒入漏斗。

（4）松开手指，同时启动秒表，测量漏斗水泥沥青砂浆流完所需的时间。

3. 结果与计算

试验结果精确至 1 s。

（四）水泥沥青砂浆分离度试验方法

1. 主要仪具和设备

包括：模具（尺寸 $\phi50$ mm × 50 mm）、天平（分度值 0.1 g）、游标卡尺（分度值 0.02 mm）、切割机、夹钳台等。

2. 试验步骤

（1）将砂浆注入 $\phi50$ mm × 50 mm 试模，刮平。

（2）用薄膜覆盖试件表面，将试件移入标养室养护，1 d 后脱模，继续在标养室养护至 7 d，然后移入温度（20 ± 2）℃、湿度 60% ± 5% 养护室养护至 28 d。

（3）在砂浆龄期至 28 d 时，将其分成上、下两等分，用天平测量其单位容积质量。

3. 结果与计算

按式 3-2 计算砂浆的分离度：

$$材料分离度 = \frac{(下部单位容积质量 - 上部单位容积质量) \times 0.5}{上下部平均单位容积质量} \times 100\% \qquad (3\text{-}2)$$

以三个试件分离度的算术平均值作为该试样的分离度，精确至 0.1。

（五）水泥沥青砂浆含气量试验方法

1. 主要仪具和设备

（1）装有仪器盖的试样容器是一个容量为 1.0 L 的有金属盖的金属容器桶，包括一个密封的空气室（压力室）。一个用于测量所施空气压力的气压表与压力室相连。

（2）刮平尺。

2. 试验步骤

（1）容器的内侧应擦拭干净并使之微潮湿。

（2）容器完全用砂浆填满，此时要注意砂浆表面应当平滑。

（3）用刮平尺刮平突出的垫层砂浆，形成一个平坦的表面，并与容器上缘齐平封闭。

（4）将容器的外侧擦干和擦净，并将盖紧盖在容器上。

（5）通过 A 阀向水将仪器盖罩下积存的空气排出。此时 B 阀必须保持开启，直到砂浆表面上的全部空气排出为止。将容器稍微倾斜有利于空气的排出。

（6）将空气泵入密封的空气室中，直到压力恒定为止；此压力必须符合在校准仪器时确定的压力。

（7）应将 A 和 B 两个阀门关闭，将空气室和试样容器之间的空气阀门打开。一旦压力达到均衡，便可从校准的气压表上或借助校准曲线读出空气量。

3. 结果与计算

以两次试验的平均值作为测试结果，精确至 0.1%。若两次测量的误差大于其平均值的 10%，则需重新试验。

（六）水泥沥青砂浆力学性能试验方法

1. 主要仪具和设备

包括：胶砂试模（40 mm×40 mm×160 mm）、试模（100 mm×100 mm×300 mm）、抗折强度试验机、压力试验机、刮平尺、游标卡尺（分度值 0.02 mm）。

2. 试验条件

应符合 GB/T17671 的规定。

3. 试验步骤

（1）水泥沥青砂浆的强度试验按 GB/T17671 的相关规定执行。抗压强度加荷速度 50 ~ 150 N/s，以保证试件在 30 ~ 90 s 断裂进行控制。

（2）水泥沥青砂浆的弹性模量试验按 GB/T50081 的相关规定执行。

4. 结果与计算

水泥沥青砂浆的强度按 GB/T17671 的相关规定执行，弹性模量按 GB/T50081 的相关规定执行。

（七）水泥沥青砂浆冻融试验方法

1. 主要仪具和设备

试验容器：由不锈钢制成，顶部有盖，尺寸为 250 mm×200 mm×120 mm。底部有高（5 ± 0.1）mm 的三角垫条，试件与试验容器侧壁之间的空隙约为（30 ± 20）mm。

冻隔试验机：每小时最大可升/降温度不超过 10 °C，运转时冻箱内各点之间的最大温差不得超过 1 °C。试件冻融温度 20 °C ~ – 20 °C，温度循环控制如图 3-6 所示。

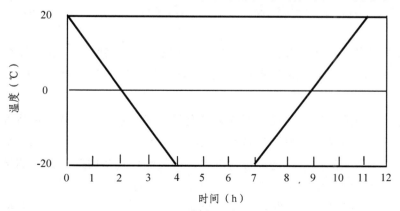

图 3-6 温度循环控制制度

超声洗浴设备：功率 250 W，频率 35 kHz。

超声波测试仪：频率范围为 10 ～ 100 kHz。

超声波传播时间测量装置：有机玻璃制成，超声传感器安装在该装置两侧相对的位置上，离测试面 35 mm。

烘箱：温度能恒定在 110 ± 5 ℃。

天平：量程 10 kg，分度值 0.1 kg。

2. 试件成型、养护、准备

在边长 150 mm 的立方体模具中间垂直插入一片 PTFE 片（Teflon 材料，尺寸约为 150 mm×150 mm×2 mm），使试模分为两部分。也可以将 PTFE 片垂直插入试模的两侧。将砂浆注入试模内，试件的养护同力学性能试验方法。7 天后，将试件切割成 110 mm 高（将成型面切除）。如 PTFE 片位于试模两侧，从中再将试件切割。每块试件切割成规格为两块 150 mm×110 mm×70 mm 试件。

3. 试验步骤

（1）在规定的试验龄期前 2 ～ 4 天，称取试件初始质量 W_0，用硅橡胶或树脂密封试件的四个侧面。测试面（贴 PTFE 片）及对应面不密封。

（2）规定的试验龄期到达后，将试件放置于试验容器中，测试面向下。向容器中加水，使试件浸水高度为（10 ± 1）mm，盖上试验容器的盖子，进行试件饱水。饱水时间为 7 天，环境温度为（20 ± 2）℃。饱水期间应始终保持水面高度满足要求。

（3）试件饱水完成后，进行试件的超声传播时间初始值 t_{cs} 的测试，要求精确至 0.1 μs。

（4）将称重、测试后的试件放入试验容器中，测试面向下。按步骤（2）进行水面调整。将装有试件的试验容器放置在冻融试验箱的托架上。

（5）试件每隔 4 次循环做一次试件剥落量、试件吸水量和超声传播时间的测试。

将试验容器从冻融试验箱中取出，放置于超声浴中。试件试验面朝下，进行超声浴 3 min。

将试件取出，用湿毛巾将试件侧面和上表面的水擦干净，称量试件的质量 W_n，精确至 0.1 g。

将超声剥落物收集，用滤纸过滤。过滤前先称量滤纸的质量 μ_f。将过滤后含有全部剥落物的滤纸置于 100 ± 5 ℃ 的烘箱中烘干、冷却后称取滤纸和剥落物的总质量 μ_b，称量精确至 0.1 g。

超声传播时间测试：将试件置于不锈钢盘上再一起放置在超声波测量装置中，测试面向下，一起放入超声波传播时间测量装置中（见图 3-7）。加入水作为耦合剂，水面高于探头中心 10 mm。打开超声波测试仪，选择合适频率，进行超声传播时间测试。测试过程中，应始终保持试件和耦合剂的温度在 20 ± 5 ℃ 范围内。

冻融达到以下几种情况之一时即可停止试验：已达到 56 次循环；相对动弹模量下降到 60% 以下；剥落量达 2 000 g/cm²。

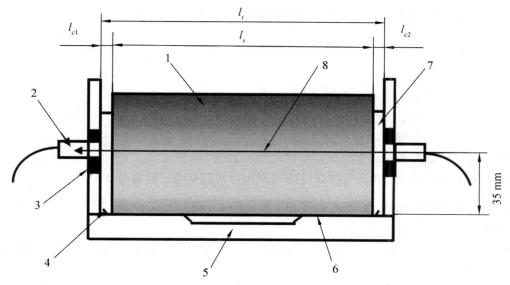

图 3-7 超声传播时间测试装置

注：l_t—全部超声传播路径的总长；l_s—试件超声传播路径的总长；$l_{c1}+l_{c2}$—耦合剂中超声传播的长度；
1—试件；2—超声探头；3—密封层；4—不锈钢盘；5—试验容器；6—试验表面；
7—试验溶液；8—超声传播

4. 结果与计算

（1）剥落量 μ_s。

$$\mu_s = \mu_b - \mu_f \tag{3-3}$$

式中　μ_s——剥落物的质量，精确至 0.01 g；

　　　μ_f——滤纸有质量，精确至 0.01 g；

　　　μ_b——干燥后滤纸+剥落物的总质量，精确至 0.01 g。

n 次循环后，每个试件单位面积上的剥落量 m_n 按下式计算（精确至 1 g/m²）：

$$m_n = (\sum \mu_s / A) \times 10^6 \tag{3-4}$$

式中　m_n——n 次循环后，每个试件单位测试面上的总剥落量（g/m²）；

　　　μ_s——每次测试时得到的试件剥落量（g），精确至 0.01 g；

　　　A——试件试验面面积（mm²）。

取 5 个试件单位面积上的剥落量的平均值作为每组试件单位面积上的剥落量，精确至 1 g/m²。

（2）相对动弹模量。

超声波在耦合剂中的传播时间 t_c 按下式计算

$$t_c = l_c / v_c \tag{3-5}$$

式中　l_c——耦合剂中超声波传播的长度 $l_{c1}+l_{c2}$（mm）；

　　　v_c——超声波在耦合剂中传播的速度；

　　　t_c——超声波在耦合剂中的传播时间（μs）。

经 n 次冻融循环后，试件的超声相对动弹模量 $R_{u,n}$ 按下式计算：

$$R_{u,n} = \tau_n^2 \times 100\%$$
$$\tau_n = (t_{cs} - t_c)/(t_n - t_c) \qquad (3\text{-}6)$$

式中　τ_n ——试件的超声相对传播时间；

　　　n ——冻融循环的次数；

　　　t_{cs} ——超声传播时间初始值（μs）；

　　　t_n ——经 n 次循环后超声波的传播时间（μs）。

取 5 个试件的平均值作为每组试件的超声相对动弹模量，计算至 1%。

（八）水泥沥青砂浆疲劳试验方法

1. 主要仪具和设备

包括：标准马歇尔试模、打磨机、游标卡尺（分度值 0.02 mm）、钢板（直径 100 mm 的钢板）、疲劳试验机。

2. 试件成型、养护、准备

采用标准马歇尔试件，试件的成型、养护同力学性能试验，也可采用相同尺寸的钻芯取样试件。

将试件两个平行面磨平。用游标卡尺对试件垂直直径、两个方向上高度进行测量，高度绝对值差不能超过 0.1 mm。

3. 试验步骤

（1）将试件的上下表面均匀涂上润滑油。

（2）用 0.2 ~ 0.3 g 的硅树脂均匀涂在地传力压板表面；再在其上加涂一层石墨片。

（3）将试件放在 20 ℃ 下至少 2.5 h，然后对中置于施荷设备上。

（4）开启试验机，进行试件疲劳试验，记录疲劳次数及试件残余变形值。试验基本荷载—时间曲线如图 3-8 所示。

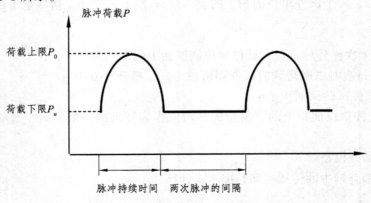

图 3-8　试验的基本荷载—时间曲线

荷载：应力下限 $P_u = 0.025$ N/mm^2；应力上限 $P_0 = 0.35$ N/mm^2。

脉冲持续时间：0.2 s。

两次脉冲的间隔：1.5 s。

（5）试验应在（20±2）℃中进行。

（6）达到以下几种情况之一即可停止试验：循环次数大于 10 000 次；试件残余变形超过 0.04 mm。

4. 结果与计算

试验结果以三块试件的试验结果表示。如有一块不满足要求，应加倍试验；如仍有一块试件不满足要求，则判定不合格。

四、水泥乳化沥青砂浆的制备

（一）水泥乳化沥青砂浆制备工艺流程

水泥乳化沥青砂浆制备工艺流程如图 3-9 所示。

（二）水泥乳化沥青砂浆制备工艺要点

1. 生产前的准备阶段

（1）启动发电机。

（2）开启气动系统使气压达到工作压力。

（3）打开空调，设置室内空气温度为 25 ℃。

（4）将干粉储料仓、乳化沥青箱、水箱、外加剂箱的原料补足充分。

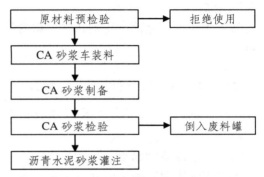

图 3-9　水泥乳化沥青砂浆制备工艺流程图

2. 生产阶段

（1）辅助设备运转正常后，确定砂浆配合比（根据施工气温按现场流动性试验的结果调整外加剂的掺加量），设定一个循环砂浆生产量。

（2）启动生产运行按钮，干粉计量一级螺旋机向中转称斗喂料，外加剂计量装置也开始进行外加剂的计量。

（3）一级螺旋机向干粉中转称斗喂料一定重量停止后，干粉中转称螺旋机启动，以专门计量形式向搅拌主机喂料，进入干粉料的加注计量过程；同时沥青计量装置、水计量装置、外加剂计量装置按设定的工艺程序向搅拌主机进行计量和喂料。

（4）当喂料接近结束时，搅拌主机启动，按照设定的速度对干粉、乳化沥青、水、外加剂的混合料进行搅拌。

（三）水泥乳化沥青砂浆关键质量控制点

1. 砂浆车加料

采用工地加料，利用吊车吊装干料，利用专用泵泵送液料。

2. 砂浆制备

将生产日期、时间、批量大小和砂浆配合比输入砂浆车控制单元，然后启动搅拌设备进行砂浆制备。全部称重数据和砂浆原材料、搅拌主机温度控制单元的工业电脑自动测定并存入电子储存器，轨道板编号用手工输入。数据存储器每个工作日读出并打印批量报告。

3. 选择液体材料的含量

根据环境温度、原材料自身温度及砂浆扩展度和流动性等现场实际情况决定液料的用量。

4. 砂浆的温度

砂浆的理论温度 < 33 ℃，当垫层砂浆的温度 ≥ 33 ℃ 时要采取相应的冷却措施。砂浆温度 ≤ 35 ℃ 时，才允许灌浆。

5. 砂浆扩展度和流动性

根据试验要求检测砂浆的扩展度和砂浆的流动性，当扩展度和流动性满足指标要求时方可使用。

6. 砂浆倒入中间储存罐

中间储存罐中装入的材料要满足一块轨道板的垫层灌浆使用。所以通常根据实际情况需要生产两批。

7. 材料储备

每一批生产开始前，应确认储存罐内是否有足够用于灌注轨道板的材料。如果不够，要加料。

五、水泥乳化沥青砂浆灌注施工

（一）水泥乳化沥青砂浆灌注施工工艺要点

1. 灌注前的准备工作

（1）垫层灌浆期间轨道板的位置固定

为了保证在垫层灌浆时轨道板不上浮，要安装压紧装置。扣压板安装位置：

① 在两块板的接缝处中间部位设置固定装置。利用预埋在混凝土底座板中的锚杆（轨道板粗放时固定圆锥体的锚杆）向下压紧轨道板（图 3-10a）。

② 在轨道板的两侧中间设固定装置（图 3-10b），当曲线位置超高达到 45 mm 及以上时，以上两种情况都要用翼形螺母拧紧，防止轨道板移动。

图 3-10a 轨道板端部固定　　　　图 3-10b 轨道板侧向固定

（2）水硬性胶结承载层和轨道板底面预先浇湿。

① 灌浆时水硬性胶结承载层和轨道板底面必须是潮湿的。为此在灌注垫层砂浆之前先将两者预先浇湿。足够湿润的标志是表面无光泽且微湿。根据不同的气候条件来变更预先浇湿的时间。

② 准确的预浇湿时间取决于表面的吸水性，并由垫层灌浆人员决定。空气温度 > 20 ℃ 时从预浇湿到垫层砂浆灌注之间所有的灌浆孔都要盖上（轨道板灌浆孔用塑料盖或类似物件盖

上）。这样可以将喷雾造成的潮湿空气封闭在轨道板下面。

③ 一般用专用的旋转喷嘴从轨道板的灌浆孔进行预浇湿,旋转喷嘴由一条柔性软管与移动式搅拌设备的高压清洗设备连接,利用手枪式手柄控制输送时间或输送量（图 3-11）。

2. 水泥乳化沥青砂浆灌注

（1）砂浆在搅拌机中搅拌到达设定的搅拌时间,搅拌主机打开卸料门将砂浆泄放到成品储料斗（中间储存罐）。砂浆进入成品储料斗的同时,成品储料斗内的搅拌电机自动开启对砂浆继续搅拌以防止成品储料斗内的砂浆发生沉淀。

（2）操作遥控器,将成品储料斗举升到最高位置。

图 3-11　手枪式喷枪预浇湿

（3）打开成品储料斗的放料气动蝶阀,将成品储料斗内的砂浆转入砂浆中转仓中。砂浆转入中转仓的同时,开启中转仓内的搅拌电机对砂浆继续搅拌以防止中转仓内的砂浆发生沉淀。

（4）采用 50 t 汽车吊将中转仓吊装上桥,放在台车上（台车高 3 m,宽 1.5 m,台车横跨混凝土底座）,由机械移动至灌浆部位。

（5）移动台车至灌浆部位,连接灌浆软管。灌浆软管的两端装有快速接头,垫层砂浆经过这条灌浆软管注入轨道板灌浆孔。

（6）一般情况下灌浆过程通过三个装有聚氯乙烯管的灌浆孔的中间孔进行。通过其他两个灌浆孔和装在水硬性胶结承载层和轨道板之间密封缝隙中的排气孔观察灌浆过程。当所有的排气孔处冒出垫层砂浆时堵塞排气孔,灌浆过程即告结束。

砂浆在灌注之前要对其扩展度、流动性、密度和含气量等进行检测,如果有其中一项超出技术要求范围,中转仓内的砂浆就必须倒入配备的废物容器中。接着用新材料继续灌浆。

3. 其他施工过程中应遵循的边界条件

（1）校正装置的拆除。

砂浆的最小抗压强度要被证实达到 1 N/mm² 以后才能拆除轨道板下面的校正装置。

（2）轨道板的可行车性。

砂浆的最小抗压强度要被证实达到 3 N/mm² 后才允许在轨道板上行车。

4. 水泥乳化沥青砂浆现场灌注检验

（1）适用性试验。

灌浆开始前应由试验人员对砂浆进行适用性检验。

（2）过程监督。

按照垫层灌浆检验项目进行砂浆灌注过程监督。

（3）监理监督。

按照垫层灌浆检验项目进行砂浆灌注的监理监督。

5. 养护

水泥沥青砂浆的养护原则上按自然养护进行。当日最低气温可能在 0 ℃ 以下时,应对新灌注的砂浆采取适当的保温措施。

6. 环保要求

施工中产生的污水及废料要集中妥善处理,不得污染环境。

（二）水泥乳化沥青砂浆灌注流程

具体流程见图 3-12。

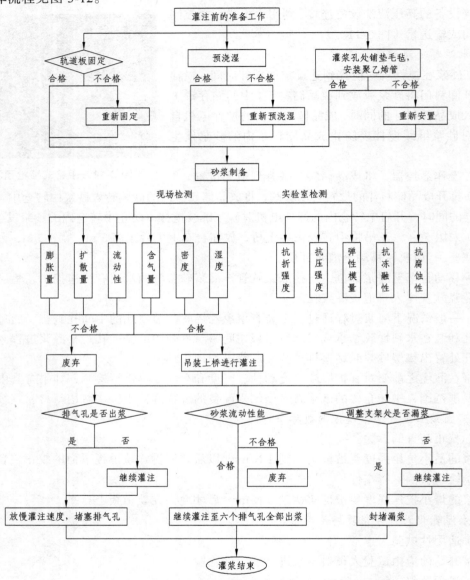

图 3-12　水泥乳化沥青砂浆灌注流程图

（三）水泥乳化沥青砂浆灌注质量控制

水泥沥青砂浆施工前，应针对工程特点、环境条件与施工条件设计初步灌注方案，进行实尺灌注试验，对水泥沥青砂浆的性能、轨道板膨胀情况进行没定，同时对灌板效果进行揭板检查，检查确定轨道板与水泥沥青砂浆的粘接情况、水泥沥青砂浆表面状态、板底砂浆充盈度等，以此确定水泥沥青砂浆的灌注工艺。水泥沥青砂浆灌注过程中，不得无故更改事先确定好的灌注方案。

水泥沥青砂浆灌注前，应确认轨道板标高及轴向平顺是否满足要求，检查千斤顶的受力状态及其紧固程度，并确定封边砂浆的强度在有保证的情况下才可允许灌注。

在干燥季节进行水泥砂浆灌注时，应提前对底座混凝土通过高压水枪进行预湿，但不得在底座混凝土表面形成明水、积水。

水泥沥青砂浆的灌注应一次性完成；灌注时应按相关规定进行砂浆性能试验及抽验试件成型；应持续对砂浆进行低速搅拌；应通过注入漏斗注入，自由倾落高度不宜大于 1.5 m，以避免水泥沥青砂浆的分层离析；待观察到排气孔流出砂浆，并确认气泡完全排出后，及时对排气孔进行封堵；待排气孔封堵完成、注入漏斗砂浆高出板底最高处砂浆一定高度后可停止灌注，具体情况根据确定的施工工艺、砂浆性能及轨道板的上浮情况进行确定。

当气温高于 40 ℃或低于 5 ℃时，不允许进行砂浆灌注施工。当天最低气温低于－5 ℃时，全天不允许进行砂浆灌注。雨天不得进行水泥沥青砂浆施工，并应对灌注后未硬化的水泥沥青砂浆进行覆盖，防止雨水进入轨道板底。

当砂浆流动性失去时，取掉注入漏斗，将注入孔中多余的砂浆掏出，使砂浆的表面距离轨道板上沿约 15 cm。

第四节　专业施工机具

CRTS Ⅱ型板式无砟轨道的施工设备主要有：混凝土搅拌站、混凝土运输车、混凝土泵车、混凝土输送泵、滑模摊铺机、钢筋加工设备、轨道板运输车、轨道板铺设龙门吊、轨道定位精调装置、移动式水泥沥青砂浆拌和车、水泥沥青砂浆灌注设备、定位圆锥体等。

CRTS Ⅱ型板式无砟轨道板标准尺寸为 6.45 m×2.55 m×0.2 m，重约 9 t。一般的载重车辆不能满足要求，需要对车辆的车厢进行改装，去掉四周的挡板，采用改装后的平板运输车，每次装运 6 块。

桥上纵连板无砟轨道的施工可采用以下两种方案：（1）现场集中存放，定点上桥，双向运板车纵向运输，粗铺机铺设轨道板；（2）沿线分散存板、悬臂龙门吊吊板上桥，悬臂龙门吊粗铺轨道板。

施工方案（1）中轨道板采用 50 t 汽吊在桥上或路基面上将轨道板从运至便道的运输车辆上吊装上桥并放在双向轮胎式运板车上，由双向轮胎式运板车再次将轨道板倒运至轮胎式 16 t 铺板龙门吊下完成轨道板的运输。50 t 汽吊通过车站路基通道或 160 t 汽吊提升等方式到达桥面或路基面，并按 800～1 000 m 间距设轨道板提升站，以减小对桥下运输通道的占地要求。50 t 汽吊在桥上沿单线底座混凝土表面行走，为满足吊装作业时液压支腿的摆放要求，需临时将两线底座混凝土间用木枕铺垫平整，汽吊在桥梁中间向两边均衡支腿。当在未施工后浇带的底座混凝土面运输、散铺轨道板时，需在后浇带接缝处铺设钢垫板以便车辆通行。

一、长桥上轨道板运输设备

在施工方案（1）中，可选用 YLC30 双向轮胎式轨道板运输车，其原因是：

（1）当全线桥梁占比较大，在跨越河流或其他原因造成桥下便道无法贯通，纵向运输无法到位时，采用桥面运输是解决轨道板纵向运输的较优方法。

（2）与采用轨道运输设备相比，在运输距离较长、铺板地点不断变化的情况下，轮胎式运输车辆由于不需要铺设轨道，较为快捷方便、成本低。

（3）桥面上在底座混凝土完工后只能提供底座混凝土表面 2.95 m 宽的运输通道的情况下，车辆无法掉头，使用专用的具有双向驾驶的车辆比单向驾驶的车辆更为安全、可靠。

车体自动调平的 YLC30 轮胎式双向运板车，具有先进的技术性能：

（1）具有适应 4%大纵坡的爬坡能力。

（2）整车调平能力适应了超高地段重心的偏移影响。

（3）转弯半径 12 m，可以实现在吊装轨道板时的微小移动。

（4）重载运行速度达到 9.2 km/h，可提高在特殊情况下长距离运输轨道板的功效。

（5）采用轮胎走行，避免了铺设桥上临时轨道引起的系列问题。

（6）双向走行功能，避免了桥上调头，更加安全快捷。

图 3-13 显示的是 YLC30 双向轮胎式轨道板运输车运板作业的场景，其主要技术参数见表 3-12。

图 3-13　YLC30 双向轮胎式轨道板运输车运板作业的场景

表 3-12　YLC30 双向轮胎式纵连板运输车主要技术参数

载重量		30t
运行速度	空载运行速度	0～20 km/h
	重载运行速度	0～9.2 km/h
爬坡能力		4%
转弯半径		12 m
转向角度		±25
整车调平高差		±150 mm
走行液压系统额定压力		35 MPa
工作液压系统额定压力		16 MPa
发动机功率		150 kW
外形尺寸（长×宽×高）		9 897 mm×2 832 mm×2 889 mm

二、长桥上轨道板铺设设备

长桥上轨道板铺设按底座板施工方向双线平行施工。为适应不同设计时速线路联络和曲线地段引起的线间距变化，便于从轨道板运输车上吊装轨道板粗铺，可采用 MEBL 轮胎式可变跨龙门吊。该设备具有先进的技术性能：

（1）通过采用轮胎式走行、可变跨（跨度可在 8.65 m ~ 9.45 m 调整）技术，可充分利用底座板与防撞墙之间的狭窄空间作为走行道路。

（2）前后轮能实现角度 – 20 ℃ ~ +20 ℃ 及±90 ℃ 转向，可随时根据走行空间的大小调整轮胎角度实现无障碍走行，也可用于一般场地搬运使用，设备具有广泛的适应性。

（3）具有 16 t 起重重量和 4%的爬坡能力，抗冲击性和稳定性能高，适应在恶劣气候下的施工作业。

（4）吊架采用四吊起点形成 3 点平衡方案，吊装过程中吊点采用人工挂钩和机械锁闭，用液压油缸进行对位微调，可以实现倾斜起吊，能满足超高及纵坡地段倾斜起吊、平行底座放板的特殊要求。

（5）设备各运行机构设置警报警示器，大车走行设置走行跑偏报警装置，施工操作安全可靠。

图 3-14 显示的是 MEBL 轮胎式可变跨龙门吊铺板作业的场景，其主要技术参数见表 3-13。

图 3-14　MEBL 轮胎式可变跨龙门吊铺板作业的场景

表 3-13　MEBL 系列轮胎式可变跨龙门吊主要技术参数

项目	主要技术参数	备注
形式	全液压	
额定起重量	7.5 ~ 12 t	含吊架
	5.5 ~ 10 t	吊架下起重能力
最大定点起重量	16 t	
动载起吊冲击系数	1.05	
静载起吊稳定系数	1.1	
跨度	8.65 ~ 9.45 m	横梁设置可拆卸节段

项目		主要技术参数	备注
变跨调整量		800 mm	
起重小车数量		2 个	4 点起升、3 点平衡
起重小车起升高度		4 m	吊架底面至地面高度，立柱设置可拆卸节段，满足隧道施工需要
起重小车起升速度		5 m/min	重载
起重小车横移速度		10 m/min	空载
起重小车横移速度		10 m/min	
起重小车横移距离		±2 800 mm	
整机走行速度		0～4 km/h	重载
		0～6 km/h	空载
前后轮转向角度		−20°～+20°及±90°	±90°转向适用于变跨和场地内变向行驶
横向调平内外高差		±200 mm	
爬坡能力		40‰	
轮胎接地比压		<0.63 MPa	
工作环境温度		−20 ℃～+45 ℃	
电气系统	方案	采用电启动机启动柴油发电机供电，满足夜间施工照明、操作室及空调用电	
	照明灯	2 盏	
吊架	方案	吊架满足单块纵连板吊装需要，吊架上设四个吊点，吊装过程中吊点采用人工挂钩和机械锁闭，用液压油缸进行对位微调	
	吊点个数	4 个	
	每个吊点的吊重能力	3 t	
安全装置		对设备各运行机构设置警报警示器，大车走行设置走行跑偏报警装置等	
运输方式		公路运输，拆装方便、可以模块化解体	

三、轨道板精确定位设备

纵连板精确定位是利用精密测量控制网和先进的精调测量仪器通过不断地实时测量每一块轨道板的空间坐标，并通过电脑系统与轨道板设计的空间坐标进行实时比对，给出实时偏差，再配合精确调整装置，将轨道板精确定设在理论设计的空间位置，且满足高程和平面±0.3 mm 的精度要求。

轨道板的高精度控制关键技术有：建立高精度的测量控制网系统；根据轨道几何项目数据、轨道板布设和打磨数据，经过补偿匹配得出的轨道板精确预制模块；根据轨道几何项目数据、轨道板放样数据、测量控制网数据和既有梁跨表面数据，经过测量平差得出轨道板精确布设模块；开发高精度的轨道板精确定位硬件和软件系统。

　　京津城际铁路建设中采用的 CRTS-Ⅱ型轨道板精确定位系统由测量标架、测量三脚架、精调控制系统含配套的精调软件及全站仪组成，其中精调控制系统硬件包括带触摸屏的工业控制电脑、显示器、数传电台、温度传感器、倾斜传感器、电源等部分。其特点有：

　　（1）软件系统可实现与 CRTS-Ⅱ型板布板软件和精调结果分析软件的数据对接。具有判错报警的功能，定位后的测量数据显示的位置误差超过允许范围时，系统软件不予存盘，不能进入下一块轨道板的精调定位测量工作。

　　（2）硬件系统具有良好的复杂环境适应能力。该系统电脑采用高亮度低功耗触摸屏工业控制机，抗干扰能力强、适合野外及恶劣天气下工作；工控机更加集成，减少了外部的接线总盒，硬件结构上更加清晰；数据传输电台设计为多频段可调，防止多套系统同时工作造成干扰；金属件均经过电镀或阳极氧化处理，具有耐磨和抗腐蚀的优点；所有接插件满足防潮防水的要求。

　　利用该系统可实现单块轨道板上前、中、后三对承轨台和相邻两块轨道板两对承轨台的高程及平面位置调整达到±0.3 mm 和±0.4 mm 的高精度控制。图 3-15 显示的是 CRTS Ⅱ轨道板精确定位调整的场景。

图 3-15　轨道板精确定位调整的场景

四、水泥乳化沥青砂浆搅拌设备

　　BZM500 水泥乳化沥青砂浆车是一种集装箱式可移动的小型搅拌站，属一种自行驶的适用于高速铁路和高速公路专用砂浆的路拌设备，具有砂浆拌制和灌板功能。

　　BZM500 砂浆车可以简化为上装和下装两大块，上装部分主要由干粉储料仓、一级螺旋输送机、干粉中转螺旋机及称量称、搅拌主机、成品料斗及举升装置、辅助吊布料机构、沥青计量装置、水计量装置、外加剂计量装置、发电机组、液压系统、电控系统、操纵台、顶盖及爬梯、高压清洗装置、除尘系统、气动系统、空调和机架组成。

　　下装由空气悬挂底盘、调平系统和牵引车头组成，砂浆车上装可以脱离行走底盘单独使用（图 3-16）。

图 3-16　砂浆车外形

由于水泥乳化沥青砂浆要求有良好的流动性和严格的温度要求，其工作环境要求为 5 ℃～35 ℃，良好的弹性、抗腐蚀性、抗冻性等要求，对 BZM500 砂浆车有较高的技术要求。

第五节　施工工艺

一、施工工艺流程

（一）路基上纵连板施工工艺流程（图 3-17）

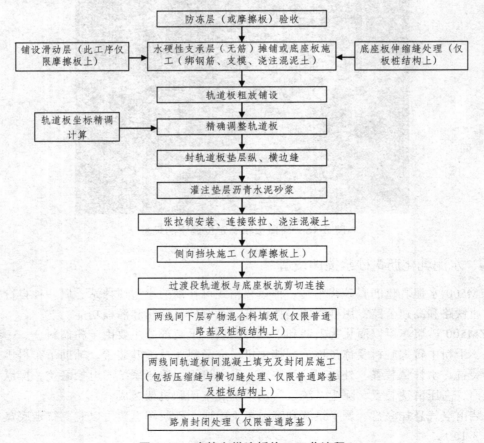

图 3-17　路基上纵连板施工工艺流程

（二）桥上纵连板施工工艺流程（图 3-18）

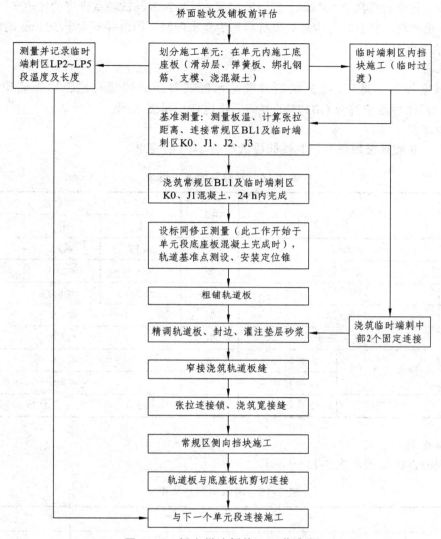

图 3-18 桥上纵连板施工工艺流程

二、关键工序施工技术及质量控制要点

（一）CRTS Ⅱ型板式无砟轨道支承层施工技术

1. 支承层定义

严格意义上讲，无砟轨道中用于支承道床板（或轨道板）的结构层均为支承层。在日本，桥梁和路基上的单元板式无砟轨道支承层设计上均大量采用钢筋混凝土结构。在德国，路基和短桥（涵）上的无砟轨道支承层设计中采用的是具有特殊要求的水硬性材料结构，长桥上则采用钢筋混凝土结构。我国通常将支承道床板或轨道板的钢筋混凝土结构称为混凝土底座，将路基和短桥（涵）上支承道床板或轨道板的水硬性或低塑性水泥混凝土称为水硬性支承层。

用于建造支承层的材料，根据施工方式不同，可分为水硬性混凝土合料和低塑性水泥混凝土。水硬性混合料由细骨料、粗骨料、少量胶凝材料和少量水等配制而成，采用滑模摊铺或摊铺碾压工艺成型后具有 98% 以上相对密实度（现场密度与试验室密度的比值）。低塑性水泥混凝土由细骨料、粗骨料、少量胶凝材料和少量水配制，坍落并不大于 30 mm 的混凝土。

2. 支承层材料

（1）水泥。

采用强度等级不低于 42.5 级的硅酸盐水泥或普通硅酸盐水泥，比表面积不应大于 350 m^2/kg，其他性能应符合 GB175 的规定，不应使用早强水泥。

（2）粉煤灰。

采用 Ⅰ、Ⅱ 或 Ⅲ 级粉煤灰，其性能应满足表 3-14 的要求。

表 3-14   粉煤灰的技术要求

序号	项 目		单位	技术要求		
				Ⅰ	Ⅱ	Ⅲ
1	细度		%	≤12	≤25	≤45
2	需水量比		%	≤95	≤105	≤115
3	烧失量		%	≤5.0	≤8.0	≤15.0
4	含水率		%	≤1.0		
5	三氧化硫含量		%	≤3.0		
6	游离氧化钙	F 类粉煤灰	%	≤1.0		
		G 类粉煤灰	%	≤4.0		
7	安定性	C 类粉煤灰	mm	≤5.0（雷氏夹沸煮后增加距离）		

（3）减水剂。

减水剂的性能应满足表 3-15 的要求。

表 3-15   减水剂的技术要求

序号	项 目		单位	技术要求
1	减水率		%	≥25
2	常压泌水率比		%	≤20
3	抗压强度比	3d	%	≥130
		7d	%	≥125
		28d	%	≥120
4	收缩比		%	≤110

（4）细骨料。

采用级配合理、质地均匀坚固、吸水率低、空隙小巧玲珑的洁净天然河砂或人工砂，其性能应满足表 3-16 的要求。

表 3-16　细骨料的技术要求

序号	项 目		单位	技术要求
1	级配			JGJ52 规定的 Ⅰ、Ⅱ 或 Ⅲ 区
2	细度模数			≥2.3
3	含泥量（天然砂）		%	≤3.0
4	泥块含量			≤1.0
5	石粉含量（人工砂）	MB<1.4（合格）	%	≤10.0
		MB≥1.4（不合格）	%	≤5.0
6	坚固性		%	≤10
7	总压碎值指标（人工砂）		%	<30
8	云母含量		%	≤2.0
9	轻物质含量		%	≤1.0
10	硫化物及硫酸盐含量		%	≤1.0
11	有机物含量		%	合格
12	碱活性	砂浆棒膨胀率	%	≤0.1
		抑制效能试验		合格（砂浆棒膨胀率处于 0.1%~0.3% 时）

（5）粗骨料。

选取用级配合理、粒形良好、质地均匀坚固、线膨胀系数小的洁净碎石，也可采用碎卵石或砾石，不宜采用砂岩碎石。最大公称粒径宜为用 31.5 mm 或 40 mm，其他性能应满足表 3-17 的要求。

表 3-17　粗骨料的技术要求

序号	项 目		单位	技术要求
1	级配			JGJ52 规定的连续粒级
2	针、片状颗粒含量		%	≤15
3	含泥量		%	≤2.0
4	泥块含量		%	≤0.5
5	压碎指标值		%	≤16
6	坚固性		%	≤10
7	硫化物及硫酸盐含量		%	≤1.0
8	有机物含量（碎卵石或砾石）		%	合格
9	碱活性	膨胀率	%	≤0.1（砂浆棒或岩石柱）
		抑制效能试验		合格（砂浆棒膨胀率处于 0.1%~0.3% 时）

（6）水。

应符合《铁路混凝土工程施工质量验收补充标准》（铁建设〔2005〕160号）的规定。

3. 支承层的技术要求

客运专线无砟轨道支承层材料应优先选用水硬性混合料。支承层材料的性能应满足表3-18的要求。

表 3-18 支承层材料的技术要求

序号	支承层材料类别	项 目	单位	技术要求		
				试验室检验	现场检验	支承层检验
1	水硬性混合料	28 d 抗压强度	MPa	12 ~ 18	—	—
		28 d 抗折（弯拉）强度	MPa	≥2	—	—
		28 d 收缩率（10^{-6}）		≤200	—	—
		相对密实度	%	—	≥98	—
		28 d 单个芯样强度	MPa	—	—	≥6
		28 d 单组芯样强度	MPa	—	—	≥8
2	低塑性水泥混凝土	增实因素	JC	宜大于 1.2	JC ± 0.10	—
		28 d 抗压强度	MPa	12 ~ 18	—	—
		28 d 抗折（弯拉）强度	MPa	≥2	—	—
		28 d 收缩率（10^{-6}）		≤200	—	—
		28 d 单个芯样强度	MPa	—	—	≥6
		28 d 单组芯样强度	MPa	—	—	≥8

4. 支承层施工

（1）施工前准备。

施工单位应通过室内试验确定符合技术要求的配合比，应配备支承层的搅拌和运输设备，完善施工组织设计，做好预防措施。

滑模摊铺前，应测定支承层中心和水准，用于引导摊铺机行走作业。立模浇筑施工时，模板的位置应准确固定。

施工单位应配备足够数量用于支承层养护需要的覆盖物。当采用喷涂养护剂方式进行养护时，应事先进行养护剂的适应性试验。

正式施工前，施工单位应进行设备和材料的工艺性试验。

（2）配合比。

进行水硬性混合料配合比试验时，应通过击实试验确定最大干密度和最优含水率。水硬性混合料成型品，应根据最优含水率拌制混合料，并通过套模加压振动的方法使试件达到最大干密度。

选定低塑性水泥混凝土配合比时，应采用较少的胶凝材料用量和水用量。除非必要，应尽量少用和不同减水剂。低塑性水泥混凝土试验时，宜采用增实因素法测定其稠度。

（3）搅拌。

应采用强制式搅拌机搅拌。搅拌前，应严格测定骨料的含水率，及时调整施工配合比。一般情况下，含水率每班抽测 2 次，雨天应随时抽测，并按测定结果及时调整施工配合比。

原材料的计量精度：水泥、粉煤灰、减水剂和水为 ±1%，骨料为 ±2%。

搅拌过程中，不得使用表面沾染尘土和曝晒过热的骨料。

可采用一次投料方式生产，搅拌时间应根据设备功率确定，拌和物应均匀，色泽一致。搅拌完成后，应及时观测拌和物有无结团、塑性坍塌等不良现象。

（4）运输。

拌和物应采用自卸式卡车运输。每次使用前后应将自卸卡车清扫干净。选择自卸卡车运输时，应对拌和物进行有效覆盖，避免拌和物失水过多或由于雨雪天气引起含水率过大的变化。

自卸卡车在搅拌地点装载拌和物时，分次搅拌的拌和物应卸落于卡车车斗的不同部位，避免在同一部位连续卸落而堆积离析。

自卸卡车进入施工现场时，应采取措施清除黏附在轮胎上的泥土等污染物。自卸卡车应慢速行车卸料，避免集中卸料造成堆积离析。

（5）摊铺与浇筑。

摊铺或浇筑支承层材料前，应对基床表层级配碎石适度湿润，并不得出现积水。采用水硬性混合料时，应采用滑模摊铺或摊铺碾压工艺；采用低塑性水泥混凝土时宜采用立模浇筑工艺。

滑模摊铺：滑模摊铺机首次摊铺前，应对其摊铺位置、几何参数和机架水平度进行调整。宜采用钉桩或基准线法校准滑模摊铺机挤压底板高程和侧模前进方向，调整水平传感器立柱高度和滑模摊铺机架前后、左右的水平度，往返校核 1~2 遍后，方可开始摊铺。滑模摊铺机摊铺前，拌和物应通过机械或人工均匀预摊铺，摊铺长度宜超前摊铺机约 5 m，滑模摊铺应缓慢、匀速、不间断地进行。

立模浇筑：采用人工或机械设备摊铺混凝土拌和物，布料后应尽快采用机械振捣密实。振捣时间应根据设备功率试验确定，以混凝土表层出现液化状态为宜，不得过振，避免漏振。当浇筑停顿时间超过混凝土初凝时间时，应中断浇筑。再次浇筑时，应将施工缝处的松散滑料剔除，并用水将接触面湿润。混凝土初凝前，应对道床板或轨道板范围的支承层表面进行纵向拉毛处理。应制定严格的施工工艺确保支承层顶面的高程及保证平整度满足设计要求。

运输至现场的拌和物应一次布料到位，及时浇筑或碾压成型密实，否则应及时覆盖。对已振捣密实的支承层表面不平整、局部缺料、掉角等缺陷应利用同一材料及时修补。支承层应在 12 h 内进行横向切缝，缝深不小于支承层厚度的 1/3。一般情况下沿线路方向每 5 m 切一横缝。气温低于 5 ℃ 时或在雨雪天气时，不宜进行支承层施工的作业。

（6）养护。

浇筑完成的支承层应及时进行湿润养护，浇筑一段、养护一段。支承层的养护可通过覆盖潮湿的粗麻布、无纺布等方式进行，也可利用塑料布进行封闭保湿。

支承层的湿润养护的持续时间不少于 7 d。采用立模浇筑施工时，支承层带模湿润养护的持续时间应不少于 24 h，拆模后应及时对暴露面进行补湿并覆盖。

浇筑完成的支承层在 7d 内不得受冻，当气温低于 0 ℃ 时，应采取保温措施。

（二）CRTS Ⅱ 型板式无砟轨道底座板施工技术

1. 长桥上 CRTS Ⅱ 型板式无砟轨道系统底座

桥上 CRTS Ⅱ 型板式无砟轨道系统从上至下分别为：20 cm 厚混凝土轨道板、3 cm 厚沥青砂浆垫层、19 cm 厚（超高为 0 情况下）混凝土底座板及"两布一膜"滑动层（如图 3-19）。

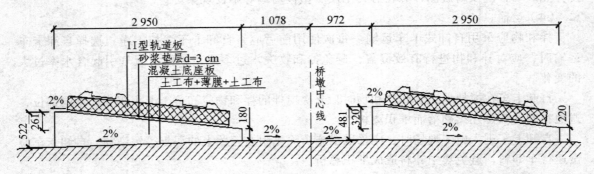

图 3-19　曲线段（超高 165 mm）CRTS-Ⅱ型板式无砟轨道标准断面图（单位：mm）

底座板是纵连板的支承基础，是一块非预应力钢筋混凝土板带，通过底座板可以做出轨道超高设置。底座板与梁体通过预埋在桥梁固定支座上方设置的剪力齿槽和预埋螺纹钢筋（含套筒）实现连接。底座板两侧设置 C（普通）、D（扣压式）型侧向挡块（如图 3-20），保证底座板横竖向稳定及轨道与梁间的横向传力。

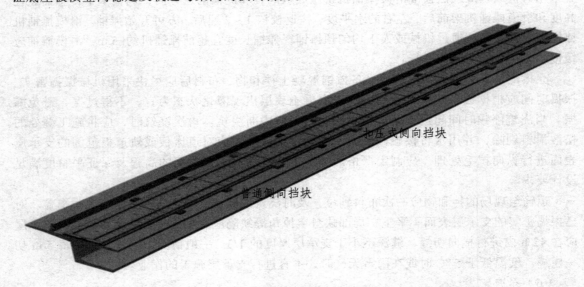

图 3-20　桥上 CRTS-Ⅱ型板式无砟轨道侧向挡块布置示意图

2. CRTSⅡ型板式无砟轨道底座板施工工艺流程

底座板施工工艺流程见图 3-21。

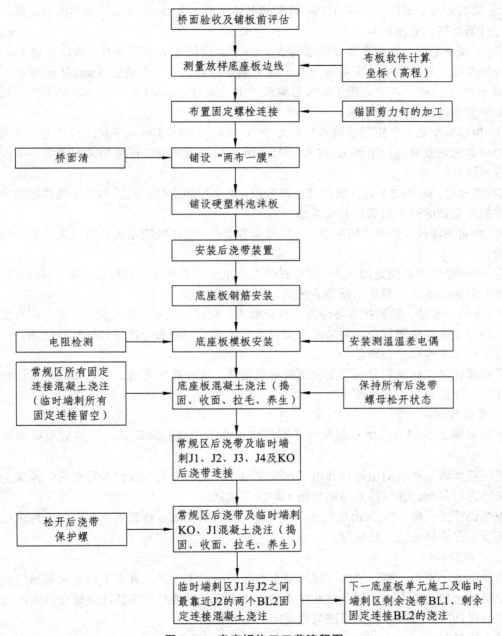

图 3-21 底座板施工工艺流程图

3. 施工前验收

（1）桥面质量验收。

为确保满足无砟轨道各部结构的技术条件要求，桥面上的相关结构的施工质量应满足无砟轨道施工标准，主要包括：

① 桥面高程。梁端 1.5 m 以外部分的桥面高程允许误差为±7 mm，梁端 1.5 m 范围内不允许出现正误差。对不能满足要求的部位进行打磨，并利用聚合物砂浆填充处理。

② 梁端梁面平整度。梁端 1.5 m 范围的平整度要求为 2 mm/1 m。如不能满足要求，则需进行打磨处理，直至符合要求。

③ 桥面平整度。桥面平整度要求为 3 mm/4 m。使用 4 m 靠尺测量（每次重叠 1 m），每桥面分四条线（底座板中心左右各 0.5 m 处）测量检查。对不能满足 3 mm/4 m 要求，但在 8 mm/4 m 范围内的，可放宽用 1 m 尺复测检查但应满足 2 mm/1 m 要求。对仍不能满足要求的，需对梁面进行整修处理。

④ 相邻梁端高差。相邻梁端高差不大于 10 mm。采用 0.5 m 水平尺进行检查（在底座板范围内对观感较差处进行量测）。对大于 10 mm 处应进行处理，可采用梁端落梁或 PM-R-60 高强砂浆修补。

⑤ 防水层。防水层不允许破损及空鼓现象。防水层的空鼓检查可利用拖拽铁链的方法进行。破损及空鼓的防水层部位必须整修。

⑥ 桥面预埋件。要求预埋件平面、高程位置准确。对不能满足无砟轨道施工要求的应进行处理。

⑦ 伸缩缝状态的检查确认。主要检查伸缩缝止水带安装是否到位且牢靠，检查方法可用水（砂）灌满止水带，看止水带是否脱落，脱落时应整修。

⑧ 桥面排水坡。桥面排水坡应符合设计要求。应保证汇水、排水能力，不允许有反向排水坡，特别是两线中间部位。对可能造成排水系统紊乱的桥面应进行打磨整修处理。

（2）线下工程稳定性评估。

因高速铁路无砟轨道对线下工程沉降要求很严，底座板施工前，必须对线下结构物进行沉降评估，评估合格后方可施工。

4. 测量放样

底座板施工前用专门的布板软件计算底座板施工用坐标及高程，并将结果报相关部门审核。

使用精度满足要求的全站仪和电子水准仪对设计院移交的导线网和设置在防撞墙上的轨道设标网进行复测，尤其注意与前后施工段的搭接联测。

根据设计图，每 10 m（曲线每 5 m）测设一个断面，做好标记点，并对每个标记点进行高程测量，作为底座板立模依据。

5. 滑动层铺设

滑动层为"两布一膜"结构，即两层土工布夹一层土工膜，其中下层土木布通过胶粘剂粘在梁面防水层或梁面上。桥上 CRTS Ⅱ 型板式无砟轨道通过在全桥连续铺设的底座与梁面间设置的滑动层，可减小轨道系统与桥梁间的相互作用。

（1）原材料。

① 土工膜。

制造高密度聚乙烯土工膜的树脂应为原生树脂，其密度不应低于 0.932 g/cm³，允许添加不大于 10% 的清洁回料，所使用的清洁回料应与所生产的土工膜配方相同，不应使用填充料和再生料。

土工膜的外观质量应满足表 3-19 的要求，物理力学性能应满足表 3-20 的要求。

表 3-19 土工膜外观质量

序号	项目	技术要求
1	切口	平直，无明显锯齿现象
2	断头、裂纹、分层、穿孔修复点、机械损伤、折痕、皱褶	不允许
3	表面凹痕深度	不得超过厚度的 5%
4	水纹	不明显
5	晶点、僵块和杂质	0.6~2.0 mm，每 m² 限于 10 个以内，大于 2.0 mm 的不允许
6	气泡	不允许
7	搭接接头	规格确定的长度内不允许

表 3-20 土工膜的物理力学性能

序号	项目	单位	指标要求
1	密度	g/cm³	≥0.940
2	拉伸屈服强度（纵、横向）	N/mm	≥16
3	屈服伸长率（纵、横向）	%	≥12
4	拉伸断裂强度（纵、横向）	N/mm	≥27
5	断裂伸长率（纵、横向）	%	≥750
6	直角撕裂强度（纵、横向）	N	≥130
7	抗穿刺强度	N	≥320
8	拉伸定负荷应力开裂（切口恒载拉伸法）	h	≥300
9	氧化诱导时间（OIT）	Min	200 ℃ 常压氧化诱导时间 ≥100 或 150 ℃ 高压氧化诱导时间 ≥400
10	-70 ℃ 低温冲击脆化性能	—	30 个试样中的 25 个以上不破坏为通过
11	尺寸稳定性	%	±2.0
12	85 ℃ 烘箱老化（90 d 后常压 OIT 保持率）	%	≥55
13	抗紫外线强度（紫外线照射 1 600 h 后 OIT 保持率）	%	≥50
14	7 d 后的吸水率	%	≤0.1
15	耐碱性（饱和 Ca(OH)₂ 溶液，168 h）	%	拉伸断裂强度保持率 ≥80
			断裂伸度保持率 ≥90
16	碳黑含量	%	2.0~3.0
17	碳黑分散性	—	10 个数据中 9 个为 1 级或 2 级，3 级不多于 1 个

② 土工布。

土工布应选用聚丙烯针刺非织造土工布，不得添加除暗光稳定剂、抗紫外线稳定剂之外的添加剂。

　　土工布不应出现断针。外观疵点分为轻缺陷和重缺陷，评定标准见表 3-21，不允许使用重缺陷材料，且每 100 m^2 土工布上的轻缺陷不允许超过 3 处。其物理力学性能应符合表 3-22 的规定，且应具有较好的憎水性能。

表 3-21　土工布外观疵点的规定

序号	疵点名称	轻缺陷	重缺陷	备注
1	布面不匀、折痕	轻微	严重	
2	杂物	软质，粗≤5 mm	硬质；软质，粗>5 mm	
3	边不良	≤300 cm 时，每 50 cm 计一处	>300 cm	
4	破损	≤0.5 cm	>0.5 cm；破损	以疵点最大长度计
5	其他	参照相似疵点评定		

表 3-22　土工布的物理力学性能

序号	项目		单位	指标要求	
				上层	下层
1	单位面积质量		g/m^2	200（1±6%）	400（1±6%）
2	握持强度	纵向	N	≥900	≥1 600
		横向		≥900	≥1 600
3	握持延伸度	纵向	%	60～80	50～100
		横向		50～70	50～100
4	50 N 握持延伸率	纵向	%	3～8	3～8
		横向		3～8	3～8
5	梯型撕裂强度	纵向	N	≥350	≥500
		横向		≥350	≥500
6	CBR 顶破强力		kN	≥2.5	≥4.3
7	断裂强度	纵向	kN/m	≥11	≥22
		横向		≥11	≥22
		45° 斜向		≥11	≥22
8	断裂延伸率	纵向	%	45～75	50～90
		横向		45～65	50～90
9	50 N 断裂延伸率	纵向	%	3～6	3～6
		横向		3～6	3～6
10	刺破强力		N	≥430	≥900
11	抗酸、碱怀		%	断裂强度保持率 90%，断裂延伸率保持率 90%	
12	断针隐藏		mg	≤2	≤2
13	等效孔径（干筛），O_{90}		mm	≤0.1	≤0.1
14	垂直渗透系数		cm/s	≤0.2	≤0.2
15	剥离强力		N/5 cm	≥80	≥100

③ 胶粘剂。

胶粘剂可为单组分或双组分聚氨酯胶，硬化过程受湿度影响小，与梁面防水层应有良好的兼容性。胶粘剂应为细腻、均匀的膏状物，无气泡、结块、凝胶、结皮，无不易分散的析出物。对双组分产品，两组分颜色应有明显差异。

胶粘剂的主要技术指标见表 3-23，物理力学性能应符合表 3-24 的规定。

表 3-23　胶粘剂的主要技术指标

序号	项目	单位	指标
1	凝结时间（20 ℃）	Min	30 ~ 60
2	固体含量	%	≥97
3	适用温度	℃	5 ~ 40
4	适用温度（RH）	%	≤80

表 3-24　胶粘剂的力学性能

序号	项目	单位	指标
1	拉伸强度	MPa	≥5
2	断裂延伸率	%	60 ~ 120
3	撕裂强度	kN/m	≥12
4	拉拔粘结强度（与混凝土板）	MPa	≥2.5（或混凝土破坏）
5	拉拔粘结强度（与聚脲防水层，混凝土板上）	MPa	≥1.0
6	拉拔粘结强度（与高强度挤塑板）	MPa	≥0.6
7	碱处理后拉拔粘结强度（与混凝土板）	MPa	≥2.5（或混凝土破坏）
8	前切强度（聚脲防水层和土工布）	MPa	≥0.4（或土工布破坏）
9	不透水性 0.4 MPa，30 min	—	不透水
10	180°土工布与聚脲防水层的剥离强度	N/mm	≥2.5（或土工布破坏）

④ 规格尺寸。

土工膜单卷长度不宜小于 32 m，长度偏差为 ±0.5%；宽度不应小于 3 050 mm，宽度偏差为（+1.5%，−1.0%）；厚度为 1.0 mm，偏差为（0，+0.2 mm）。

土工布单卷长度不宜小于 32 m，长度偏差为 ±0.5%；宽度不应小于 3 050 mm，宽度偏差为（0，+1.5%）；滑动层用土工布厚度：下层（与梁面防水层或混凝土面粘贴的土工布）厚度为 3.0 ~ 3.5 mm，上层厚度为 1.8 ~ 2.2 mm，用于摩擦板下的两层土工布厚度均为 3.0 ~ 3.5 mm。

⑤ 综合性能。

滑动层整体性能试验前后，综合摩擦系数应小于等于 0.35，土工布和土工膜不应出现超过试件总面积 5% 的磨损。滑动层作为无砟轨道的主体结构，应满足 60 年设计使用寿命的要求。

（2）施工工序。

① 桥面清扫。两布一膜铺设前，用洁净高压水及高压风冲洗桥面，确保铺设范围内洁净

且无砂石等颗粒。

② 涂刷聚氨酯胶水。桥面清洗干净后，根据桥面上测量标记点确定滑动层铺设位置并弹出墨线，以此控制聚氨酯胶水的涂刷（图3-22）。

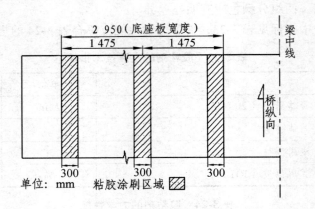

图 3-22　聚氨酯胶水涂刷区域示意图

③ 铺设第一层土工布。聚氨酯胶水涂刷好后，进行第一层土工布的铺设。铺设范围为从固定支座剪力齿槽边缘开始到桥梁活动支座梁端结束。

④ 铺设聚乙烯薄膜。第一层土工布铺完且待胶水干后，在第一层土工布上洒水湿润，铺设聚乙烯薄膜，使薄膜可以粘附在底层土工布上，做到密贴平整不起皱。

⑤ 铺设第二层土工布。聚乙烯薄膜铺设好后，即可开始铺设第二层土工布。第二层土工布铺设自桥梁固定支座剪力齿槽边缘起至活动支座附近结束（只伸入硬泡沫塑料板10 cm），应连续整块铺设，铺设时可用水湿润无纺布以利于无纺布吸附在聚乙烯薄膜上。

⑥ 铺设后的无纺布和聚乙烯薄膜上不得行车，安装底座钢筋网时要选择合适的垫块间距，以免钢筋刺穿无纺布。底座混凝土浇筑完毕后，应将无纺布和聚乙烯薄膜的外露部分紧贴底座混凝土剪去。

（3）质量控制要点。

"两布一膜"属特种材料，材料进场后，应按规定抽检取样并送至具备检测资质的单位进行检测（试验方法参见科技基〔2009〕88 号文）。应根据测设的标记点确定滑动层铺设位置并弹出墨线，据此控制滑动层的铺设作业。铺设宽度应比底座板每侧宽出 5 cm（底座板施工完成后切除宽出部分），以防"两布一膜"滑动，避免底座板直接浇筑在桥面上。

直线或大半径曲线地段的施工要点：第一层土工布通过胶合剂粘贴于桥梁防水层上，沿桥梁纵向设三条粘贴带（土工布两侧及中间），每条粘贴带宽 30 cm。土工布应连续整块地铺设，不宜采取搭接（或对接）方式。胶合剂涂刷与土工布铺设工序间应紧密相连。聚乙烯薄膜在第一层土工布上铺设。原则应整块铺设，禁止采用搭接（或对接）方式。第二层土工布铺于聚乙烯薄膜上，应连续整块铺设。此层土工布铺设完成后应立即用钢筋网片和混凝土垫块压上。

小曲线地段施工要点：在小半径曲线地段，滑动层的铺设需适应平面曲线状态，其两布一膜材料应在梁跨中部断开并重新连接。其接头结构见图3-23。

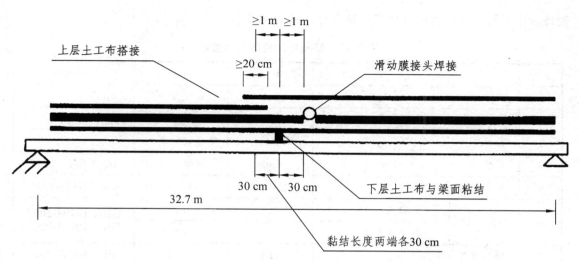

图 3-23 小半径曲线地段滑动层接头处理示意图

第一层土工布可拼接并与梁面粘结；聚乙烯薄膜按规定热熔对接。土工布粘接点与聚乙烯薄膜焊接点间距离不小于 1 m。第二层土工布采取搭接（粘贴）方式处理，曲线外侧的最小搭接长度为 20 cm。该层土工布粘贴点与第一层土工布及聚乙烯薄膜连接点距离不小于1 m。

6. 挤塑板铺设

（1）原材料。

高强度挤塑板是以聚苯乙烯树脂或其共生聚物作为其主要成分，加入少量添加剂，通过加热挤塑成型工艺而制得的具有闭孔结构、高压缩强度的泡沫塑料板。严禁掺用再生聚苯乙烯。

高强度挤塑板的主要规格应符合表 3-25 的规定，允许偏差符合表 3-26 的规定。其他规格应符合设计要求或由供需用双方商定。

表 3-25　挤塑板规格尺寸

长度 L（mm）	宽度 L（mm）	厚度 h（mm）
1 200、1 450、2 400	690、900、1 200	40～100

表 3-26　挤塑板尺寸允许偏差

长度和宽度 L		厚度 h		对角线差 T	
尺寸	允许偏差	尺寸	允许偏差	尺寸	允许偏差
L<1 000	±5	h<50	±2	T<1 000	5
1 000≤L<2 000	±7.5			1 000≤T<2 000	7
L≥2 000	±10	h≥50	±3	T≥2 000	13

高强度挤塑板表面平整，无夹杂物，颜色均匀。不应有影响使用的可见缺陷，如起泡、

裂口、变形等，其物理机械性能应符合表 3-27 的规定。

表 3-27 挤塑板的物理机械性能

序号	项目		单位	指标	检验标准
1	边缘结构			符合设计要求	
2	表皮结构			有表皮	
3	尺寸		mm	符合设计要求	
4	厚度		mm	符合设计要求	GB/T 6432-1996
5	表观密度		kg/cm^3	43 ~ 53	GB/T 6433-1995
6	导热系数	平均温度 10 ℃	W/（m.k）	≤0.035	GB/T 10294-2008
		平均温度 25 ℃		≤0.038	GB/T 10295-2008
7	剪切强度		kPa	≥300	GB/T 10007-2008
8	压缩强度或相对形变为 10%时的压缩应力		kPa	≥700	GB/T 8813-2008
9	压缩弹性模量		MPa	38 ~ 42	
10	断裂弯曲荷载		N	≥120	GB/T 8812.1-2007
11	弯曲变形		Mm	≥20	
12	在 250 kPa 压应力作用下，使用寿命为 60 年时的压缩蠕变		%	≤2	BS EN 1606-1997
13	闭孔率		%	≥95	GB/T 10799-2008
14	尺寸稳定性（70±2 ℃，48 h；90RH）		%	≤5	GB/T8811-2088
15	压缩蠕变（80±2 ℃，48 h，20 kPa）		%	≤5	GB/T 20672-2006
16	压缩蠕变（70±2 ℃，168 h，40 kPa）		%	≤5	
17	水蒸气透过系数		ng/（Pa.m.s）	≤2	GB/T 21332-2008
18	吸水率，浸水 96 h		%（V/V）	≤1.0	GB/T 8810-2005
19	冻融循环 300 次后的吸水率		%（V/V）	≤1.0	GS EN 12091-1997
20	燃烧性能			C	GB 8624-2006 GB/T 8626-2007

（2）施工要点。

清理硬泡沫塑料板铺设范围内的梁面的滑动层表面，不得残留石子和砂粒之类的可能破坏硬泡沫塑料板的颗粒。按设计要求将硬泡沫塑料板一端用胶合剂粘贴在桥梁固定端防水层上，另一端放置在滑动层上。硬泡沫塑料板可以榫接或阶梯接合，接缝应严密不得有通缝，边部多余部分切直。铺设的硬泡沫塑料板不能破损，安装钢筋网时要选择合适的垫块，以免钢筋刺穿硬泡沫塑料板，一旦破损，必须更换。当其侧面暴露于阳光照射下时，应采用耐紫外线材料进行封闭处理，封闭层应耐久、可靠。

当硬泡沫塑料铺设于梁端凹槽顶面内，则应先铺设挤塑板，再铺设滑动层。

7. 底座板施工单位划分

因底座板的连接施工以及轨道板的施工只能在端刺（临时端刺）之间进行，所以长大桥梁上底座板除在桥台设置端刺外，还必须在合适的位置设置临时端刺，将整个桥梁划分成若干个独立的施工单元，一般以 4~5 km 为宜，如图 3-24 所示。

图 3-24 桥梁上底座板划分示意图

依据底座板的设计原理，当长桥上底座板连续时，必须在同一个温度条件下同时完成整座桥梁上的底座板的连续工作，对于一座长达数十千米的超长特大桥来说，需要进行连续作业的后浇带可以多达数千个。数千个后浇带的同时作业在实际施工中几乎是不可能实现的。因此就必须在桥上设置临时端刺，将底座板的连续工作通过临时端刺划分成若干个单元来进行。临时端刺的设置，就意味着无需等到全桥底座板全部施工完成即可开始铺设轨道板，因而为后续轨道板的施工赢得了宝贵时间。

常规区两上相邻后浇带之间的距离不大于 150 m；临时端刺不能设置在连续梁上，且距离连续梁至少两孔梁；左右线临时端刺要错开两孔梁；钢板连接器与剪力齿槽间距 ≤75 m；未与梁剪切连接的长度 ≤150 m；钢板连接器距离高强挤塑板间距 ≥5 m。

施工单元划分完成后，一定要在桥上显著位置标识各后浇带位置、名称、类型，方便今后张拉时的识别。

常规区长度不限，但至少 10 跨梁，常规区分段长度不大于 150 m，每段之间在跨中通过钢板连接器连接，浇 50 cm 宽后浇带，称为钢板连接器后浇带（BL₁）。根据分段长度不同，常规区分为两种型式：当分段长度大于两跨梁时，底座板与梁端齿槽只进行钢筋连接，浇筑时预留 66 cm 宽后浇带，称之为后剪力齿槽后浇带；当分段长度为一跨时，底座板在梁端齿槽处一次浇筑。

临时端刺大于等于 780 m，与桥面临时无剪切连接，对称分布于常规区前后两侧，临时端刺分五段，从靠近常规区一侧起集资约为 220 m、220 m、100 m、130 m、130 m，各段之间缝跨中通过钢板连接器连接，在临时端刺中依次命名为 K0、J1、J2、J3、K4、K1。临时端刺在梁端齿槽设剪力齿槽后浇带。临时端刺底座板在浇筑后，与桥梁上部结构先不连接，即固定连接（齿槽和螺栓连接）暂时不起作用，以便在温度变化时临时端刺可在桥梁纵向滑动，避免上部强制力传入下部结构。

8. 钢筋工程

底座板设计采用 HRB500 钢筋，且钢筋之间要求绝缘，绝缘材料采用高强度塑料卡。底座板钢筋施工可采用两种工艺：

一种是钢筋在钢筋加工场利用胎具分片绑扎成型，然后汽车运输至工地现场吊装上桥，最后连接成整体（见图 3-25）；另一种方法是钢筋下料制作后直接运输至工地现场，现场绑扎成型（见图 3-26）。第一种方法施工速度快，受天气影响较少，可提前将钢筋网片加工成型，但网片吊装和运输过程中容易变形，且提前加工后钢筋容易生锈，在工期紧张情况下可优先选用；第二种方法施工简易方便，但受天气影响较大，且施工周期较长，短时间内需用劳动力量大。施工时可根据具体情况选用。

图 3-25 成型钢筋片运输片

图 3-26 桥上钢筋现场绑扎

9. 模板安装

底座板混凝土采用"模筑"法施工时，采用组合钢模板，模板应有足够的刚度和强度，以满足底座板混凝土施工时摊铺机的行走需要。另外，模板制作时，应根据施工管段内底座板的设计厚度，合理确定模板高度，以便施工倒用并满足普通地段和曲线地段超高地段模板拼装需要，模板组合高度略低于底座板设计厚度（一般 10 mm 左右），以适应线路曲线超高变坡和梁面平整度情况。

底座板模板安装与一般桥梁工程模板的安装工艺基本相同，无特别之处。值得注意的是，因梁顶不允许钻孔，施工前应仔细考虑模板的加固方法。底座板模板加固方式见图 3-27。

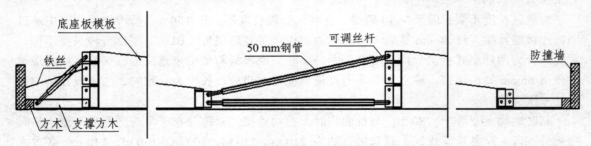
图 3-27 桥上底座板施工模板加固方式示意图

混凝土底座板模板主要检测项目与标准见表 3-28。

表 3-28 底座板模板主要检测项目与标准

序号	项目	检测标准	检测数量与方法
1	模板的安装质量	具有足够的强度、刚度、稳定性	
2	中线位置	5 mm	全站仪
3	顶面高程	±3 mm	水准仪
4	宽度	0，+10 mm	尺量

10. 混凝土施工

（1）混凝土上桥方案。

底座板混凝土输送上桥有汽车泵泵送上桥和地泵泵送上桥两种方案。两种方案可根据桥下施工便道的贯通状况加以选择，一般情况下，如施工便道沿线路贯通，且能足够宽度摆放汽车混凝土泵，宜选用汽车泵泵送混凝土上桥方案。

（2）温差电偶埋设。

底座板混凝土浇筑前，在每个浇筑段距离后浇带约 1/3 浇筑段位置处，在横断面的轨道板放置边缘埋设温差电偶（镍-铬-镍），用于测量混凝土的芯部温度变化。通常在常规区每两个后浇带之间埋设 1 根；临时端刺内在 220 m 段内埋设 4～5 根，100 m 及 130 m 段内埋设 2～3 根。

（3）施工要点。

底座板材料选用低弹性模量的 C30 混凝土。混凝土通过罐车输送至桥下，再利用汽车泵送上桥，辊轴摊铺机提浆整平的施工工艺。底座板混凝土施工主要包含混凝土的浇筑、振捣、整平、收面、拉毛及养生等工序。

① 施工准备。混凝土浇筑前，除要仔细检查浇筑前的准备工作是否充分外，还要特别注意所有后浇带螺母是否为松开状态（松开距离不少于 3 cm）。

② 混凝土浇筑。混凝土布料时，应由模板低边往高边进行，左右两幅底座板灌筑时，混凝土的布料的速度要基本保持一致，防止低边模板发生位移。

③ 混凝土振捣。底座板混凝土利用插入式捣固器振捣，梁端钢筋搭接密集区应用直径 30 mm 捣固棒捣固密实，严禁出现漏捣。混凝土捣固时，必须从钢筋的间隙插入，尽量避免碰触钢筋和绝缘卡。

④ 混凝土整平。混凝土捣固完成后，用摊铺机来回滚压几遍粗平，然后用铝合金尺刮平，一般情况下，刮平工作至少要进行 2 次。

⑤ 混凝土抹面。因底座板表面需进行拉毛处理，所以混凝土表面无须抹成光面，只要用木抹子抹平即可。

⑥ 表面拉毛。底座板混凝土表面采用长柄塑料刷横向拉毛。

⑦ 混凝土养护。底座板混凝土养护采用土工布+薄膜覆盖洒水养护的方式。覆盖洒水保湿养护的时间至少为 7 天。

底座板的最小浇筑长度至少是从一个后浇带到另一个后浇带的长度。混凝土入模温度不能超过 30 ℃。在气温+5 ℃和-3 ℃之间浇筑混凝土时，混凝土温度不得低于+5 ℃。气温在−3 ℃以下时，混凝土的最低温度为+10 ℃。

底座板混凝土摊铺整平机具的选用方面，可选用大型水泥混凝土摊铺机或简易辊轴摊铺机。前者施工机械化程度高，人工劳动强度小，施工速度快，但价格昂贵；后者虽然施工速度慢，需用劳动力多，但操作简单，施工方便，价格便宜。施工时可根据具体情况决定选用何种施工机械。

11. 临时端刺施工

临时端刺实质上也是钢筋混凝土底座板，长约 800 m，其施工工艺要求和常规区底座板施工基本相同。底座临时端刺施工工况主要分以下四种：一是新设临时端刺+常规区+新设临时端刺，二是固定端刺+常规区+新建临时端刺，三是既有临时端刺+常规区+新设临时端刺，四是既有临时端刺+常规区+既有临时端刺。

（1）新设临时端刺+常规区+新设临时端刺。

此种情况下的平面布置（见图3-24）中，两临时端刺中的LP1段按接壤常规区方式布设。此种情况下，常规区两端及两临时端刺后浇带按单元段中心对称原则顺序安排其连接施工，工艺、工序要求如下：

① 临时端刺 LP2～LP5 的基准测量。此项工作于底座板连接前进行。工作成果将作为本单元段临时端刺与下一个常规区连接时进行张拉计算的基础。测量时间尽可能与底座板连接时间靠近（即连接温度尽可能与测量时的温度接近）。

LP2～LP5 段的长度测量。LP2 的长度测量：J2 前方（向J1方向）第一个固定连接后浇带和J2间的距离；LP3～LP5 的长度测量：按分段长度进行测量。

LP2～LP5 温度测量。使用预埋的测温电偶测量。宜中午时分进行。相邻板温不一致时，用两板长度及温度进行加权平均计算。各段长度与对应温度测量于底座板连接前进行一次，测量结果应准确记录并保存（邻段底座板连接时使用）。此项测量直接关系到后续底座板连接筋张拉距离的确定，非常重要。

② 常规区板温测量。与临时端刺区板温测量一同进行，并据此计算连接筋的张拉值。

③ 底座板钢筋连接（张拉）工序。

底座板钢筋连接应在板温 30 ℃ 以下的条件下进行。张拉连接时应按规定顺序操作，先部分连接，再全部连接完成。连接要求中的用手拧紧与用扳手拧紧有着重大区别，施工时应严格控制掌握。

临时端刺中的 BL1（共 4 个）的预连接。按 J4、J3、J2、J1 顺序将钢筋连接器螺母用手拧紧（临时端刺开始能够承载）。

首批连接施工。先连接与临时端刺接壤（K0 处）的前 10 个常规区后浇带钢筋，后依次连接 K0、J1、J2、J3 后浇带钢筋（J4 后浇带钢筋于相邻单元段底座板连接时张拉，同时 J2、J3 需进行张拉调整）。

连接分三种情况进行：

（A）当测量板温 $T < 20$ ℃ 时，通过计算确定连接钢筋的张拉距离。其中，J3 范围内钢筋张拉距离按 J2 的 1/3 计，其余直接采用计算结果。此时的拧紧操作应是先用手拧紧，在此基础上，钢筋连接器中的非拧紧端螺母松开张拉距离（按计算结果），再用扳手拧紧（张拉）。

（B）20 ℃$\leqslant T \leqslant 30$ ℃ 时，钢筋连接器螺母用手拧紧螺母即可，即张拉距离为 0。

（C）$T > 30$ ℃ 时，不允许拧紧螺母，底座板应采取降温措施。板温在 30 ℃ 以下时再连接。

补充连接施工。连接常规区其余后浇带连接筋，此工序在连接 K0、J1、J2、J3 之后持续进行。连接原则同前述"首批连接施工"。

④ BL₁后浇带混凝土浇筑。

后浇带钢筋连接完成后应随即进行后浇带混凝土浇筑，浇筑范围应包括常规区所有后浇带及两临时端刺中的 K0、J1 后浇带。浇筑于工作于 24 小时以内完成。此工序与后浇带连接作业应持续进行，不留间隔时间。J2、J3、J4 后浇带于相邻单元段底座板连接后施工。

⑤ BL₂后浇带混凝土施工。

BL₂后浇带设于临时端刺的固定连接处（每孔梁上 1 个），分为早期固定连接和后期固定连接，早期固定连接在单元段底座板钢筋连接完成 3～5 天后（底座板内的应力调整期）进行，位置在 LP2 范围内与 LP2 相邻的两个固定连接后浇带（左右线要错开两个梁段位置），两临时端刺后浇带要对称施工。后期 BL₂ 后浇带混凝土在相邻单元段底座板连接后施工。

（2）固定端刺+常规区+临时端刺。

此种情况下连接工序、工艺与"新设临时端刺+常规区+新设临时端刺"模式类同，区别是不再存在两端刺范围对称连接施工的问题，见图 3-28。

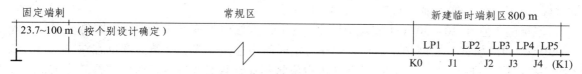

图 3-28 固定端刺+常规区+临时端刺平面布置图

（3）既有临时端刺+常规区+新设临时端刺。

此类平面布局中的常规区与新设临时端刺的连接与"新设临时端刺+常规区+新设临时端刺"模式中的相关要求类同。既有临时端刺与常规区的连接，又有其独特工序、工艺及要求。两类临时端刺与常规区的连接施工要对应施工，同步完成。"既有临时端刺+常规区+新设临时端刺"平面布置见图 3-29。

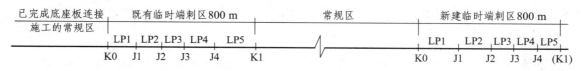

图 3-29 既有临时端刺+常规区+新设临时端刺平面布置图

（4）既有临时端刺+常规区+既有临时端刺。

① 既有临时端刺后浇带（J4、J3、J2）张拉值的确定。同前述"既有临时端刺与常规区的连接施工"的有关要求。

② 常规区底座板温度测量。同前述"新设临时端刺+常规区+新设临时端刺"部分的有关要求。

③ 底座板钢筋张拉连接施工。此类布局条件下的底座板连接施工类同"既有临时端刺与常规区的连接施工"有关要求，需要强调的是两端开展的"既有临时端刺与常规区的连接施工"应对称（相对于单元段中心）同步进行。

④ BL₁ 后浇带混凝土施工。"既有临时端刺+常规区+既有临时端刺"模式底座板按上述工序要求完成钢筋连接施工后，立即对两个既有临时端刺中的 J2、J3、J4 及常规区所有 BL1 后浇带（包括 K1）进行混凝土灌注施工，施工宜从两端向单元段中心部位相向对称地进行。钢筋连接与混凝土灌注工序不出间隔时间。所有混凝土灌注施工于 24 小时间内完成。

⑤ BL₂ 后浇带混凝土施工。既有临时端刺中的剩余固定连接后浇带（BL₂）混凝土于单元段钢筋连接完成 10 天后进行。两既有临时端刺 BL₂ 混凝土宜对称灌注，当天完成。

"既有临时端刺+常规区+既有临时端刺"平面布置见图 3-30。

图 3-30 既有临时端刺+常规区+既有临时端刺平面布置图

（5）后浇带施工质量控制。

桥梁底座板后浇带分常规区和临时端刺区后浇带，常规区 BL_1 后浇带在底座混凝土浇筑完成约 2 天后（混凝土强度大于 15 N/mm²）一次连接并浇筑完成，临时端刺区 BL1（K0、J1、J2、J3、J4、K1）后浇带按要求连接好后，分两次浇筑完成。后浇带 BL_1 的连接和浇筑有着严格的施工顺序，施工前应制定专门的作业指导书。

连接施工宜在 20～30 ℃（底座板温度）进行，连接时温度低于 20 ℃ 的按要求施工，高于 30 ℃ 的严禁进行连接作业，且必须在规定时间内连接完成。浇筑温度也宜在 20～30 ℃（底座板温度）进行，高于 30 ℃ 时严禁进行浇筑作业，且必须在规定时间内浇筑完成。

后浇带螺母连接拧紧时，必须严格按要求进行，严禁将用手拧紧和用扳手拧紧方式混淆。

12. 摩擦板上的底座板施工

长桥两端桥台位置分别设有 50～100 m 长的摩擦板，摩擦板上底座施工与桥上底座施工基本相同，区别仅在于：摩擦板上底座板只需要铺设两层土工布，无需铺设土工膜，且不用与摩擦板粘贴。在摩擦板与路基接头处设置 5 m 长的过渡段，以实现自桥上向路基刚度的良好过渡。过渡段长 5 m，设计成台阶形，分别放置厚 1.5 cm、3 cm 和 5 cm 的硬泡沫塑料板，然后再在其上浇筑底座混凝土。

（三）轨道板的铺设

底座板及后浇带混凝土强度大于 20 MPa，且混凝土浇筑时间大于 2 d，可粗铺轨道板，其工序为：轨道板运输、安装定位锥和测设轨道基准点、测量标注轨道板板号、轨道板吊装、轨道板粗铺定位。之后可开展轨道板的精调、纵横向封边、固定、制浆、灌浆、拆除压紧装置和调节轴、窄接缝填充、张拉、宽接缝填充等后续工作。

1. 定位锥安装

（1）放样定位。

在轨道板铺设前，进行轨道板铺设位置测量放样。依据布设在防撞墙或接触网杆上的 60 米一对的轨道设标网（平面精度 1 mm，高程精度 0.5 mm），测设每块轨道板的基准点 GRP 和圆锥体安放点。用墨线将轨道板边线弹在底座混凝土面上。

（2）定位圆锥体的安装。

定位圆锥体是纵连板粗放定位的辅助装置，借助它可使轨道板的粗放精度达到 10 mm，减少随后的精调位移量。圆锥体是用硬塑料制成的，高约 120 mm，最大直径约为 130 mm，有一中心孔，直径为 24 mm，如图 3-31 所示。

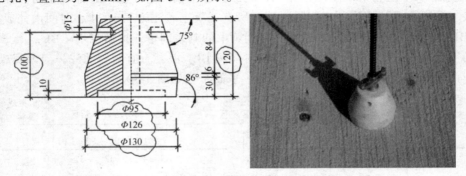

图 3-31　圆锥体外形尺寸及实体图

（3）安装圆锥体。

用钻孔机在圆锥体安放点钻锚孔，然后用合成树脂锚固胶泥（比如喜力得或类似的胶泥）来胶结锚杆。钻孔孔径为 20 mm，直线上或超高小于等于 45 mm 时孔深为 15 cm，超高大于 45 mm 时孔深为 20 cm。

为确保正确的孔位和垂直度，钻孔时可根据需要采用合适的辅助工具：300×200×10 mm 的钢板，中间钻 ϕ21 mm 孔，孔口焊一高 50 mm 的导向角钢，在钻孔时将铁板模型孔中心对正测点中心并用脚压住铁板，钻杆平行于导向角钢的两个边。

锚杆采用 ϕ17 mm 精扎螺纹钢，螺距为 10 mm，锚杆全长 550 mm。

充填的合成树脂锚固胶泥达到强度后，锚杆就固定胶结在混凝土底座板内了，然后将圆锥体套在锚杆上。轨道板粗铺就位后即可拆除圆锥体，轨道板垫层灌浆达一定强度以后，在拆除压紧装置的同时拆除锚杆。

需要设置轨道板提升站的地段根据汽车吊走行通道，暂缓安装锚固钢筋和圆锥体，待吊车移至下一提板站位置时再行安装。

2. 轨道板粗定位

轨道板粗放前要在用于精调的调整支架位置事先放上泡沫材料制成的模制件，用硅胶固定。垫层灌浆时作密封用，以防垫层砂浆溢出（图 3-32）。

图 3-32　轨道板垫木和泡沫

在混凝土底座板上放置 6 块 2.8 cm 厚的垫木，垫木靠近吊具夹爪突出点。在精调螺杆招高轨道板后，撤出垫木并倒运到下一个铺设地点。

轨道板由双向运板车运送至铺板龙门吊下后，铺板龙门吊降下起吊横梁，起吊横梁上装有距离定位器，直接对准轨道板。横梁就位后由起重机驾驶员操作液压装置锁闭起吊横梁，锁闭时侧面的爪钩依垂直方向旋入。检查闭锁机构的四个爪夹点的锁栓是否都已完全锁闭，然后用附加的绞盘在起吊横梁上调整横向倾角，以便能以相应的超高使轨道板平行放置在混凝土承载层上，从而使轨道板精确就位并避免损坏。

铺板龙门吊将轨道板吊运至轨道板安放位置的正上方下落在已预先摆放好的木条上，接近混凝土承载层时必须缓慢下降，避免放置时产生冲击损坏轨道板。在放下时将轨道板通过事先安装在混凝土底座板或承载层上的塑料定位圆锥体准确定位（准确度约为 10 mm）。此时应特别注意侧向位置，与上次铺设的轨道板的相对位置以及空端的位置。

为保证铺板的连续性及减少灌浆的干扰，轨道板的上桥方向始终在铺板龙门吊的前方（铺板方向的前方）。

3. 轨道板精调

（1）精调系统。

全站仪要求达到的精度：测角精度 0.5″，测距精度 1 mm+1 ppm。将全站仪架设在铁路的轨道中线附近，这样标称的 1 mm 测距误差将不会全部分配到横向误差上，如在 30 m 处，1 mm 的测距误差带来的横向偏差不会超过 0.02 mm。全站仪的测角精度 0.5″在短距离内产生的偏差较小，如在 30 m 处的偏移仅有 0.1 mm，一般的测量距离不超过 30 m，可满足测量需求。

利用工业控制机运行精密测量软件，需具备可靠的野外作业能力和数据处理速度，而且还要具备足够的通讯口，来获取全站仪、温度计、倾斜传感器的数据，以及将计算的数据显示在不同的显示器上。

放置在承轨槽上的标架要求加工精度比较高，用于保证测量位置即是轨道的铺设位置；架设全站仪和定向棱镜用的三脚架主要是用于仪器和棱镜的强制对中，精度要求不大于0.5 mm，以保证测量的横向偏移不至于超出设计线路。

（2）轨道板精确定位施工工艺流程。

① 使用专用三脚架将速测仪安置在 GRP 点上（对中精度约为 0.5 mm），见图 3-33。

图 3-33　全站仪定向

② 开启无线电装置，建立设备间的通讯。

③ 将带有棱镜的测量标架架置在所需精调轨道板的第一、最后和中间支点以及已精调好的轨道板的最后支点上。

④ 标架卡尺架在打磨了的轨道板承轨槽上，并通过固紧调节装置单面与支点面相触。由此建立起与支点几何间的唯一参考关系，如图 3-34 所示。在板过渡处，为快速精调，还可额外装配一个光学和机械的精调辅助装置。

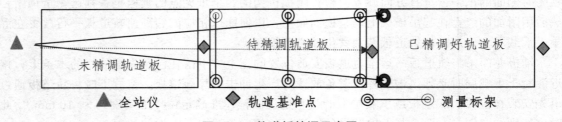

图 3-34　轨道板精调示意图

⑤ 精调轨道板。

在已知的 GRP 点上对速测仪进行程控设站，并通过已精调好轨道板上的卡尺进行定向，再使用其他已知 GRP 点进行定向检查。出现较大偏差时（如高程差了 0.5 mm 或平面差了 1.0 mm），则应对轨道基准网以及前一块铺好的轨道板的精调精度进行进一步的检查。

A、通过已精调好的轨道板尾端处的标架卡尺对速测仪进行定向。

B、电控自动行至需精调的板上的 6 个调控点、置卡尺并量测。

C、程控计算轨道板的实际位置，并通过速测仪测站和调控点进行理论位置比较。不仅考虑现有支点的水平和垂直位置，也需考虑支点的超高。

D、程控显示精调值，由测量工程师通过精调器发出自动调整位置的指令。借助精调装置，对轨道板进行水平和垂直方向上的精调。

E、重复 C 所描述的过程，直到平面精度达到 0.3 mm 为止。

F、检测过程需对所有棱镜进行观测和记录。

⑥ 测量记录的内容。

记录文件的内容包括：板类型和板号；观测员；各精调时间的温度；精调日期（含时间）；天气说明；调控点的铺置差（理论值-实测值）；轨道基准网和定向点上的最终误差。

（3）轨道板精确定位施工工艺要点。

① 精调前准备工作。

精调的前提是轨道板的中部悬空，即中部调节件要可以自由活动。如果中部调节件调紧了，再调轨道板尾部时，就难以移动，或者发生整个轨道板围绕中部转动的情况。

精调轨道板的过程是由精调系统的软件控制的。该软件也同时控制全站仪，故无需对全站仪进行数据输入。

② 标架的安放。

标架Ⅰ摆在第一个枕轨处（从全站仪到要精调的轨道板方向）对标准轨道板，即是支点 1 和 3 或 28 和 30。

标架Ⅱ摆在支撑点 13 和 15 处（第 5 个枕轨处）。

标架Ⅲ摆在支撑点 1 和 3 处或 28 和 30 处（和已精调过的轨道板的过渡处的最后一根轨枕）。

标架Ⅳ摆在过渡处的已精调好的轨道板的最后一个轨枕处。该标架的作用是作为定向和控制过渡的准确性。

必须小心地使标架和支点正确接触。此外 4 个标架上都安置了传感器，一旦接触好，LED 灯会显示。要防止标架的滑动，特别是在有超高的情况下，要采用辅助固定措施。

③ 定向。

全站仪的定向依据的是前一已铺好的轨道板上的最后一对支点，即再待调轨道板的过渡处。为了确保两块板之间的相对精度，测站在定向时，就需要参考前一块板的实际数据。所以在软件设计上，除了铺设第一块板时，采用了 GRP 点定向外，其余的定向测量完 GRP 点之后，需要测量前一块板的位置，用前一块板的数据对全站仪的测量值进行修正，确保两块板的过渡是合格的。修正后的定向横向偏差，代表的是前一块板偏离设计中线的偏移量，如果超过规定的 2 mm，高程的误差同时被检查，如果超过限差，定向将不能通过，从而无法进行下一步测量。

④ 确定位置偏差和调整轨道板。

精调针对的是过渡处和板尾。通过使用全站仪和一个倾斜传感器加以实现，改正值是由软件计算出来并通过 6 个显示屏显示给操作人员的。精调人员此时只需要让轨道板在水平方向、垂直方向上移动，直至显示的数据小于事先给出的准许值。

消除轨道板中部的弯曲误差。如果弯曲度超过 0.5 mm 将提示报警信息。这也要通过全站仪对中部的棱镜进行测量和数据处理来实现。改正值由软件求出，显示给操作人员。此处仅有上下移动，没由平面移动。

由于同一侧多个棱镜间的位置偏差较小，容易出现找错棱镜的情况，所以一旦出现这种情况，软件将通过显示纵向偏差的方式给予警告。

所有测量结束后，要确定是否继续调整，是否满足限差要求，进行数据储存。成果记录做好后，转入下一个轨道板的调整。

轨道板精调高程及中线偏差不得超过以下指标：高程±0.5 mm，中线 0.5 mm。相邻轨道板接缝处承轨台顶面相对高差及平面位置允许偏差为±0.3 mm。

4. 轨道板植筋

梁缝及路桥过渡段以及道岔过渡段轨道板与底座之间的连接，根据设计要求在相应的部位进行轨道板剪切连接施工。采用钢筋钻机在设计位置进行钻孔，如图 3-35 所示。

钻孔前应探测和避开轨道板与混凝土底座中的钢筋，按照规定的深度钻出剪切连接的孔，清除钻孔钻屑，放入连接件，填充锚固剂，待锚固剂到达所要求的强度以后用扭力扳手按设计要求将锚栓拧紧。

图 3-35　钻孔位放样与剪力销钻孔

（四）轨道板纵向连接及接缝处理

1. 轨道板纵向连接

当垫层砂浆的强度达到 9 MPa 或者在横向接缝处的封边砂浆强度达到 20 MPa 后，对轨道板进行张拉。

（1）张拉锁的安装。

安装张拉锁前先将螺杆上的紧固螺母拧松，直到能够安装张拉装置，将绝缘垫片置于紧固螺母和张拉装置之间，然后用手工拧紧螺母。

（2）连接钢筋的张拉。

张拉顺序：为避免张拉应力过度集中，首先张拉中间两根钢筋，然后依次由内向外张拉对称的一对钢筋，保持 2～3 块板的梯度。如图 3-36 所示。

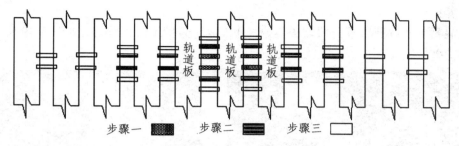

图 3-36　轨道板张拉顺序

涂有润滑脂的螺纹钢筋预张力按 450 N·m 的扭矩拧紧，如图 3-37 所示。每天应检查一次可调扭力扳手的扭矩调整值是否正确。

图 3-37　张拉锁张拉与张拉后轨道板

2. 轨道板接缝施工

轨道板接缝分为宽接缝和窄接缝，轨道板垫层砂浆灌注完成后，达到规定的条件，连接钢筋张拉完成后，进行宽窄接缝混凝土施工。填充宽、窄接缝施工时的环境温度不允许高于25 ℃。

（1）拆除压紧装置和清洁接缝。

接缝施工前拆除轨道板压紧装置，清除接缝内的杂物，并清除污垢。

（2）安装模板和钢筋。

模板采用木模型，每个宽接缝按设计安放钢筋骨架。钢筋通过钢丝绑扎防止移位，按设计要求进行绝缘处理。如图 3-38 所示。

（3）灌注接缝。

按规定使用掺加减水剂和膨胀剂的 C55 混凝土，混凝土骨料颗粒规定为 0～10 mm。灌缝混凝土要具有较小的坍落度，以避免超高区域内"自动找平流坠"现象的发生。灌注的材料用插入式震动器捣实，表面应抹到与轨道板表面齐平。

（4）填充灌浆孔。

在填充接缝时一并将灌浆孔填充封闭。灌浆孔的填充与连接接缝填充采用同样的灌注混凝土和同样的操作方法。同时填充灌头浆孔后采用锲形工具在灌浆孔形成 V 形槽，使其与轨道板一致。如图 3-38 所示。

（5）养护。

接缝混凝土通过薄膜覆盖的方法养护，并采取压紧措施防止滑落，如图 3-39 所示。养护期一般为 3 d 左右。

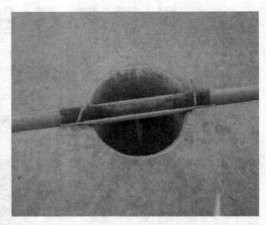

图 3-38　宽接缝钢筋及模板安装与灌浆孔 V 型铁

图 3-39　宽接缝混凝土施工与宽接缝混凝土养护

（五）侧向挡块施工

侧向挡块是防止无砟轨道出现横向位移和垂直挠曲而设的扣压装置，须等待铺轨完成后才能施工。其施工质量要求为：

侧向挡块的剪力齿槽内必须清理干净，作凿毛处理，预埋套筒必须清理丝扣内杂物（必要时攻丝处理），齿槽内的积水必须清除干净，晾晒干了以后才允许支立模型，严禁还有冰块时就把模型支立上。与侧向挡块相接的底座板必须打磨平整后才允许进行钢筋绑扎。

侧向挡块内橡胶支座必须与底座板密贴，但是严禁用胶粘贴。橡胶支座周围的底座板，必须用 10 mm 厚硬泡沫板与底座板粘贴保护，严禁侧向挡块混凝土与底座板混凝土及轨道板混凝土直接接触。

钢筋与硬泡沫之间须有保护层，且按照设计图纸要求，钢筋与混凝土接触的部分为

30 mm，钢筋与土等接触的部分为 40 mm。

侧向挡块内剪力钢筋必须拧紧，拧够设计规定的深度和扭矩力。模型支立必须方正，同一横断面的侧向挡块必须在一条线上。侧向挡块混凝土必须振捣密实，表面抹压要光滑。混凝土养护首先要用塑料布包裹，然后用两层以上土工布连模型一起包裹严实，用铁丝绑扎土工布，以使其不被风吹开为原则；养护时间 5 d 以上。

拆模后，侧向挡块必须马上修饰；特别注意与桥面的结合部位要修补平齐，不要有坑洼；在混凝土干硬后，及时对桥面部分涂刷防水层，同时清理垃圾，修补桥面防水层破损部分。

（六）端刺及摩擦板施工

1. 端刺基础施工

根据设计要求按级配分层填筑路基填料，并用压路机碾压密实。当路基填筑至端刺底座板设计标高后，先在端刺底座板范围内施工 10 cm 混凝土垫层。垫层混凝土达到一定强度后在其上绑扎端刺底板钢筋并立模，然后浇筑端刺底板混凝土，并埋设端刺竖墙纵向钢筋。

2. 端刺竖墙施工

端刺底座板浇筑完成并达到一定强度后施工端刺竖墙。施工过程中要注意二次浇筑混凝土接面的凿毛处理，清理干净，并在浇筑前洒水润湿，确保混凝土施工质量；注意端刺的钢筋后期与摩擦板钢筋相连，所以竖墙预埋钢筋的标高应严格控制，考虑路基沉降，应略高于设计标高。

竖墙混凝土拆模并达到一定强度后，再分层填筑路基至摩擦板底标高，对预留外露钢筋需用塑料薄膜包裹，防止氧化生锈。为防止路基填筑中因振动对端刺结构造成破坏，以下部位在填筑时采用小型冲击夯夯填：在填筑底板侧连时，周围 1.5 m；在填筑竖墙侧边时，底板顶填土小于 1 m，竖墙周围 2 m。

3. 摩擦板施工

过渡段路基土堆载预压完成，并验收合格后，测放中心线及高程，准备摩擦板的施工。

摩擦板下的锯齿部分施工时，直接从路基顶面按照设计要求和放样结果开挖至设计标高，然后绑扎钢筋。为防水和保证土模表面平整，土模底部及两侧用水泥砂浆压实抹光，砂浆层厚度约为 2 cm。

摩擦板下的锯齿部分钢筋绑扎完成后，直接绑扎摩擦板其余部分的钢筋，同时将侧向挡块即泄水管等预埋件准确安装就位。

安装模板，检查验收合格后，一次浇筑摩擦板所有混凝土，不留施工缝。浇筑混凝土时，先浇筑摩擦板下的锯齿部分，再浇筑端刺部分。整个浇筑过程需分层振捣密实。表面用抹平器抹平，找出表面四周坡。混凝土浇筑完毕后及时进行洒水覆盖养护的作业。

（七）路基线间施工

1. 路基上线间堆砟施工

路基混凝土支承层已浇筑完成并经过验收，其强度大于 15 MPa 后，在左右线支承层之间堆填级配碎石混合物，人工摊平，小型压实机械碾压密实，其压实度为 98%，高度同支承层齐平。

2. 两线间轨道板间混凝土填充封闭层施工

（1）填充混凝土施工。

在所有轨道结构安装完成后，在两线支承层间堆碴顶部轨道板高度范围内，采用 C25 混凝土进行填充施工，混凝土灌注施工前应将灌筑范围内的轨道板用塑料薄膜（或其他材料覆盖），并将覆盖范围延伸至轨道板侧面底部，以避免混凝土施工时污染轨道板。混凝土填充层顶面排水坡要与轨道板顺接，并确保混凝土外观整洁美观。

（2）横向切缝。

混凝土填充层与轨道板间应设置伸缩缝，填充层纵向按 5 m 的间距设置横向切缝。其中，压缩缝宽 8 mm、缝深 67 mm，施工时用泡沫板等可拆除材料预留形成，待混凝土硬化后拆除，在下部约 55 mm 的深度范围的压缩缝内填充砂料，然后灌注热沥青材料，其深度不小于 12 mm。填充层横向切缝深度要求 60~80 mm，施工时通过在切缝处预埋与混凝土填充层等宽（12 mm）、高 30 mm 的泡沫板预留上部开槽，待混凝土硬化后补切下部切缝，最后在横向切缝的上部开槽范围内灌注热沥青封闭。

第六节　施工控制测量

一、测量控制网的布设方法

（一）对测量控制网的要求

传统的有砟铁路施工，一般采用国家控制网和加密导线来进行施工控制。纵连无砟板式轨道对线路平顺性、稳定性有很高的要求，一旦成型在一定程度上便具有不可调节和修复性的特点。因此线路必须具备准确的几何线性参数，无砟轨道铺设工艺复杂，精度要求高，误差必须保持在亚毫米级范围内。针对这一特殊要求，原有的控制网已经不能满足施工需要。平面控制网应按照分级布设、逐级控制的原则进行布设。高程控制则由基岩水准点、深埋水准点及加密水准点组成。各级控制网的平面控制网布网要求见表 3-29。

表 3-29　各级控制网的平面控制网布网要求

控制网级别	测量方法	测量等级	点间距	备注
CPⅠ	GPS	B 级	≥1 000 m	≤4 km 一对点
CPⅡ	GPS	C 级	800~1 000 m	
	导线	四等		
CPⅢ	导线	五等	150~200 m	
	后方交会		50~60 m	10~20 m 一对
CPⅣ	后方交会		6.5 m	

（二）轨道设标网 CPⅢ 的复测

最终进行轨道板精调控制所需的控制网为轨道基准网 CPⅣ，因轨道基准网的建立完全基于轨道设标网 CPⅢ，并依据设标网 CPⅢ点平面和高程等数据为起始元素测定且加以平差处理而获得的，故轨道设标网 CPⅢ是 CRTS Ⅱ型板式无砟轨道系统中纵连板精调所依赖的高一级控制网。

为保证纵连板精调精度，要求在纵连板安装施工前对设计院提交的轨道设标网 CPⅢ进行全面地检校，以保证轨道基准网点的精度。

图 3-40 显示的是布设在桥梁上的设标网 CPⅢ点，为达到施工需要，并且可以永久保存的目的，其具体布设为桥梁的靠近固定支座位置、线路两侧的防撞墙上，尽量保证短期内的稳定。图 3-41 为布设在路基上的设标网 CPⅢ点，具体位置为接触网杆的混凝土基础上。在桥梁上为每 60 m 布设一对，在路基上的为每 45 m 布设一对。

图 3-40　桥上设标网 CPⅢ点

图 3-41　路基上设标网 CPⅢ点

1. 复测所使用的仪器设备

复测所使用的仪器设备包括高精度全站仪（图 3-42）及电子水准仪（图 3-43）。

图 3-42　高精度全站仪

图 3-43　电子水准仪

2. 复测方法

轨道设标网 CPⅢ的复测，平面测量和高程测量应分开进行。平面复测在有条件的区段应与地面上的 CP Ⅰ、CP Ⅱ联测。在个别条件困难的地段不能保证通视的条件下，可考虑增设附和导线的方法来与大地坐标系统一。每测站观测 6 对设标网点，在进行下一测站的观测过程中，应重复观测已测站 3 对设标网点并同时观测 CPⅠ、CPⅡ。设标网联测示意图见图 3-44。

高程复测应采用电子水准仪或相同精度的精密水准仪，启闭于 CPⅢ网点之间，进行往返观测，相邻控制点的相对高程精度为 – 0.5 mm ~ 0.5 mm。

测量成果应与设计院提交成果比对，如出现相邻点位相对精度误差：平面超过 1 mm，高程超过 0.5 mm 时，应及时将超限点位以书面形式通知设计院，提出复测要求。

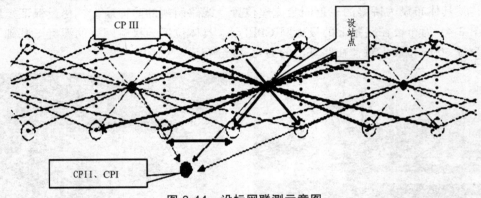

图 3-44　设标网联测示意图

（三）轨道基准网 CPⅣ 的布设

在确定轨道设标网 CPⅢ准确无误的情况下，才能开始对轨道基准网 CPⅣ进行实测，其布设应满足轨道板精调需要，按每 6.5 m（纵连板的长度）左、右线分别测设。精确地放样和实测轨道基准网 CPⅣ是保证 CRTSⅡ型板式无砟轨道系统质量的关键。轨道基准网为精调纵连板而测设，它需要满足 CRTSⅡ型板式无砟轨道外部及内部几何位置的高精度要求，是 CRTSⅡ型板式无砟轨道系统的安装基础。

1. 理论数据的计算

基准点 CPⅣ之间的相对精度应满足：水平位置 0.2 mm，高程 0.1 mm。基准点的坐标应事先算出，使其放样时处于承载层或承载板上、轨道板之间的空隙中，且离开线路轴线 0.1 m 的位置。基准点的坐标计算分路基上和桥梁两种类型，其区别主要在于：梁体在温度、收缩、徐变、桥面二期恒载以及列车活载等因素作用下发生的变形，需要将这些即将发生的变形量预先考虑到各种计算的结果中去从而得到理论坐标，是结构在最终完成后处于最佳状态时的坐标，而路基的各种理论数据和上述变形的考虑对此相对简单，直接计算即可。

2. 测量放样

基准点理论数据计算完成之后，进行现场放样。放样精度应保证在±3 mm 以内。基准网点放样后应加以适当标志，例如，用具有对中功能的标志钉标志（图 3-45）。

3. 长大桥梁上基准网实测

长大桥梁上基准网实测，为减少底座板张力的影响，原则上只在大气条件较好，或是技术上

图 3-45　测量基标

适合测量的条件下，进行测量。按组，多次，后视 4~6 个设标点，进行自由设站。全站仪后视边长宜控制在 30~100 m 范围内。对基准点和轨道设标点一起进行测量。测量的架站要尽量靠近待定点的连线，以便优先利用全站仪此时的测角高精度性，使得测量结果更好。测回数的确定，要以能取得可靠的中值和能排除异常误差为标准。因此，每次设站应最少观测 CP III 4 次、CP III 3 次。在特殊区段如连续梁应适当增加测回数。具体观测顺序如图 3-46 所示。

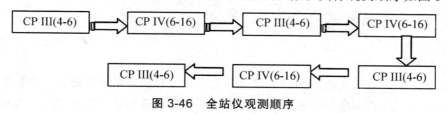

图 3-46　全站仪观测顺序

每组从 40 m（6 块板）到 104 m（16 块板）不等，视大气影响而定。也就是，从一站点对至少 6 个基准点，其中 3 个为重合基准点（18 m），进行测量。对各组内的点进行测量时，全站仪不用倒镜，视距方向总和测量人员运动方向相反。基准点的测量只能在铺设轨道板之前进行（图 3-47）。

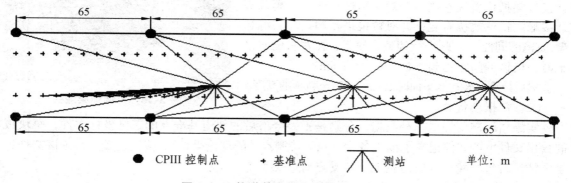

图 3-47　轨道基准网实测网型示意图

4. 路基上基准网的测设

鉴于路基上的沉降已经经过沉降评估趋于稳定，所以在计算基准点理论坐标时无须考虑荷载的影响。其放样方法与长桥上一致。

在测设的过程中应考虑到其设标网 CPIII 的布设有别于桥上设标网 CPIII 的布设，其点位安置在接触网杆基础上，在测量的过程中应充分考虑到架站位置与设标网 CPIII 点的通视问题，保证后视网点个数不低于 6 个，搭接点数不少于 4 个。对于与道岔区搭接的位置应适当增加测量回数。

5. 轨道基准网高程测设

高程测量采用电子水准仪进行往返观测，启闭于 CPIII 网点间，其中单程水准测量闭合差公式：$a+b \times S^{0.5}$；式中，控制点允许偏差 a 为 0.5 mm，每千米水准线路允许偏差 b 为 2 mm，S 为单程水准测量线路长度（单位：km）。每次水准测量线路最长不超过 300 m。测量结果导入布板软件平差处理。计算结果精确至 0.1 mm。

6. 基准网平差计算

将相关的轨道设标点 CPIII 坐标文件、轨道基准点 CPIV 实测记录文件、电子水准仪对基准网的实测高程原始记录文件，纳入基准网平差计算软件（如京津线的 PVP 软件）的数据库。利用软件数据处理功能对平面及高程数据进行计算，计算结果合格将被纳入到轨道板精调数据中，超限的区段将被剔除，需重新测量。

二、轨道板精调测量

（一）轨道板精调测量

1. 精调前准备工作

（1）检校标架。

测量标架是整个系统实施精调的关键设备之一，每套精调系统中配备一个标准标架，所有的标准标架都应在相同条件下进行检校，以保证全线轨道板精调的一致性。校正精调系统的标准标架可采用以下方式进行：

通过对标架可侧向调节的触头（图 3-48）的调节，使得棱镜先后在两端时的间距达到 1 500 mm±0.1 mm。可借助于全站仪和一个标准轨枕来进行。测量时，先让接触端抵住轨枕左侧，并对棱镜进行测量，再调头让接触端抵住轨枕右侧，并对棱镜进行测量。获得标架/棱镜的间距，以此进行调整，使得：在左右侧向接触时，棱镜的间距达到 1 500 mm±0.1 mm。

然后计算标架在水平面时接触侧棱镜至轨顶的高度。

（2）数据准备。

图 3-48 可调标架触头

实施精调需要提供三种数据，分别是平差合格后的轨道基准点的三维坐标文件；每块板的数据文件（该文件记录了该板各个支点（待测点）的理论坐标）；棱镜位置文件（该文件记录了精调时每个棱镜与轨道板上个各支点对应关系）。

2. 精调工艺流程

通过已精调好的轨道板尾端处的标架卡尺对全站仪进行定向。全站仪分别观测 4 个标架上的 8 个棱镜。工控机根据实测数据与理论数据进行比对，程控显示精调值，由测量工程师通过精调器发出自动调整位置的指令。借助精调装置，对轨道板进行水平和垂直方向上的精调（图 3-49）。反复测量并调整，直到平面精度达到 0.3 mm 为止。

（二）轨道板精调成果评估

轨道板精调成果的评估称为控制测量，是对精调后轨道板空间位置进行的检查工作，检测的目的是检查一段线路的轨道几何状况，以发现精调过程中的系统性误差；在灌浆后的检查可以判断灌浆作业对精调后轨道板引起的影响。

图 3-49 调整精调支架

1. 站点的选择与设站

全站仪测站总是沿检测作业的运动方向选定的，测站的测定可使用轨道设标点 CPⅢ，若可能的话，也可使用已测的 CPⅣ 点。

2. 测量流程及测点

一个测站最多可测 6 块轨道板，在外界条件不佳或进行隧道作业情况下，也可测 8 块板，测量需使用测量标架。为覆盖全部板接缝区，每次换站时，要求有一块板的重叠。

3. 铺板后检查

全站仪自由设站观测最少 4 个设标点完成定向，标架触及左侧承轨槽以此测量左侧支点并记录在储存卡里，标架触及右侧承轨槽依次测量右支点并记录在储存卡里，换站测量下一区块时需重叠测量上一站测过的最后一块板。

4. 测量的结果数据处理

全站仪记录文件（GSI 格式文件）可转换为 DPU 格式文件（比如使用 Excel 程序）。借助布板软件，可以建立理论值-实际值的比较。

第七节　质量评定

CRTS Ⅱ型板式无砟轨道竣工验收分为：轨道板板身完好性验收、水泥乳化沥青砂浆垫层厚度及饱和度情况检查、宽接缝混凝土验收、剪切连接情况检查及轨道板线型检查验收。其中以线型检查验收为主要部分。

一、轨道板质量证定

（1）轨道板的外形尺寸偏差应符合表 3-30 的要求。

表 3-30　轨道板外形尺寸偏差要求

序号	检验项目		允许偏差（mm）	每批检查数量（出厂检验）	检查项别
1	长度		±5.0	10 块	C
2	宽度		±5.0	10 块	C
3	厚度		±5.0	全检	B
4	标记线（板中心线、钢轨中心线）位置		±1.0	10 块	B
5	精轧螺纹钢筋外露长度		±5.0	全检	C
6	预应力筋丝位		±3.0	全检	A
7	扣件安装面及预埋套管	平面度（1 列）	±1.0	全检	A
		直线度	±1.0	全检	A
		中心线位置距纵向对称轴	±1.0	全检	A
		保持轨距的两套管中心距	±1.0	全检	A
		保持同一铁垫板位置的两相邻套管中心距	±1.0	全检	A
		歪斜（距顶面 120 mm 处偏离中心线距离）	2.0	全检	B
		凸起高度	−0.5，0	全检	B
8	其他预埋件位置及垂直歪斜		1.0	全检	B
9	轨顶面平整度	轨道板四角的承轨面水平	±1.0	全检	B
		单侧承轨面中央翘曲量	≤2.0	全检	B

（2）轨道板外观逐块检验，质量应符合表 3-31 的规定。

表 3-31　轨道板外观质量要求

序号	检查项目	技术要求		
		合格品	返修品	废品
1	肉眼可见裂纹	不允许（预裂缝处和板底面允许有裂纹）	—	有
2	扣件安装面部位表面缺陷	气孔、粘坡、麻面等缺陷的深度≤5 mm、长度≤20 mm	—	气孔、粘坡、麻面等缺陷的深度>5 mm，且不能通过打磨修复
3	上边缘的破损或混凝土掉角	深度≤5 mm 面积≤50 cm²	深度>5 mm 面积>50 cm²	断裂、较大孔洞、磕损严重等不能满足使用要求
4	底面边缘破损或混凝土掉角	长度≤15 mm	长度>15 mm	
5	可见范围内的沁水深度	深度≤5 mm	深度>5 mm	
6	预埋套管内混淤块	不允许	有	—
7	外观表面	表面颜色一致，无油污	表面颜色不一致，有油污	—
8	精轧螺纹钢筋端部	完整	端部受损	
9	调高预埋件、预埋套管的数量	齐全	—	有缺少

（3）轨道板的力学性能应满足下列要求：

① 轨道板的静载强度应满足表 3-32 的要求。

表 3-32　轨道板静载强度要求

轨下截面正弯矩（kN·m）		板中截面负弯矩（kN·m）	
M_{SR}	≥21	M_{mR}	≥21
$M_{S0.1}$	≥26	$M_{m0.1}$	≥27
$M_{S0.5}$	≥34	$M_{m0.5}$	≥37
M_{SB}	≥48	M_{mB}	≥42

注：M_{SR}、M_{mR}——轨下截面和板中截面的开裂弯矩，在此弯矩作用下两侧出第一条长约 15 mm 裂缝。

$M_{S0.1}$、$M_{m0.1}$——开裂弯矩，在此弯矩作用下第一裂缝宽度在承载状态下达到 0.1 mm。

$M_{S0.5}$、$M_{m0.5}$——开裂弯矩，在此弯矩作用下裂缝在卸载后的最大宽度为 0.05 mm。

M_{SB}、M_{mB}——断裂弯矩。

② 轨道板疲劳性能（轨下截面）要求：经过 $2×10^6$ 次荷载循环（P_{min}=20 kN，P_{max}=138.7 kN，$\rho = P_{min}/P_{max}$=0.14）后，在有荷载状态下裂纹宽度不能大于 0.2 mm，卸载后残余裂纹宽度不大于 0.07 mm，疲劳破坏强度不应低于 80%的设计破坏强度。

（4）轨道板的混凝土抗压强度和弹性模量应符合设计要求，抗冻性指标应满足 D300 的要求，电通量应小 1 000C。混凝土内总碱含量不应超过 3.5 kg/m³，当骨料具有潜在碱活性时，总碱含量不应超过 3.0 kg/m³。混凝土中氯离子总含量不应超过胶凝材料总量的 0.06%。预埋套管抗拔力应满足《客运专线扣件系统暂行技术条件》，轨道板绝缘性能应符合轨道电路技术要求。轨道板综合接地性能应符合《客运专线综合接地技术实施办法（暂行）》的技术要求。

二、支承层质量评定

支承层的检验项目、检验频率和检验结果应符合表 3-33 的规定。

表 3-33　支承层的检验要求

序号	检验项目	检验频率		质量要求
		滑模摊铺	立模浇筑	
1	抗压强度	每 500 延米检验一次（三个试件）		应满足表 3-18 要求
2	中线位置	每 50m 检测一次	每 20m 检测一次	应满足不大于 10 mm 的偏差要求
3	厚度	每 50m 检测一次	每 20m 检测一次	应满足 ±20 mm 的偏差要求
4	宽度	每 50m 检测一次	每 20m 检测一次	应满足 0, +15 mm 的偏差要求
5	顶面高程	每 50m 检测一次	每 20m 检测一次	应满足 +5, −15 mm 的偏差要求
6	表面平整度	每 50m 检测一次	每 20m 检测一次	3m 内平整度不得超过 10 mm
7	切缝	全检		切缝应贯通竖直，缝深应符合设计要求
8	拉毛	每 50 m 检测一次		拉毛纹路清晰，整齐
9	表面质量	全检		表面应平整、颜色均匀，不得有疏松及缺棱、掉角等缺陷

三、底座板钢筋加工与安装质量评定

底座板钢筋加工与安装主要检测项目与标准如表 3-34 所示。

表 3-34　底座板钢筋加工与安装主要检测项目与标准

序号	检测项目	检测标准	检测数量及方法
1	钢筋加工与安装	钢筋笼的绑扎应稳固，缺扣、松扣的数量不得超过应绑扎数量的 5%；钢筋绑架扎、安装的容许偏差应符合钢筋间距：允许偏差 ±20 mm；保护层厚度 0, +5 mm	尺量
2	钢板连接器的焊接	焊接材质符合设计要求，焊接没有咬伤钢板、钢筋，焊缝在 0.4d 以上	目测、量测，逐个检查
3	锚固螺栓的连接	安装锚固螺栓的转动力矩不低于 140 N·m，螺栓旋入深度不少于 42 mm，锚固板与锚固筋焊接牢固	逐个检查
4	钢筋绝缘检测	测试值 $10^{10} \sim 10^{12} \Omega$	目测、仪器测量

四、底座板质量评定

混凝土底座板主要检测项目与标准见表 3-35。

表 3-35　底座板主要检测项目与标准

序号	项目	检测标准	检测数量与方法
1	中线位置	10 mm	全站仪
2	顶面高程	±5 mm	水准仪
3	宽度	0, +15 mm	尺量
4	平整度	10/3 m	靠尺

五、轨道状态质量评定

轨道精调状态质量评定应符合表 2-39 的要求。

第四章　CRTSⅢ型板式无砟轨道施工

第一节　CRTSⅢ型板式无砟轨道结构

CRTS Ⅲ型板式无砟轨道是国内最新研发的、具有自主知识产权的新型无砟轨道结构，目前 CRTSⅢ型板式无砟轨道已在成灌铁路上成功铺设并正式参与线路的运营。

CRTS Ⅲ型板式无砟轨道是在总结了 CRTS Ⅰ型板式轨道的制造技术、CRTSⅡ型板式无砟轨道的高精度和双块式无砟轨道的受力特点的基础上研制出来的。

路基地段 CRTSⅢ型无砟轨道结构如图 4-1 所示，从上往下依次为钢轨、扣件、轨道板、自密实混凝土层、底座和传力杆装置。轨道结构高度为 842 mm。路基地段的超高在底座上实现。

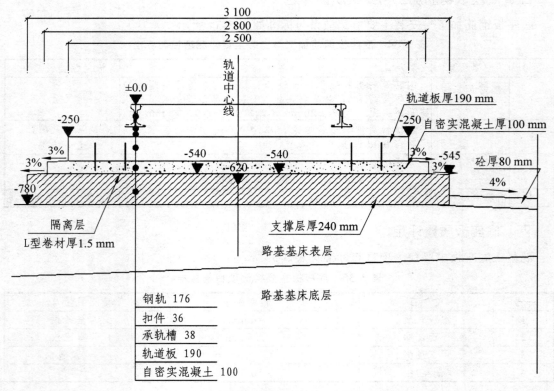

图 4-1　路基上 CRTSⅢ型无砟轨道结构

桥梁地段单元板式无砟轨道主要由钢轨、扣件、轨道板、自密实混凝土、凹槽、隔离层和底座等组成，桥梁采用三列排水方式，轨道结构高度为 742 mm。超高在底座上实现。

隧道地段 CRTSIII 型无砟轨道采用单元板式结构，无砟轨道主要由钢轨、扣件、轨道板、自密实混凝土、底座等组成，轨道结构高度为 742 mm，超高在底座上实现。

CRTS III 型板式无砟轨道具有以下特点：

（1）延续了 CRTS I 型板式无砟轨道施工相对简单、易维修的优点，克服了其整体性差、精调工作量大的缺陷，取消了凸台，方便施工，降低造价。

（2）延续了 CRTSII 型无砟轨道整体性好、裂纹可控、板制造精度高的优点，克服了其层间连接可靠性差、轨道板需精细打磨、桥上结构复杂、过渡段结构复杂、不易维修的缺点。

（3）延续了 CRTS I 型双块式无砟轨道结构稳定、整体性好的优点，克服了其不易维修、易产生裂纹的缺点。

（4）与 CRTS I 型板式轨道相比，取消 CA 砂浆填充层，简化施工工艺，减少对环境的污染，降低工程投资。

（5）使用自密实混凝土填充层，并通过门型钢筋连接与轨道板形成整体结构，可以提高结构的稳定性。

（6）轨道板配套 WJ-8 扣件，具备较好的施工性和轨距保持能力。

（7）采用单元板式无砟轨道结构，自密实混凝土与底座之间设置了土工布隔离层，施工方便，便于运营维修。

（8）在轨道板的制造过程中，通过改变承轨台相对位置，实现了轨道平面、高低的二维调整，且不需要用专用机器进行打磨，调整方法相对简单。

CRTSIII 型板式无砟轨道能较好地适应地形多变的线路，造价较其他板式无砟轨道结构低，具有较好的社会和经济效益。

第二节 施工流程

一、施工准备

轨道板铺设施工准备包括技术准备、机械设备及试验的准备、材料准备、劳动力准备几个部分，首先由技术人员对钢筋、模型、测量等工序进行检查整修、签证，确认无任何质量问题，同时调度相关部门、班组人员对轨道板铺设各工序的材料、机械、劳动力是否准备充分进行检查确认后才可铺设。

二、底座、凸台（凹槽）验收

当底座混凝土施工完成，且达到交验条件时，由监理单位、底座施工单位与铺板单位进行底座、凸台（凹槽）验收交接工作。对底座外观尺寸及相应数据进行复核接收。底座、凸台（凹槽）混凝土结构应密实、表面平整、颜色均匀，没有露筋、蜂窝、孔洞、疏松、麻面和缺棱掉角等缺陷。

三、轨道板取用

为保证轨道板铺设质量和进度,轨道板存放时必须进行检查验收,合格品才可存放和取用。根据轨道板铺设进度,根据铺设顺序和对应原则在存板场选取足够施工的轨道板,缓和曲线段轨道板严格按照技术部门提供的顺序取用。

四、轨道板存放转运

每块进场的轨道板必须要有制造单位提供的制造技术证明书。轨道板在从制板场发往铺板方前,由轨道板生产单位、监理单位和铺设单位三方共同对轨道板外形尺寸和外观质量进行检验,尤其注意的是要对承轨槽平整度的检查,轨道板外形尺寸、各部尺寸检验应符合相关规范要求;到达施工存板场时要重点检查外观质量。轨道板按批检验,同样原材料和生产工艺制成的 500 块轨道板为一批,批量不足 500 块按 500 块计,轨道板的抽查数量为 10%。轨道板生产单位负责对轨道板运输过程中的保护,确保运送到铺设单位的轨道板外观完好,由交货方和验收方在交货单上共同签署,若出现外观偏差较大且超过验收标准的轨道板,则做退回处理,同时及时通知上级部门。

为保证轨道板的存放地坚固平整,对存放地的地基承载力做验算,利用地面碾压、硬化、打条形基础、放枕木等处理方式,保证轨道板存放地牢靠。

轨道板的存放以垂直立放为原则,用 I18 工字钢制作专用支撑架支撑在每排轨道板的两侧,每排轨道板数量不超过 30 块。每两块板间上部交错安装两个防倾倒卡,防倾倒卡用 ϕ18 钢筋制作,卡进深度为 150 mm,在轨道板起吊前保证板处于锁定状态。每排轨道板相邻板间承轨槽相互错开,使相邻轨道板密贴。

轨道板的临时存放应采用平放状态,但存放时间控制在 7 天以内。堆放层数不超过 4 层,层间净空不小于 20 mm(以轨道板承轨槽最高点位置算起),并保证承垫物上下对齐,承垫物的位置符合设计图的要求。

轨道板在存放和运输时,应在预埋套管和起吊套管等处安装相应的防护装置。

轨道板装卸时应利用轨道板上的起吊装置水平吊起,使四角的起吊螺母均匀受力,严禁碰、撞、摔。

轨道板运输时应采取防止轨道板倾倒和三点支承的相应措施,并保证轨道板不受过大的冲击。

五、CPⅢ基桩控制网复测

为了保证无砟轨道工程的连续性及平顺性,确保各级控制网之间的正常衔接,应在铺设无砟轨道前进行 CPⅠ、CPⅡ控制网平面点位及高程的复测,以提前处理施工放样中引起的误差超限,为铺设无砟轨道奠定良好的基础。在轨道板铺设之前应根据底座混凝土施工单位的资料交接对 CPⅠ、CPⅡ、CPⅢ控制网进行复测。

CPⅠ、CPⅡ、CPⅢ控制网复测应满足《客运专线无砟轨道铁路工程测量暂行规定》的相关要求。

基桩控制网(CPⅢ)测量完成后,使用专用控制网平差软件对外业采集数据进行平差计算、复核并编制测量报告,提交监理单位审核合格后方可使用。

六、轨道板放样

为达到提高轨道板铺设精度、减少精确调整工作量的目的，在底座混凝土浇筑完成和轨道板铺装机械到达之前和轨道初放前由测量组对轨道板铺设位置进行测量放样，在底座上用墨线或油漆在轨道板中心线画出清晰的轨道板端线位置，使轨道板相对准确地定位。

七、弹性橡胶垫层和 L 型卷材铺设

在底座混凝土上铺设 L 型卷材和弹性橡胶垫层前，先用扫把清除底座砼表面的杂物、尘土。弹性橡胶垫层比照凸台侧边尺寸裁剪，粘接胶固定于凸台侧表面。

桥梁上 L 型卷材沿底座居中铺设，用裁纸刀划出凸台位置，并用粘接胶固定于凸台上表面。L 型卷材的铺设应位置准确、平整、贴实底座表面，相对于板的外露面粘接胶固于底座混凝土上，避免 L 卷材卷曲。

弹性橡胶垫层和 L 型卷材不得有破损、污染。

八、自密实混凝土钢筋布置

自密实混凝土层内的钢筋网均在场内进行钢筋加工和绑扎成型，钢筋网在运输和摆放时，避免网片松动。钢筋网由平板汽车运送到施工现场，用吊车吊装上桥，并平放于桥面。在桥上存放时，底部加垫 20 cm 高的木垫，并用防水帆布加以覆盖，防止油、水侵蚀钢筋。场内、运输和桥上存放时，网片叠加存放的数量不能超过 20 张，并用麻绳对钢筋网加以固定，防止倾倒。

在弹性垫层和 L 型卷材铺设完成后，利用人工抬钢筋网到底座上，注意对应预留凸台和垫块位置，保持钢筋间的间距。绑扎每平方米不小于 4 个的混凝土垫块（梅花形绑扎），垫块必须立放支撑钢筋网片，使钢筋网稳固不移动并满足保护层要求。

九、轨道板粗铺

轨道板运到铺设地点后，由现场领工员和技术员根据轨道板铺设图或准确调用单对轨道板进行铺前检查。运板汽车、汽车吊或铺板门吊驶到最终铺设位置后，吊钩直接定位在轨道板的正上方并降下，人工配合上紧吊装螺栓和起吊钢丝绳，并确保牢靠。轨道板按规定挂上吊具后，由铺板门吊或吊车司机操作起吊，同时在底座混凝土放置尺寸为 15×15×15 cm 的混凝土垫块或长方木，每块板放置 4 块，在 4 个吊装孔附近各 1 个。转到要铺设的轨道上方并降下。接近底座时降低下降速度，以便放置时不损伤轨道板。在放下时必须将轨道板准确定位，因为精调门架在横向的调节量是有限的，如横向位置偏差过大则必须要进行二次调整，增大不必要的劳动量。此时应特别注意侧向位置，与上次铺设的轨道板的相对位置以及空端的位置。准确对准画在轨道板两端的轨道板标记线，粗铺完毕后检查轨道板是否稳固，不能出现晃动。

十、轨道板精调

轨道板粗铺就位后，使用精调门架、螺栓扳手进行 1 次精调，使轨道板纵向到位，横向

和高程控制在 5 mm 之内。再利用精调爪、螺栓扳手配合轨道板测量系统完成对轨道板的精调定位。精调门架两端加工竖向和侧向精调装置，以实现轨道板微调。仪器每转站一次，可以精调 5 块轨道板。

精调时全站仪在 CPIII 控制网内做自由设站，计算出测站点的理论三维坐标值和所在的里程；当全站仪测量放置轨道板上承轨槽精调标架上的棱镜后，测量出该棱镜所处位置的实际三维坐标，根据坐标确定它在线路中的里程，经过软件的里程推算，得出该处的理论三维坐标，软件计算实测和理论坐标的偏差，将偏差值显示在显示器上，根据偏差对轨道板进行水平方向和竖直方向的调整。精调门架操作人员必须按照测量人员的测量数据进行调整，操作竖向和侧向把手旋杆进行调整，最终精调误差范围在 0.2 mm 内。精调完成后需要在每块板的明显位置标识，避免人员踩踏。对已经灌注的轨道板，按照 5%的比例，每 200 块板进行一次数据复核。

十一、轨道板支撑体系转换

精调爪支撑轨道板精调完成后，拆除粗铺的支撑垫块，并在 4 个精调爪附近用灌注重力灌浆剂（选用冬季施工料）的方式灌注 4 个撑块，重力灌浆剂达到强度后拆除精调爪，使撑块受力达到支撑体系转换的要求。

重力灌浆剂搅拌时按照试验室给出的配合比进行拌制，用钢棒不停搅拌，使施工用料均匀。重力灌浆剂质地均匀后拌制完成，本盘料在 10 min 必须灌注完成，否则本盘料成为废料，将其遗弃后重新拌制新料。

特别注意，在曲线段灌注重力灌浆剂时，高端灌注 2 个撑块，低端灌注 3 个撑块（中间增加 1 个撑块），便可达到稳定作用。

灌注重力灌浆剂时，要求模型上下两端用弹性泡沫密贴轨道板底侧和底座混凝土表面，形成一个密封的空间。灌注时灌注端超过轨道板底面 1 cm，保证灌注的饱满，观察灌注口浆剂超灌情况，若有下降必须及时补料。灌注完成后，及时清理污染了的轨道板侧边。

轨道板在精调时需要预留正误差 0.5 mm，避免精调爪向灌注重力灌浆剂撑块进行支撑体系转换时出现的下降量。

十二、自密实混凝土施工

（一）模板安装

在底座混凝土和轨道板之间的调整层灌注 C40 自密实混凝土。桥梁段自密实混凝土层的设计分直线段和超高段俩不同的结构。轨道板两端端模必须紧贴轨道板端部，侧边低端侧模紧贴轨道板侧边。侧边高端侧模与自密实混凝土接触面距离轨道板侧边 10 cm，安装允许误差为±5 mm。由于底座凹凸不平，在模型与底座之间的缝隙用土工布或海绵堵漏，注意要封堵密实，且不得侵入自密实混凝土层内。

（二）灌注施工

自密实混凝土灌注利用汽车泵泵送至桥面三角料罐内，料罐三只灌注端采用蝶阀开关控制灌注速度。现场试验人员在确认混凝土性能满足灌注要求后开始进行自密实混凝土灌注施工。

第三节 路基支承层施工工艺

路基支承层采用水硬性砼支承层，它是轨道板的支撑基础和结构元件。砼支承层宽 3 100 mm，厚 238 mm，沿线路连续铺设，采用摊铺碾压工艺施工。支承层在两块轨道板之间设置一道横向假缝，缝深 80 mm。板缝值是轨道板中心线处相邻轨道板之间的距离，轨道板板缝一般按 60 mm 设计，局部可以调整，调整范围为 50 mm ~ 80 mm。

一、模型安装

模型安装前测量组先放出支撑层的轮廓线、测量表层的标高，以便确定模型安装线形及安装的高度。模型的安装宽度为 3.5 m，安装沿线路纵向进行。为保证支承层边缘的密实，模型安装时每边比设计宽 20 cm，施工完成后再切除。

模型安装后采用支持加固，加固的标准是确保支持层在碾压过程中模型不变形，具有足够的强度、刚度、稳定性。

二、摊铺机就位

模型安装完成后摊铺机准确就位，摊铺机就位后挂摊铺机探头标高线，探头标高线采用 $\phi 8$ 钢丝绳，用紧线器拉紧，确保摊铺机探头在钢丝绳上滑动时不变形。钢丝绳的安装标高由测量组提供。

三、混合料的拌和

必须保证根据设计的配合比参数进行拌和。实际采用的水泥剂量较设计剂量可增加 0.5%。同时，在充分估计施工富余强度时要从缩小施工偏差入手，不得以提高水泥用量的方式提高路基支承层强度。

含水量是水硬性混合料中一项重要控制指标，必须严格掌握。考虑到拌和、运输、摊铺过程中水分的蒸发，可以在拌和时加大水量，水量加大值应由拌和出料时含水量和摊铺碾压含水量进行对比后得出，损失多少补多少，增加量一般在 0.5% 以内。由于砂石料中会有一定水分，因此，在每天拌和前应对砂石料进行含水量测定，加水量应按最佳含水量减去砂石含水量的方法进行控制。

使用时，向搅拌机中加入部分骨料、水泥、粉煤灰后，加入聚丙烯纤维，保证纤维较均匀散落在水泥、骨料中，再加入剩余的水泥、粉煤灰、骨料和水，搅拌时间以纤维在混合料中均匀分散为准。搅拌时间比不加聚丙烯纤维时增加 30 s 左右。聚丙烯纤维一般掺加量：3 ~ 5 kg/m³ 混合料。

拌和控制室应加强与试验室之间的联系，对含水量、水泥剂量试验情况应及时了解，建立试验室与拌和站控制室之间的反馈-调整系统。

拌和计量系统必须按照规定进行标定。并根据异常情况及时进行自标，以准确控制材料的配合比例。

拌和控制室必须有专门的操作人员盯守，保证拌和系统稳定，不得出现水泥堵塞、卡料、待料拌和等现象。搅拌完成后应及时观测拌和物有无结团、塑性坍塌等不良现象。若发现异常问题，立即停止拌和，对设备及拌和工艺进行检查校核。

拌和机出料不允许采取自由跌落式的落地成堆、装载机装料运输的办法。须配备带活门漏斗的料仓，由漏斗出料后直接装车运输，装车时车辆应前后移动，分三次装料，避免混合料离析。

四、混合料运输

运输车辆开工前，要检验其完好情况，装料前应将车厢清洗干净。运输车辆数量一定要满足拌和出料与摊铺需要，并略有富余。

应尽快将拌成的混合料运送到铺筑现场。车上的混合料应覆盖，减少水分损失。如运输车辆中途出现故障，必须立即以最短时间排除，当有困难时，车内混合料不能在初凝时间内运到工地，或碾压完成最终时间超过 3 h 时，必须予以废弃。

运输车辆进入施工现场时，应采取措施清除黏附在轮胎上的泥土等污染物。

运输车辆卸料时，应慢速行车卸料，避免集中卸料造成堆积离析。

五、摊铺

摊铺前应将基床表层适当洒水湿润。

摊铺前应检查摊铺机各部分运转情况，而且每天坚持重复此项工作。

调整好传感器臂与导向控制线的关系；严格控制支承层厚度和高程，保证标高和横坡度满足设计要求。

摊铺机宜连续摊铺。在用摊铺机摊铺混合料时，应采用低速度摊铺的方式，禁止摊铺机停机待料。根据经验，摊铺机的摊铺速度一般宜在 1 m/min 左右。

摊铺机的螺旋布料器应有三分之二埋入混合料中。

自卸汽车将混合料卸入摊铺机喂料斗时严禁撞击摊铺机。

在摊铺机后面应设专人消除细集料离析现象，特别要铲除局部粗集料"窝"，并用新拌混合料填补。

六、碾压

每台摊铺机后面，应紧跟光轮振动压路机（图 4-2）和胶轮压路机（图 4-3）进行碾压，一次碾压长度一般为 50 m ~ 80 m。碾压段落必须层次分明，设置明显的分界标志。

图 4-2 光轮振动压路机

图 4-3 胶轮压路机

碾压应遵循生产试验路段确定的程序与工艺。注意稳压要充分，振压不起浪、不推移。压实时，可以按稳压（光轮碾压 2 遍）→胶轮碾压 2 遍→振动碾压 2 遍→胶轮稳压 2 遍的顺序。碾压过程中，可用核子仪初查压实度，不合格时，重复再压（注意检测压实时间）。

压路机碾压时应重叠 1/2 轮宽。压路机碾压时的建议行驶速度，第 1-2 遍为 1.5 ~ 1.7 km/h，以后应为 1.8 ~ 2.2 km/h。

压路机倒车换挡要轻且平顺，不要拉动基床表层，在第一遍初步稳压时，倒车后尽量原路返回，换挡位置应在已压好的段落上，在未碾压的一头换挡倒车位置错开，要成齿状，出现个别鼓包时，应配专门的工人进行铲平处理。

压路机停车要错开，而且离开 3 m 远，最好停在已碾压好的路段上，以免破坏支承层结构。

严禁压路机在已完成的或正在碾压的路段上调头和急刹车，以保证支承层表面不受破坏。

碾压宜在水泥终凝前及试验确定的延迟时间内完成，并达到要求的压实度，同时没有明显的轮迹。

支承层应在碾压完成后 12 h 内进行横向切缝，缝深一般不小于支承层厚度的 1/3。切缝位置为轨道板板缝的中心位置，里程参照施工组织设计确定的《轨道板布置表》。

为保证支承层边缘强度，按设计应有一定的超宽。施工完成后对超宽部分进行切除。

每天的工作缝做成横向接缝。下次施工前将未经压实的混合料铲除，再将已碾压密实且高程符合要求的末端挖成一横向（与路面垂直）向下的断面，然后再摊铺新的混合料。

七、养护

每一段支承层碾压完成以后应立即开始湿润养护，并同时进行压实度检查。

养生方法：将无纺布或粗麻布湿润，然后人工覆盖在碾压完成的支承层顶面。覆盖 2 h 后，再用洒水车洒水。也可采用塑料薄膜进行封闭保湿。

在 7 天内应保持支承层处于湿润状态，28 天内正常养护。养护期间应定期洒水。养护结束后，必须将覆盖物清除干净。

用洒水车洒水养生时，洒水车要用喷雾式喷头，不得用高压式喷管，以免破坏支承层结构，每天洒水次数应视气候而定，整个养生期间应始终保持支承层表面湿润。

在养生期间应封闭交通，采取设置路障、禁行标志等措施，禁止车辆通行。

第四节　桥梁底座混凝土施工工艺

桥梁底座混凝土施工流程如图 4-4 所示。

一、施工技术难点

1. 高精度的平整度控制技术

底座板顶面高程允许偏差为 − 15 ~ +15 mm，平整度要求 3 m 范围内不超过 10 mm，如何采取可靠、有效施工措施以确保底座板的施工精度是底座板施工中的难点和重点。

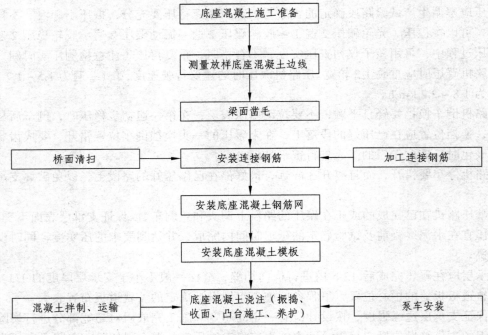

图 4-4　底座混凝土施工工艺流程

2. 超高段底座板混凝土施工技术

根据施工进度安排及现场实际条件，混凝土一般采用泵送施工，泵送混凝土要求混凝土坍落度较大、自流性能好，而超高段底座板因成型需要，要求混凝土坍落度足够小，以便超高坡度成型。泵送工艺和底座板成型分别对混凝土坍落度等性能提出了截然不同的要求，这就需要找到一个合适的结合点。这也是底座板施工的一个重难点问题。

二、钢筋加工与安装

钢筋先在钢筋加工厂集中加工，再由平板车运输至现场，现场绑扎。

1. 钢筋进场检验

钢筋进场时，应按现行国家标准《钢筋混凝土用热轧带肋钢筋》(GB1499)、《钢筋混凝土砼用热轧光圆钢筋》(GB13013)等的规定抽取试件做力学性能检验，其质量必须符合有关标准的规定。进场钢筋应平直、无损伤，表面不得有裂纹、油污、颗粒状或片状老锈。经检查检验不合格者必须退货，不得进行使用。

2. 钢筋加工

钢筋加工制作时，要将钢筋加工表与设计图复核，检查下料表是否有错误和遗漏，对每种钢筋要按下料表检查是否达到要求，经过这两道检查后，再按下料表放出实样。钢筋加工应按图加工，对于图纸中不明确的，严格按照《铁路砼与砌体施工规范》(TB10210 – 2001)的规定进行办理。

3. 钢筋的连接

钢筋的连接主要采用方法是搭接和焊接，钢筋链接应满足下列要求：

（1）搭接接头钢筋的端部应预弯，搭接钢筋的轴线应位于同一直线上。

（2）帮条电弧焊的焊条，采用与被焊钢筋同级别、同直径的钢筋；帮条和被焊钢筋的轴线应在同一平面上。

（3）焊缝高度 h 应大于或等于 0.3 d，并不得小于 4 mm，焊缝宽度 b 应等于或大于 0.7 d，并不能小于 8 mm。

（4）焊接时，应在帮条或搭接钢筋的一端引弧，并在帮条或搭接钢筋端头上收弧，弧坑应填满。第一层焊缝应有足够的熔深，主焊缝与定位焊缝应有足够的熔深，主焊缝与定位焊缝应融合良好。

4. 钢筋绑扎

底座混凝土钢筋设计为钢筋网，施工时先铺设横向钢筋，再铺设纵向钢筋，用绑扎丝绑扎好。绑扎时注意绑扎铁丝尾段不得伸入保护层内。钢筋绑扎完后加设混凝土垫块，确保混凝土的最小保护层。

5. 钢筋运输

钢筋在钢筋场加工完成后用吊车吊至平板运输车，平板运输车运至施工现场，吊车再将钢筋吊至作业面。

6. 连接钢筋安装

（1）连接钢筋（图 4-5）用手拧入套筒后必须用管钳拧紧，并保证连接钢筋拧入连接套筒 2 cm。

（2）连接套筒已损坏不能与连接钢筋连接的（未预埋连接套筒的），用电钻在套筒附近位置重新钻孔植筋（注意：应避免钻孔碰撞到钢绞线），植入的钢筋在梁体的长度大于 10 cm，植筋采用环氧树脂砂浆做粘接材料。

图 4-5 连接钢筋

三、模板安装

1. 模板打磨

模板安装前应除去面板表面的铁锈、油脂等其他污垢。

2. 模板安装

混凝土底座板模板通过型钢加工专用钢模，并满足普通地段和曲线超高地段模板拼装的需要，模板组合高度宜略低于底座板设计厚度（一般 20 mm 左右），以适应线路曲线超高变坡和梁面平整度情况。

模板支撑采用左右两幅的方式，内侧模板采用的是钢管互为支撑的加固方法，外侧模板则直接支撑在箱梁防撞墙上。

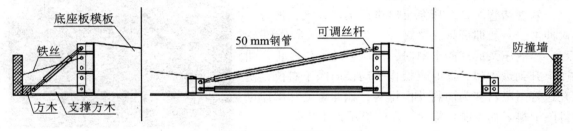

图 4-6 底座板混凝土模板

四、混凝土浇筑

底座板设计选用 C40 混凝土，由拌和站集中拌和。混凝土采用罐车输送至现场，汽车泵泵送入模。底座板混凝土施工主要包含混凝土的浇筑、震捣、整平、收面、拉毛及养生等工序。

1. 混凝土拌和

拌和站设置在车站的左侧，配置 2 台 HZS120 型拌和站。混凝土拌和时间不少于 2 min。应经常对骨料的含水率进行检测，雨天施工应增加测定系数，并根据所测数据调整现场拌和配比。

对于施工现场集中搅拌的混凝土，应检查混凝土拌和物的均匀性：

（1）外观上混凝土拌和物应拌和均匀、颜色一致，不得有离析和泌水现象。

（2）混凝土拌和物均匀性的检测方法应按国家标准《混凝土搅拌机技术条件》（GB9142）的规定进行。

（3）检查混凝土拌和物均匀性时，应在搅拌机的卸料过程中，从卸料的 1/4～3/4 部位上采取式样，进行试验，其检测结果应符合下列规定：

① 混凝土中砂浆密度两次测值的相对误差不应大于 0.8%。

② 单位体积混凝土中两次测定的粗集料含量相对值不应大于 5%。

混凝土拌制完成后，应在现场即时检查拌和坍落度，每一天工作或每一单元结构物不应少于两次，评定时应以浇筑地点的测值为准。若混凝土拌和物从搅拌机出料起至浇筑模的时间不超过 15 min 时，其坍落度仅可在搅拌地点通过取样检查。在检查坍落度的同时，还要观察混凝土拌和物的粘聚行和保水性。

2. 混凝土运输

混凝土通过搅拌运输车运输，途中应以 2～4 r/min 的速度进行搅动，混凝土的装载数量约为搅拌桶几何容量的 2/3。

混凝土运至浇筑地点后发生离析，或出现严重泌水或坍落度不符合要求时，应进行第二次搅拌。二次搅拌时不得任意加水，却有必要时，可同时加水和水泥以保持水灰比不变。如二次搅拌后仍不符合要求时，则不得使用。

混凝土运输过程中，要避免对环境生产不良影响，应根据现场情况制定防漏措施。

3. 混凝土浇筑

混凝土布料时（图 4-7），应由模板低边往高边进行，左右两幅布料速度要基本保持一致。泵送操作人员应选择有一定操作经验、责任心强的人来担任，以免影响泵的性能发挥。

每次开始作业前，应先泵送一部分水泥砂浆，以润滑管道，每次增加管道时应先润滑后连接。

发现堵管时，气压泵可停机后迅速开气，进行一次冲击，一般即可排除堵塞。

当液压泵的球阀卡料时，液压连续动作停止，油压上升到最大值，此时可操作手动换向阀于右位，使泵送管由吸料变为向料斗内排料，如此重复几次即可排除卡料。如不能排除时，需停机用人工排除。

泵送作业时，一定要控制混凝土的下料口位置，

图 4-7　底座板浇筑

下料口不要离料斗太高。高压泵送时，最好制作一个过渡槽，使混凝土经滑槽进入料斗。

混凝土在卸料过程中，要沿着滑道平滑地流动，尽量不要间断。混凝土进入料斗时，一定要从料斗正中位置进入，这样使混凝土输送缸内骨料的含量相同，保持泵送过程中压力值稳定。

泵送时要连续进行，尽量减少停泵次数，缩短泵送时间。如果停泵时间过长，重新泵送时，应先反泵几次，然后再正泵。

在泵送过程中，受料斗内应有足够的混凝土，以防止吸入空气产生堵塞。

泵送作业时，操作人员应时刻注意仪表。

泵送一定数量的混凝土后，应转动混凝土输送管，使下部位置不断变换，避免管的下部磨损过大造成危险。

泵送结束时，先将混凝土管道截止阀关闭，清理料斗内混凝土，然后，加水清理活塞，进行一次反泵，再打开截止阀即可将管道中的混凝土用水清洗干净。

高压泵送混凝土时，混凝土在输送管道中受到的压力很大，若不采取安全保证措施，可能会导致不必要的事故，所以应采取以下安全防范保护措施：

① 对水平铺设的管道，在管道两侧应加设保护钢板。

② 定期、定量检查各管道连接处及固定处的情况，以便及时发现问题并及时处理。

③ 高压泵上应设接地装置。操作人员穿戴安全防护装备。

4. 混凝土振捣

（1）插入式振捣器。

① 使用插入式振捣器时，水平移动间距不应超过振动器作用半径的1.5倍；与侧模应保持50~100 mm的距离。振动器的作用半径可按产品说明书确定。或根据混凝土的流动性、工程结构的形状、钢筋的稀密程度等情况，经试验确定。一般情况下，振捣半径约为振捣棒半径的8~9倍。

② 每一处振动完毕后，应边振动边徐徐提出振动棒，以免振动棒碰撞模板、钢筋及其他预埋件。

③ 插入式振捣器在每一振动位置的主动时间不可过短或过长，过长则混凝土产生离析，过短则混凝土捣振不密实。一般情况下，振动适宜时间为20~30 s，无论何种情况，振动时间绝不允许少于10 s。适宜的振动时间可通过下列现象来判断：混凝土停止下沉；不再有大量气泡冒出；表面出现平坦、泛浆。

④ 插入式振动器振动棒不可强行穿过钢筋，以防其穿过后被钢筋卡住而不能拔出；软管弯曲半径不宜小于50 cm，且不宜多于两个弯，以防损坏软轴。不可将振动器松开让其自动振动，以防底板出现花痕及振动棒被底板钢筋卡住。

（2）平板振捣器

使用平板式振动器时应做到：振动深度一般不大于25 cm，当钢筋混凝土板为双层配筋时，本厚不宜超过12 cm；应有计划，有顺序地进行振动，移动间隔以底板能覆盖已振动完成部位5 cm以上为宜；每一振动的延续时间，以混凝土表面均匀出现浆液为准，不宜欠振或过振，一般约25~40 s；在倾斜面上振动时，应由低向高处逐步进行；不应使振动器在硬地面上或硬物上运转；平板振动器的底板尺寸必须能保证振动器能浮在混凝土表面上。

5. 混凝土整平

混凝土捣固完成后，用自制收平滚筒来回滚平 3 遍，再用铝合金尺刮平，一般情况下，刮平工作至少要进行 3 次。

6. 收面

因底座板表面需拉毛处理，所以混凝土表面只要用木抹子抹平即可，同时采用小刮尺做出两侧 15 cm 横向排水坡（3%）。

7. 凸台施工

在底座混凝土初凝后在施工凸台部分。凸台钢筋与底座混凝土钢筋同时施工，在凸台施工前将凸台对应的底座混凝土部分凿毛，凸台凿毛用人工的方式，凿毛完成后，用空压机将其吹干净。

混凝土捣固采用人工振捣，木抹子收面。初凝后覆盖洒水养护。

8. 养护

（1）一般混凝土浇筑完成后，应在收浆后尽快予以覆盖、洒水养护。覆盖时不得损伤或污染混凝土的表面。

（2）当气温低于 5 ℃ 时，应覆盖保护膜，不得向混凝土面上洒水。

（3）混凝土养护的条件应与拌和相同。

（4）混凝土的洒水养护时间一般为 7 天，可根据空气的湿度，温度和水泥品种及掺用的外加剂等情况，酌情延长或缩短。每天洒水次数以能保持混凝土表面经常处于湿润状态为准。

第五节　轨道板铺设与钢轨精调测量技术

一、施工测量工艺流程图

施工测量工艺流程图如图 4-8 所示。

二、CPⅢ测量方法

1. CPⅢ点的埋标与布设

在桥梁防撞墙上，每隔 60 m 左右设置一对 CPⅢ标套筒，每一对标允许的最大里程差为 3 m，在桥梁固定支座端挡砟墙顶设标。路基段 CPⅢ网点成对布设在路基上设置的专用控制点桩上，专用控制点桩必须具有稳定的基础。隧道里一般布置在设计轨道顶面以上 30～50 cm 的边墙内衬上，相邻 CPⅢ点对相距 60 m 左右。

2. CPⅢ平面控制网测量

PDA 与全站仪之间通过 RS232 数据电缆进行连接，CPⅢ DMS 软件正是基于 RS232 串行通信接口与 TCA 型全站仪进行数据和控制指令的通信。CPⅢ控制网应采用自由设站边角交会法施测（图 4-9），50～70 m 一对点。CPⅢ平面网应附和于 CPⅠ、CPⅡ控制点上，每 600 m 左右（400～800 m）应联测一个 CPⅠ或 CPⅡ控制点，当 CPII 点位密度和位置不满足

CPⅢ联测要求时，应按同精度扩展方式加密 CPII 控制点。

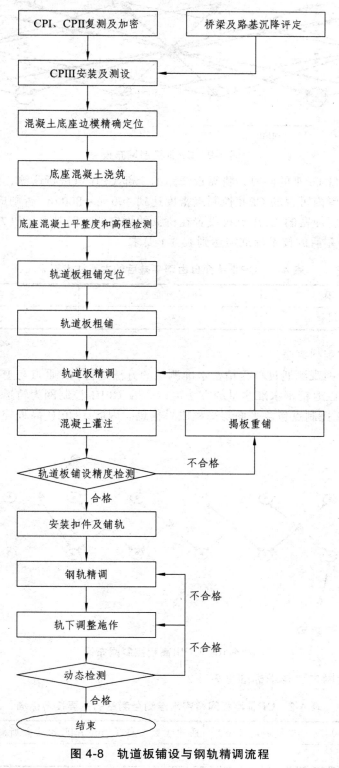

图 4-8 轨道板铺设与钢轨精调流程

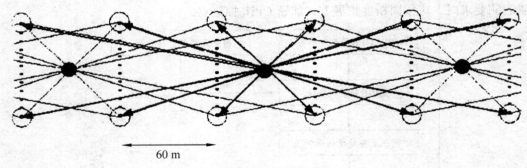

图 4-9 CPⅢ控制网布设

在自由站上测量 CPⅢ 的同时，将靠近线路的全部 CPII 点进行联测，纳入网中。应确保线路两侧 200 m 范围内可视的 CPⅡ 控制点密度达到 400 m ~ 800 m，否则应按同精度加密 CPⅡ 控制点。按同精度加密的 CPII 点可设置在桥梁的固定段或路基上，以方便联测 CPⅢ 点。CPⅢ 平面自由网平差后的技术标准需达到表 4-1 要求。

表 4-1　CPⅢ 平面自由网平差后的主要技术要求

控制网名称	方向改正数	距离改正数
CPⅢ 平面网	3 s	2 mm

3. CPⅢ 高程控制网测量

CPⅢ 高程控制网观测通过单程精密水准测量的方法进行；CPⅢ 点与上一级水准点的高程联测，应采用独立往返精密水准测量的方法进行。因 CPIII 控制网为轨道控制网，应提供三维控制成果，CPIII 控制点包含平面与高程成果信息。因此，CPIII 高程控制桩均与平面控制桩共桩见图 4-10。

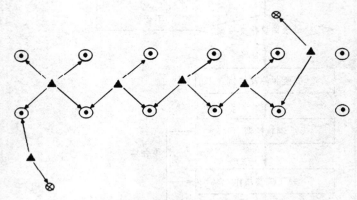

图 4-10　CPⅢ 高程控制网布设

CPⅢ 高程控制网主要技术标准见表 4-2。

表 4-2　CPⅢ 高程网精密水准测量测站的主要技术标准

前后视距差（m）	视线高度（m）	两次读数之差（mm）	两次读数所测高差之差（mm）
±2	0.3	±0.5	±0.7

三、轨道板精调

1. 底座混凝土验收及轨道板粗铺放样

底座混凝土浇筑后，应采用专用的检测工具对底座混凝土进行平整度及高程检测，满足要求后，以轨道板纵向中轴线的两个端点作为轨道板粗铺的定位点，对轨道板粗铺放样。

2. 轨道板精调作业步骤

（1）将测量标架放置于轨道板的固定位置上。固定位置为板的顺数第二对承轨槽与倒数第二对承轨槽上，标架触头与挡肩密贴，并保持密贴指示灯亮，如图4-11所示。

（2）全站仪自由设站

一般情况下后视8个CPⅢ点，困难地段可后视6个CPⅢ点。设站完成后照准1#棱镜。

（3）用已设程序控制的全站仪测量放置在适配器或标架上的4个棱镜，获取4个工位的调整量。

（4）粗调。

由于新型轨道板无定位凸台或定位圆，轨道板粗铺精度极差，粗调轨道板时采用了轨道板生产企业所使用的粗调门

图4-11 测量标架安置

架（图4-12），将门架的钩板勾住轨道板，拉起手拉葫芦，这时水平顶杆可以改变板的横向位置。两个门架组成一对，共四个钩板及顶杆，将轨道板调整到毫米级内，如图4-13所示。用撬棍在板的前端或后端控制板的纵向位置，使板与底座或梁端对齐，路基板要同钢板尺配合，满足板间距要求，粗调即完成。

图4-12 粗调门架

图4-13 轨道板调整

（5）精调。

粗板门架将板粗调好后，上精调爪（图4-14）并拧紧。精调爪受力后，松开手拉葫芦，从板上取下钩板，将门架推至不影响使用精调爪调板的部位。连接工控机选板，获取温度传感器温度值，确定板型，开始调板。

精调板时，高程值可以各点分别调整，横向值左右相向调整，使板平稳地达到定位要求。

图 4-14　精调爪　　　　　　　　　　图 4-15　支墩

（6）灌注支墩

因立模的需要，保证精调爪在立模前取出，轨道板精调好后，需浇筑支墩固定，如图 4-15。通过试验，我们选用具有高强、快硬的客运专线支座砂浆来打支墩。将支墩做在四个精调爪的旁边，待强度达到要求后，取下精调爪，轨道板交由后续工序施工。至此，轨道板精调完成。

（7）按照 4 个显示器上的调整量用轨道板调整机具（精调爪）作相应调整。

（8）重复精调作业步骤（3）和（4），直至满足不超过轨道板铺设允许偏差的要求。

轨道板精调后对铺设精度进行检查检测，并提供单元轨道板测量点最后的测量坐标文件，测量点最后横向、高程偏差文件，调整后中线横向、高程偏差精度评估文件等数据文件。

3．测量设备

高峰期配 11 个测量组，每个组的配备设备如表 4-3 所示，主要包括全站仪、精密水准仪等。

表 4-3　单个测量组主要设备配置

设备名称	等级	数量	备 注
全站仪	1″级	10 台	徕卡 TCRP1201 测距精度（1 mm+2 ppm）测角精度 1″
精密水准仪	S03	1 台	DINI12 电子水准仪
铟瓦尺	2 m	2 把	与水准仪配套使用
对中杆		2 套	与全站仪配套使用
棱镜		80 个	Sinning 棱镜与全站仪配套使用
棱镜		2 个	徕卡棱镜与对中杆配套使用

4．钢轨精调

（1）钢轨精调作业流程

① 将轨道几何状态测量仪（轨检小车）置于待调轨道上，启动测量程序；

② 用程序控制的全站仪测量轨道几何状态测量仪上的棱镜，获得轨道几何状态数据（检测部位与精调轨道板作业相同）；

③ 通过对轨道几何状态数据的分析和合理的运算，得到每个扣件支点位置的调整量值；

④ 钢轨平面位置超限时，应进行扣件更换；高程超限时，应增减调高垫板；

⑤ 重复 2、3、4 项步骤，直至达到验收标准。

（2）钢轨精调有关规定与要求

① 钢轨精调作业的轨向基本轨，曲线地段以外轨为准，直线地段同大里程方向下一个曲线。相对于轨向基本轨的另一轨为高低基本轨；

② 依据计算结果，对每个扣件支点位置进行逐点调整，调整时应先调整轨向基本轨的平面位置和高低基本轨的高程，确保轨向平顺性指标和高低平顺性指标能合格。再调两个基本轨相对应的另一根钢轨的平面位置和高程，使轨距和水平（超高）达标；

③ 钢轨精调作业的测量方向为单向后退测量；

④ 钢轨调整宜采用专用的调整机具；

⑤ 进行下一测站的钢轨精调作业时，应重测上一测站不少于一个轨道板的距离。同一点位的横向和高程的相对偏差均不应超过±2 mm。如果复测超限，应重新设站后复测。如果依然超限，应更换超限点扣件的轨距块或垫板，直至满足要求后方能换站。对于小于±2 mm的偏差，应使用线性或余弦函数进行换站搭接平顺修正，搭接长度不应小于10 mm。

（3）轨道静态检测精度及允许偏差。

钢轨精调后，轨道静态平顺度允许偏差需满足表4-4要求。

表4-4 轨道静态平顺度允许偏差：

序号	项目		平顺度允许偏差（mm）	检测方法
1	轨距		±1	
2	高低	弦长10 m	2/10 m	
		弦长30 m	2/5 m	
		弦长300 m	10/150 m	轨道几何状态测量仪
3	轨向	弦长10 m	2/10 m	
		弦长30 m	2/5 m	
		弦长300 m	10/150 m	
4	扭曲	基长6.25 m	2	
5	水平		1	

在满足轨道平顺度要求的情况下，轨面高程允许偏差为+4/−6 mm，紧靠站台为+4/0 mm。轨道中线与设计中线允许偏差为±10 mm；线间距允许偏差为+10 mm/0 mm。

第六节 轨道板纵向连接张拉工艺

一、张拉前检查及准备工作

（1）检查相邻两轨道板间间距是否为6 cm，板缝宽度误差应在控制范围之内（5 mm）。

（2）检查预应力钢筋头是否有滑丝现象，若有应立即上报进行处理。

（3）检查预应力钢筋是否能退得动。

（4）预应力钢筋头端面应与板端面齐平，方便后面连接件的安装控制。

（5）将板缝号码牌按照顺序放在相应板缝处。沿张拉施工方向顺序为9#、8#…0#。

（6）将钢筋头露出的钢筋保护胶皮清除掉。

二、张拉工艺

1. 拧螺母（图 4-16）

将 0#、3#、6#、9#板缝底层预应力钢筋拧上螺母，具体位置为 0#板缝尾端、9#板缝前端、3#和 6#板缝处两侧。3#和 6#板缝每个螺母距板凹槽端面留有一定富余量，约为 2 cm，0#和9#处螺母拧紧至板端面处，和板端面接触。

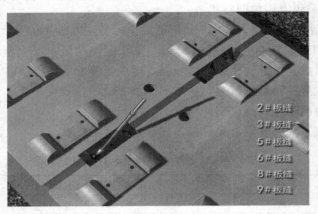

图 4-16 拧螺母

2. 做标记

在每个预应力钢筋头部 18 mm 和 30 mm 的位置做出标记方便控制张拉位置。

3. 安装连接件

（1）安装 8#板缝处连接件时先将 8#板预应力钢筋向施工方向顶退 2 cm 左右（图 4-17）。

（2）将连接件分别和板缝两侧钢筋进行试连接以找出钢筋拉紧状态的旋转方向。

（3）用手握住连接器（图 4-18），对准一侧预应力钢筋头，均匀用力旋进 3 mm。

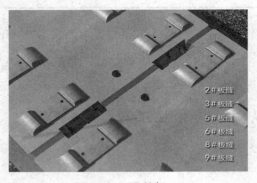

图 4-17 退丝杆

图 4-18 安装连接器

（4）在 7#板缝处将先前退出的钢筋均匀缓慢往回退，边退边将 8#板缝处连接件和另一侧钢筋连起并旋紧，至两侧钢筋都旋进 18 mm 至先前画的标记处。（控制方法：观察 7#板缝处钢筋头是否和板端面齐平，若齐平，则 8#板缝连接件刚好为张拉前连接状态。）

（5）用同样的方法顺次连接 7#、6#…1#连接件。

4. 树脂砂浆灌注

灌注板间部分树脂砂浆，将每块轨道板板缝处除了连接件处之外的部位灌上树脂砂浆，如图 4-19 所示。

图 4-19　灌注板间部分树脂砂浆

5. 张拉、连接

待树脂砂浆达到强度后进行轨道板张拉作业，用专用扳手旋紧连接件，两侧各旋进 12 mm，具体控制位置已事先在螺杆上标出。张拉时按照设计顺序进行张拉（先张拉 3#和 6#，再张拉 1#、4#、7#，最后张拉 2#、5#、8#，且每个板缝处先张拉中间两个连接件，再张拉外侧两个连接件，每张拉一板缝处连接件时将两侧相邻处连接件用扳手固定住）。油顶校核，用油顶在 122 kN 力下校核张拉力大小，直至符合设计要求，如图 4-20 所示。在张拉力达到设计要求后，拧紧中部 3#和 6#板缝处的紧固螺母。按照上述方法连接并张拉上层连接件，如图 4-21 所示。

图 4-20　油顶校核

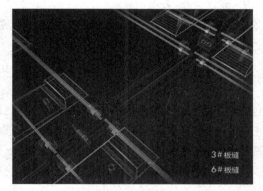

图 4-21　拧紧螺母

6. 焊接剪力板

待张拉完毕，将剪力板咬合紧贴，安装高强螺栓，再将剪力板与轨道板端面预埋钢板焊接在一起，每道焊缝需双面满焊，以确保焊接质量。

7. 连接件与剪力板包裹

将剪力板（图 4-22）和连接件及两侧预应力钢筋包裹密封，剪力板用密封胶带缠紧密实；连接件及预应力钢筋露出部分用胶管剖开后装上黄油包裹住，再在外面裹上密封胶带，如图 4-23 所示。

图 4-22　焊接剪力板

图 4-23　连接件包裹

8. 灌注连接件处树脂砂砂浆

待连接器与剪力板密封包裹（图 4-24）完后即可灌注剩余部分板缝的树脂砂浆，树脂砂浆搅拌与灌注方法同前，见图 4-25。

图 4-24　剪力板包裹

图 4-25　灌注剩余树脂砂浆

9. 灌注自密实混凝土

待树脂砂浆硬化后即可立模板，灌注自密实混凝土。

三、张拉要点

（1）连接件连接之前的检查工作很重要，需仔细检查。如预应力钢筋头有滑丝或被混凝土包裹住可能会导致连接件连接不上，若丝杆退不动也会导致连接件连接不上，这些会影响整个一组的轨道板的连接张拉；板缝间距若误差过大会导致整组连接的累计误差过大，会导致两组轨道板之间的连接困难。

（2）标记须清楚，用记号笔，红蓝两色分别做标记，方便控制张拉位置。

（3）安装连接件时的控制方法：每连接一个板缝处连接件时观察下一板缝处钢筋头是否和板端面齐平，若齐平，则此板缝连接件刚好为张拉前连接状态。

（4）焊剪力板时可先焊一端剪力板，再咬合另一块剪力板，上紧高强螺栓，再将另一块剪力板焊紧。

（5）灌注树脂砂浆时，需控制好树脂砂浆的搅拌过程，不能有水进入，搅拌时将搅拌杆插在筒内匀速搅动，可上下提动，但不可将搅拌器提离树脂再插进去，这样会带进过多的空气，水和空气都会造成树脂灌注后产生膨胀。树脂搅拌时先将 A 料均匀搅拌 3 min，再均匀倒入 B 料，边倒边搅拌，加完 B 料后再搅拌 4 min，待 A 料和 B 料搅拌均匀后即可灌入板缝，树脂砂浆的灌注应在短时间内完成，以防树脂凝固硬化。

（6）灌注自密实混凝土时须有实验员在现场，根据混凝土料情况实时调控，需注意自密实混凝土料不能太干，否则灌下后流不动，也不能太稀，否则浮浆太多，也不能发生离析。

第七节 自密实混凝土灌注工艺

自密实混凝土的施工主要流程包括配料、计量、搅拌、运输、浇筑以及养护等，其中任何一个工艺过程出现的质量问题，都会对混凝土质量产生不同程度的影响。

一、施工设备及工装

自密实混凝土施工设备包括混凝土生产设备、运输设备、灌注设备及工装。

由于自密实混凝土有着和普通混凝土一样的拌制和运输特性，所以我们采用普通的混凝土拌和站进行自密实混凝土的拌制工作，采用混凝土运输罐车（图 4-26）进行运输，并采用混凝土输送泵车（图 4-27）进行泵送。

图 4-26 混凝土运输罐车   图 4-27 混凝土输送泵车

考虑到混凝土的流动距离达到 3.5 m，在长距离流动过程中混凝土极易出现浮浆、泡沫等不良现象，为保证自密实混凝土在流动过程中的均匀性，我们采用三点进料的方式进行灌注，降低混凝土的流动距离，通过控制 3 个进料口的阀门来控制灌注速度，并且灌注料仓可以对自密实混凝土进行解压，防止自密实混凝土在高压力的情况下出现离析、泌水等现象。

二、混凝土搅拌

混凝土由拌和站拌制，专业试验人员负责自密实混凝土质量控制。

自密实混凝土用原材料的计量必须符合表 4-5 要求，保水剂及增粘剂通过人工进行称量。

表 4-5 计量允许误差

原材料	骨料	水泥	矿粉	膨胀剂	减水剂	水
允许误差值	≤2%	≤1%	≤1%	≤1%	≤1%	≤1%

为确保自密实混凝土各种原材料能搅拌均匀，搅拌时间必须控制在 150 s ~ 180 s 之间。

为方便对现场自密实混凝土的控制，拌和站拌制的自密实混凝土的出机扩展度宜取设计扩展度的中值，扩展度不宜取上限值。

三、混凝土运输

自密实混凝土通过混凝土运输罐车运输，装料前须清理罐车内混凝土残渣，装料前装料口应保持清洁，筒体内应保证干净、潮湿，不得有积水、积浆。若运输罐车的罐体内较为干燥，须用水将其湿润，方可运输自密实混凝土。

自密实混凝土在运输过程严禁向运输设备内加水，防止自密实混凝土因用水量过多出现离析等现象。

运输罐车应随车携带 10 kg 减水剂，随车携带的减水剂应与拌制自密实混凝土的减水剂为同一品种。

四、混凝土灌注方案

由于自密实混凝土有着和普通混凝土一样的施工性能，所以自密实混凝土通过拌和站集中拌制，罐车运送至施工地点。拌制的混凝土方量要依据现场实际需要的方量为依据，同时考虑罐车运输混凝土的往返时间。

根据便道贯通条件、便道宽度、跨河沟跨公路地段等施工条件的不同，自密实混凝土的灌注采取不同的方案。

方案一：在便道条件良好，泵车能直接到达施工现场的施工区域，先用罐车运送自密实混凝土到达目的地后，泵车直接泵送混凝土至桥上灌注料仓，按每块板一次灌注成型的方式施工，完成灌注作业。灌注过程注意控制混凝土泵送速度，防止混凝土溢出。

方案二：当便道条件较差，泵车不能直接泵送至桥上或路基上的施工区域时，先用罐车运送自密实混凝土到达目的地后，由泵车泵送或吊车吊送小方量混凝土至桥（路基）上。

五、混凝土现场检验及调整

为保证自密实混凝土能顺利灌注，试验人员在每车混凝土灌注前应对混凝土各项性能指标进行检测，包括扩展度（图 4-28）、含气量（图 4-29）。

图 4-28　现场扩展度测试　　　　　　图 4-29　现场含气量测试

当运抵现场的自密实混凝土扩展度低于设计扩展度下限值时不得施工，可采取用试验确认的可靠方法调整扩展度，尽量使其达到灌注要求。

六、混凝土浇筑

（1）灌注时宜保证灌注料仓的三个出料口流速均匀，不得有停顿及冲击现象。灌注过程中，三个出料的流量应一致，从而保证自密实混凝土能均匀地流动；若发现某个出料流速降低或增加，可通过调整料仓阀门大小的方法来改变三个出料口的流量，如图4-30所示。

（2）在泵送过程中，应有专门的人员固定泵车的出料口，并随时观察料仓中混凝土的高度，发现料仓中混凝土高度过低或过高时，应及时通知现场调度人员，防止灌注停顿或混凝土溢出的现象出现。

（3）浇筑过程中，要有专人检查模板，发现螺栓、支撑等松动应及时拧紧和打牢。发现漏浆应及时堵严，钢筋和预埋件如有移位，钢筋班组须及时调整以保证位置正确。

（4）灌注完成后，应将阀门紧闭，防止溢出的混凝土或浆体污染轨道板及梁体。

图4-30 自密实混凝土灌注

（5）灌注完成后，应将多余的自密实混凝土舀出，舀至轨道板侧面的红线，并将舀出的混凝土装入专门的容器中，不得随地乱扔。

（6）从灌注端舀出的自密实混凝土可用于下一块轨道板的自密实混凝土调整层；出料端舀出的自密实混凝土应废弃，不得用于下一块轨道板的自密实混凝土调整层。

（7）单块自密实混凝土调整层灌注完成后，将灌注料仓转移到下一个工作面进行安放，等待下一次灌注混凝土。

（8）现场技术人员应认真填写施工日志。

（9）自密实混凝土在灌注时，非相关人员不得在轨道板上走动，防止轨道板因为这些荷载引起位移。若操作人员需在轨道板上作业时，应尽量降低动作幅度。

七、混凝土养护

（1）养护用水采用的是地下水或自来水，水温与表面混凝土之间的温差不得大于15 ℃。自密实混凝土调整层养护洒水次数以保持混凝土表面充分潮湿为度。

（2）从脱模后开始养护，在混凝土浇筑后的前三天，应保证混凝土处于充分湿润的状态。

（3）自然养护不少于7天，并作好养护记录。同时，对同条件养护的混凝土试件进行洒水养护，使试件强度与自密实混凝土强度同步增长。

（4）当板体混凝土达到100%设计强度时，停止对自密实混凝土调整层的养护。

第五章　CTRSⅠ型双块式无砟轨道施工

第一节　CTRSⅠ型双块式无砟轨道结构

CRTSI型双块式无砟轨道结构如图5-1所示，主要由双块式轨枕、现浇混凝土道床板和下部支撑体系（支承层或底座）组成。

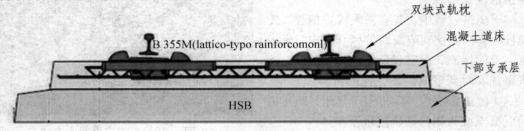

图 5-1　双块式无砟轨道

CRTSⅠ型双块式结构特点：

（1）结构整体性及横向稳定性强，结构整体平顺性较好。

（2）分层设计，受力明确。

（3）施工灵活，适应性强。

（4）双块式轨枕采用桁架钢筋连接，工厂化生产，精度高。

（5）轨道结构刚度从上至下逐层递减。

（6）轨道结构整体性强。

（7）桥上双块式无砟轨道，道床板为单元分块结构，道床板与底座间设置中间隔离层，并采用凹槽限位。

（8）无砟轨道结构只包含道床板与底座（支承层）两层，造价相对较低。

CRTSI型双块式无砟道床施工方法有机组法、排架法、轨排框架法。CRTSI型双块式轨枕主要有 WG-Ⅰ、SK-1、SK-2 型，分别配置 Vossloh 300-1U、WJ-7A、WJ-8A 型扣件。

第二节　CTRSⅠ型双块式轨枕的预制

一、生产厂总体布局

（一）设计生产能力

设计按年工作天数340天、三班制生产考虑，年生产能力为45万根轨枕。

（二）总体布置图

生产厂（场）总体布置按功能划分应划分为材料区、生产区、辅助生产区和办公生活区等区域。为利于生产管理，一般让办公区、生产区呈"流水线"一字布置或紧邻生产区。生活区根据生产厂（场）的地形可以和办公区分开，试验室、工班间、配件库、锅炉房、搅拌站等辅助设施于轨枕、钢筋生产线两侧布置，布置应紧凑合理。

（三）各功能区的设计及说明

1. 材料区

不同原材料应有固定的堆放地点和明确的标识，标明材料名称、品种、生产厂家、生产日期和进厂日期。包括钢材存放区、水泥存放区、砂石存放区、配件库等。

2. 生产区

钢筋加工生产线：钢筋加工生产线采用自动流水线加工的形式，生产所有轨枕所需要的钢筋，如钢筋桁架、箍筋、螺旋筋、定距夹子等。钢筋加工生产线配备有冷轧带肋钢筋生产线设备、钢筋桁架生产线设备、数控弯箍机等。其中，冷轧带肋钢筋生产线包括线材盘条高架放线架、除磷机、润滑涂复机、Y 型轧机轧制、水平牵引机、应力消除机、收线机；钢筋桁架生产线包括盘料放线架、钢筋矫直导向系统、钢筋存储系统、链式斜筋弯曲成型加工机构、焊接主机、桁架输出机构、桁架剪切、收线系统；

双块式轨枕生产线：按轨枕生产工艺要求（机组流水法），轨枕生产线应配备有钢模型、模型输送辊道、混凝土灌注设备、振动台、养护通道、钢模运输车、翻模机、轨枕传送辊道、模型清理间、扣件安装台位、链式传送机等。钢模型采用 4×1 联短模型式，养护通道应具备自动控温系统来控制养护温度。

成品库：成品库地面可采用混凝土硬化地面或条形基础。可利用龙门吊或叉车码垛存放，采用龙门吊码垛最高 12 层，叉车码垛最高 8 层，每层均为 5 根。库内应设置有轨枕预检台位和轨枕装车区。

3. 辅助生产区

包括维修间、混凝土搅拌站、试验室、配件库、锅炉房、配电间等。

4. 办公生活区

设置办公区、门卫值班室、生活区等。

二、工艺流程与设备

（一）生产工艺流程设计

双块式轨枕生产工艺流程如图 5-2 所示，桁架钢筋加工生产工艺流程如图 5-3 所示。

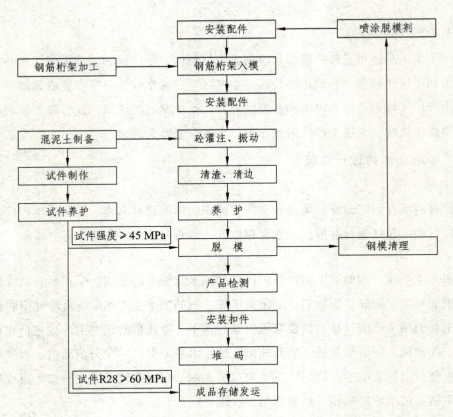

图 5-2 双块式轨枕生产工艺流程

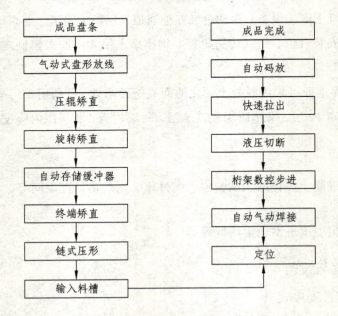

图 5-3 桁架钢筋加工生产工艺流程

（二）制造设备及说明

1. 主要设备表（表5-1）

表 5-1　轨枕生产设备表

序号	设备名称	单位	数量	备注
1	5 t 桥式起重机	台	2	
2	10 t 龙门吊	台	1	
3	2 t 单梁吊	台	2	
4	叉车	辆	4	1 台 3 t，3 台 5 t
5	装载机	台	1	3m³　ZL50
6	空气压缩机	台	2	4.8 m³/ min，8 kg/ cm²,SLT-40A 2 000 L 储气罐 1 个
7	蒸汽锅炉及供汽系统	套	1	DZL2-1.25-A Ⅱ
8	混凝土搅拌站	套	1	1 m³ 立式行星
9	浇筑区隔音装置	套	1	
10	养护通道的钢结构（或实体墙）	套	2	
11	供电系统	套	1	1 250 KVA
12	车间供暖系统			按 m² 计算
13	冷水机	台	1	用于轨枕线降温 KRS-200
14	模型清理工作间	套	1	
15	混凝土布料机	台	1	
16	混凝土布料机的支撑钢结构	套	1	
17	混凝土浇筑/振动台	套	2	
18	养护温度监测系统	套	1	
19	钢模专用吊具	台	2	养护通道前后各 1
20	养护通道用液压推进装置	套	2	
21	导轨	米	135	双轨
22	养护通道用钢丝绳传动装置	套	2	
23	钢模运输小车	台	20	
24	脱模站	套	1	
25	带提升装置的往返式脱模站用运输小车	台	1	
26	链式传送机	套	1	
27	双块式轨枕专用吊具	台	1	
28	模型运输辊道 C（单独）	台	1	
29	模型运输辊道 B（倾斜）	套	1	

序号	设备名称	单位	数量	备注
30	模型运输辊道 A（标准）	台	20	
31	电气控制系统	套	1	
32	钢模横向运输小车	台	1	
33	生产用工具，包括螺栓扳手、加油枪、套筒固定轴的喷涂机、冲击锤、打磨机等	套	1	
34	高压水泵	台	1	用于搅拌机和布料机清理 50TSWA-7
35	钢模	套	120	20 套 100 套
36	脱模剂喷洒设备	套	1	
37	扣件安装架	台	3	
38	交流电焊机	台	2	YK-505FL4
39	气体保护电焊机	台	2	YD-500CL5
40	普通车床	台	1	CA1640
41	套丝机	台	1	TQ-80A
42	摇臂钻床	台	1	Z3040
43	直流电焊机	台	1	WS-350
44	等离子切割机	台	1	LGK-100
45	笔记本电脑	台	1	用于电气控制系统
46	弓锯机 G72	台	1	

2. 主要设备的说明

（1）混凝土布料车（图 5-4）。

由车身、布料机和控制台三部分组成。车身部分为板式主梁设计，包括 4 个车轮，其中两个为驱动轮，驱动电机功率为 2×1.1 kW（变频控制驱动），走行速度 0~0.4m/s。

混凝土布料机部分包括 4 个车轮，驱动电机功率为 2×1.0 kW（变频控制驱动），走行速度为 0~0.4 m/s，转速为 15~35 r/min；螺杆驱动功率为 4×4.0 kW，采用频率逆变器进行给料驱动，易清洗。

控制面板采用带保护罩式控制钮，可手动操作或自动控制布料动作，独立控制螺旋给料器，并带有紧急制动闸。

（2）混凝土振动台（图 5-5）。

由气动升降辊道和振动台组成。气动升降辊道采用气囊升降，驱动功率 1.1 kW；振动台采用 8 个振动电机（带减振板），振动电机功率为 0.65 kW/台，转速为 3 000~3 600 r/min。

图 5-4 混凝土布料车

图 5-5 混凝土振动台

（3）钢模吊具（图 5-6）。

钢模吊具的尺寸：长度约 2 850 mm，宽度约 1 000 mm，总高度约 750 mm，载重能力 30 kN，重量约 300 kg。

图 5-6 钢模吊具

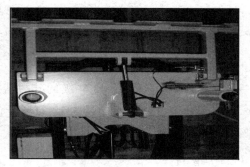

图 5-7 脱模站

（4）脱模站（图 5-7）。

操作桥式起重机通过使用钢模吊具将养护通道出口处的钢模单独吊起并移至翻转-脱模机上。脱模机的提升-翻转机构将钢模夹住、升起并将之翻转 180°之后，将钢模放下，进行气动式的脱模。带提升装置的往返式脱模机用运输小车自动地将脱模后的轨枕运输至收尾工作区并将轨枕放置在链式传送机之上，在这里可以进行扣件的预安装工作。在进行上述过程的同时，脱模机的提升-翻转机构将脱离轨枕的钢模升起并翻转回原始状态并放置在脱模机的承台之上，这样带提升装置的运输小车返回并将钢模升起，将脱离轨枕后的钢模运回环形生产线的钢模装配区。

脱模装置包括 4 个带提升气缸的支撑架，2 组座式承载支架，并装有传感器，支撑架通过使用坚硬的橡胶套附裹进行保护。

（5）模型输送轨道 A（图 5-8）。

用来进行钢模的转运，通过齿轮电机传动模型。

（6）模型输送轨道 B（图 5-9）。

使用特殊的工具人工进行钢模的清洁工作，钢模的内衬面由人工喷涂脱模剂。便于安装预埋螺栓套管和插入配筋。主要由带有可倾斜的辊轴传送机构钢框架构成，倾斜度 80°，倾斜速度约 0.02 m/s，配备 1 个小型液压站。

图 5-8　模型输送轨道 A　　　　　　图 5-9　模型输送轨道 B

三、原材料

用于生产双块式轨枕的原材料除以下重点说明的内容外，其他技术要求均应符合《铁路混凝土工程施工质量验收补充标准》（铁建设[2005]160 号）的规定。

（一）水泥

采用强度等级不低于 42.5 级的硅酸盐水泥或普通硅酸盐水泥。水泥碱含量应不超过 0.60%，三氧化硫含量应不超过 3%，氯离子含量应不超过 0.10%，熟料中的 C_3A 含量应不超过 8%。

（二）骨料

应选用质地坚硬、表面清洁的二级或多级单粒级碎石，按最小堆积密度配制而成。各级粗骨料应分级储存、分级运输、分级计量，最大粒径 25 mm，含泥量按重计不大于 0.50%，氯化物含量不大于 0.02%。

应采用材质坚硬、表面清洁、级配合理的天然中粗河砂。含泥量按重量计不大于 1.5%，氯化物含量不大于 0.02%。

不应使用具有碱-硅酸盐活性或砂浆棒膨胀率大于 0.20% 的碱-硅酸盐反应活性的骨料。当骨料的砂浆膨胀率为 0.10 ~ 0.20% 时，混凝土碱含量不应超过 3 kg/m³。在双块式轨枕投产前及来源改变时，应根据 TB/T2922 和 TB/T3054 的规定对骨料的碱活性进行试验和评价，由具有相应资质的检验单位提出报告。

（三）外加剂

应采用减水率不小于 25%、收缩比不大于 110% 的聚羧酸盐系减水剂，禁止使用掺入氯盐类的外加剂。

（四）掺合料

应能够改善混凝土的性能，其性能应符合表 5-2 的要求。

表 5-2 掺合料技术要求

序号	项 目		技术要求
1	氯离子含量（%）		不宜大于 0.02
2	烧失量（%）		≤4.0
3	SO$_3$含量（%）		≤3.0
4	含水率（%）		≤1.0
5	需水量比（%）		≤105
6	活性指数（%）	1d	≥125
		28d	≥110

（五）钢材

桁架钢筋及箍筋采用 CRB550 级钢筋，其性能应符合 GB13788 的规定。箍筋固定件采用低碳钢冷拔钢丝，其性能应符合 YB/T5294 的规定。用于加工冷轧带肋钢筋的低碳钢热轧圆盘条的性能应符合 GB/T701 的规定。轨枕内预埋塑料套管应满足无砟轨道扣件技术条件的相关要求。

四、制造工艺

（一）模板

应采用具有足够强度、刚度和稳定性的钢模。模板应能保证轨枕各部形状、尺寸及预埋件的准确位置；模板的制造允许公差以双块式轨枕成品允许公差的 1/2 为准。模板应实行日常检查和定期检查，检查结果应记录在模型检查表中。日常检查应在每天作业前进行，内容包括：外观、平整度；定期检查每月进行一次，内容包括：长度、宽度、高度和平整度。钢模型整体外形和局部尺寸的允许偏差及检验方法见表 5-3。检验不合格的钢模不能投入使用。

表 5-3 钢模型外形尺寸及允许偏差表

序号	项 目	允许偏差（mm）	检验方法
1	拱度	±1	拉线，用尺测量主梁中部
2	侧向弯曲	1	拉线，用尺测量主梁中部
3	扭曲	2	钢平台，塞尺
4	模型长度	±2	钢卷尺
5	模型宽度	±2	钢卷尺测端梁
6	模型对角线	3	钢卷尺
7	壳体长度	±2	钢卷尺测两端板内侧
8	壳体变截面宽度	±2（上口） ±1（下口）	专用样板，塞尺
9	壳体横截面高度	±1.5	以模型上平面为基准，用专用高度尺测量

序号	项 目	允许偏差（mm）	检验方法
10	轨槽板φ45 mm 孔中心与壳体中心的位移	1.5	拉线，样板
11	预埋件定位座中心与壳体中心的位移	1.5	拉线，样板
12	轨槽板四周与壳体间隙	0.5（直线段） 0.7（圆弧段）	塞尺
13	轨槽板坡度及定位座坡度	1:38～1:42	专用样板，塞尺
14	同壳体两轨槽板顶面外端棱角距离	+1 0	专用卡尺
15	同壳体两预埋件定位座定位柱外端距离	+0.5 0	专用卡尺，塞尺

（二）混凝土制备

制备混凝土时，应选用聚羧酸盐系减水剂及能够提高混凝土早期强度和后期耐久性能的掺和料。轨枕混凝土的胶凝材料总量不宜超过 480 kg/m³，水胶比应不大于 0.35，混凝土含气量应不大于 3%。根据试验室下达的施工配合比通知单，调整好砂、石、水泥、水、外加剂的配料计量值，确认无误后再开始配料，配料计量允许误差：砂、石为±2%；水泥、水、外加剂为±1%。

启动搅拌机达到正常运转后，才能向搅拌机内投料，投料按顺序分次进行。搅拌过程中正确记录混凝土及搅拌装置的温度，新拌混凝土的温度宜控制在（20±5）℃，超出或不足此温度时应向试验室汇报。夏天混凝土温度超过 20 ℃ 时必须对骨料和水进行冷却，冬天混凝土温度低于 5 ℃时须采用加热水或通蒸汽的方式对混凝土加温，其温度保持在18 ℃～20 ℃。

轨枕混凝土密实度控制在 1.35±0.05。每个进入养护通道的小车上须放置三个混凝土试件，每个试件尺寸 150 mm×150 mm×150 mm。

搅拌站的计量设备由试验室负责组织校验，开工前需检验，连续生产时检验周期为 2 次/年，否则 1 次/月，使用中注意不超过其极限值，若超过需报告领导及相关技术人员设置新的参数，然后通过试验室校验才能使用。

搅拌过程中如发生停电事故，应立即开卸料门，把搅拌机内混凝土清理出来，以免再启动时启动负荷过大，损坏电机。

（三）混凝土输送

保证及时向生产线供应混凝土，生产线应将混凝土质量情况及时反馈给搅拌司机。做好收工时最后一罐混凝土料的估量，并通知搅拌司机。及时清理各贮料斗。

（四）清理模型

将模具壳体之间和缩口部位上残留的混凝土用气动锤除去。用刮刀和空气压力喷枪对模具的壳体进行清理，包括套管支撑杆上的螺纹部分，模具壳体内不得有混凝土残留物。发现模型标志牌损坏时，应及时进行修理。标牌不全的模型不得投入使用。

（五）喷涂脱模剂

用自动喷雾器在模具上喷涂脱模剂，喷嘴应对准模型上方，脱模剂应呈雾状而非线滴状。被喷面必须保持干燥，目测模具是否完全被脱模剂喷射完好，如图 5-10 所示。使用油漆刷在凹槽处抹蜡（OP-蜡），如图 5-11。如果脱模剂喷涂过多，可用清洁的抹布进行去除，如图 5-12 所示。

图 5-10　喷涂脱模剂　　　　图 5-11　抹腊　　　　图 5-12　抹布清理

（六）安装套管

利用固定装置将预埋管套安装定位，将螺旋筋固定在套管同心圆上（图 5-13），在套管支撑杆上拧上套管，尽可能地拧到模具壳体的底部，确保套管紧紧地被拧到了装置上。对那些由于磨损不能再紧紧地固定套管的套管定位装置，要及时进行更换，见图 5-14。

图 5-13　螺栓筋安装　　　　图 5-14　套管定位装置更换

（七）钢筋编组与安装

钢筋桁架应利用电阻点焊接成型的方式进行机械加工，箍筋可采用钢筋网焊接成型机械加工，钢筋焊接的工艺、参数、质量、验收等应符合 JGJ18 的规定。钢筋表面的油渍、漆污、水泥浆和敲击能脱落的浮皮、铁锈应清理干净。钢筋的加工在常温下进行，按照设计图纸检查尺寸，并以不损害其材质的方法加工，钢筋的弯折应利用机具一次成形，不得进行反复操作。钢筋桁架的尺寸允许偏差应满足表 5-4 的要求（其中检查项别同表 2-29）。

表 5-4　钢筋桁架的尺寸偏差要求

序号	检查项目	检查项别	允许偏差（mm）	日常检验数量
1	钢筋桁架上下弦间距	B2	±2	每班 3 次，每次 2 榀
2	钢筋桁架长度	B2	±5	
3	钢筋桁架宽度	B2	±2	
4	波形筋位置及扭曲	B2	±2	
5	波形筋翘曲	B2	≤2	
6	开焊或松脱	A	不允许	全检

在模具壳体内每个承轨槽的部位放置带定距夹子的箍筋（图 5-15）；安装桁架钢筋时，必须插入到模具的缩口内（图 5-16）；确认桁架钢筋放到了固定钩上（图 5-17）。确认放置的桁架钢筋靠住楔子（图 5-18）；用张力装置固定桁架钢筋（图 5-19）。将箍筋上的定距夹子另一端钩在桁架钢筋上（图 5-20）。

图 5-15 放箍筋

图 5-16 桁架筋入缩口

图 5-17 桁架筋入挂钩

图 5-18 放楔子

图 5-19 桁架筋固定

图 5-20 固定箍筋

（八）安装挡浆夹

桁架钢筋固定在模具上后安装挡浆夹，将它的平侧面朝向模具壳体的内部，弯曲侧面朝向模具的端部，见图 5-21。安装好后应及时检查各配件是否齐全。

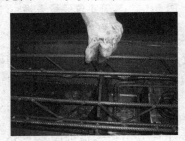
图 5-21 挡浆夹安装

图 5-22 布料机布料

（九）混凝土灌注和振动成型

严格控制混凝土灌注温度，混凝土拌和物的入模温度控制在 5 ~ 30 ℃ 的范围内，新拌混凝土的温度应在 15 ~ 25 ℃ 的范围内，但昼夜平均气温低于 5 ℃ 或最低气温低于 − 3 ℃ 时，骨料、水泥及拌和用水等应采取保温措施，并按冬季施工处理。

用布料机向模型内灌注混凝土时应尽量使各部位的料均匀、适量，太干或太稀的混合料不得投入使用，见图 5-22。下料至少分两层，若发现杂物要及时取出来，模型两端枕上面不应有混凝土，用自动方式进行密实。

使用金属盖板存放混凝土，在振动过程中用铁锹添加或取出多余混凝土，混凝土高度要求到模型上部边缘处，在振动过程中注意检查混凝土的密实情况，观察轨枕厚度是否合适，如图 5-23 所示。

用测距规检查混凝土和桁架钢筋之间的间距，以保证轨枕各断面厚度满足公差要求，见图 5-24。灌注、振动成型工序须严格控制，保证振动时间，操作人员应做好质量记录。

待操作程序完成以后关掉振动装置，从缩口处将定距块拔出。对桁架钢筋进行外观检查，看位置是否正确，如果桁架钢筋的位置不正确，将桁架钢筋调整到新的位置，然后送模具去重新振捣。

（十）拆卸配件、清渣、清边

将挡浆夹拔出放入盒子里清洗，见图 5-25。用刮板将溢出的混凝土刮松。

图 5-23　人工辅助　　　　图 5-24　测距轨检查　　　　图 5-25　挡浆夹清洗

（十一）模型吊运

模型吊起进入养护通道前须扶正，模型须沿钢轨轻落、轻放，避免振动。模型在钢模运输小车上的堆放要整齐，模型放满后要及时进入养护通道。在每一次生产循环时，都要在第一辆车上放 3 个立方块试件，并注明班次、日期和时间。模型吊运过程中，任何人不许站立或悬吊在模型上，或从吊运的模型下通过。

（十二）混凝土试件制作

每班须制作 3 组试件（2 组抗压试件，1 组抗弯试件），用于脱模时的抗压强度、28 天龄期的抗压强度、7 天龄期的抗弯强度的测定。每组试件上应注明班次、日期。试件制作应在每班开工前 3 天开始，并从轨枕用料中取样。试件应与轨枕同条件制作和养护。

（十三）轨枕养护

轨枕可采用干热养护，也可采用蒸汽法养护。采用蒸汽法养护时，可分为静停、升温、恒温、降温四个阶段，具体要求是：在 3 个小时，核心混凝土的温度应为 30 ℃；在 4 个小时，核心混凝土的温度应为 40 ℃，升温速率限制在 15 ℃/h 内。

对于 SO_3 含量为 2.0% 的水泥的最高混凝土温度限制在 60 ℃，对于 SO_3 含量为 4.0% 的水泥最高混凝土温度限制在 50 ℃；SO_3 含量处于中间值的，最大温度可能为两者的中间值（上述温度是指混凝土核心的温度值）。当相对湿度下降到 60% 时，混凝土的抗压强度应提高到 30 MPa 以上。必须对混凝土内的真实温度和相对湿度进行检验，并每月进行报告。

养护人员须严格按养护制度进行操作，认真作好养护各阶段的工作记录，工序检查员须对养护制度执行情况进行检查。锅炉房负责提供充足的蒸汽，确保养护的正常执行。养护工序结束后即取出一组试件到试验室检验脱模强度，若其强度大于或等于产品要求的脱模强度，经试验室签认，则可开始脱模作业。用作检验28天混凝土强度的试件，脱模后送试验室进行标准养护。

（十四）脱模

当混凝土试件抗压强度≥45 MPa，脱模强度通知单经质检人员签认合格后，即可将模具从养护通道内运出来。松开固定装置（图5-26），将其移到两桁架钢筋的中间位置（图5-27）。利用脱模站将模具翻转脱模，同时进行外观的检查，以确定轨枕是否正确位于运输垫板上。

图5-26　固定装置松开　　　　　　图5-27　脱模

（十五）安装扣件

扣件系统须经检验合格后才能进场，经检验合格的双块式轨枕运至扣件安装台位。将轨枕上混凝土残留物和灰尘吹掉，将丙酮刷在轨枕上，观察是否有裂纹形成，如果发现有任何裂纹出现，标记红色的字母A，如图5-28所示。把润滑嘴放入套管内，打开油枪灌注防腐油脂，直到预装配位置处的套管的冠状口流出为止，如图5-29所示。

把橡胶垫板（中间板）放到轨枕上，把基板放到橡胶垫板（中间板）的上面，橡胶垫板上的开口部分必须位于套管孔的上方；在轨枕上部区域（挡肩处）的模具编号上方加盖日期章指明生产日期；在承轨槽上内侧安装轨距挡板，把轨底板（中间层）放在基板上面，在承轨槽外侧安装轨距挡板，将弹条放到轨距挡板上，将螺栓Ss36插入到套管内，螺栓不能倾斜；用风动扳手紧固螺栓，见图5-30。

图5-28　涂刷丙酮　　　　图5-29　灌注防腐油质　　　　图5-30　扣件安装

五、质量检验

双块式轨枕检验分型式检验与出厂（场）检验两种。

型式检验项目包括：原材料报告、轨枕外形尺寸和外观质量，混凝土碱含量、混凝土氯离子含量、混凝土抗压强度、混凝土抗冻性、预埋套管抗拔力。轨枕外形尺寸和质量的抽检数量为 20 根。预埋套管抗拔力从 3 根试样中各抽取 1 个套管进行试验。在批量投产前和配合比、工艺改变时应进行型式检验。

出厂（场）检验项目：轨枕外形尺寸和外观质量、混凝土抗压强度。每轮班检验一组混凝土脱模强度；每生产日检验的 7 天、28 天混凝土抗压强度应符合 GB/T50081 的规定。

六、产品标识及质量保证书

轨枕顶面应按设计规定的位置压出下列标识：产品型号、制造厂（场）名、制造年份。

轨枕制造厂（场）应对每批轨枕附有产品合格证明书。证明书内容包括：制造厂（场）名称、产品型号、数量、检验结果、制造日期和质量检验部门印记。

七、产品吊装、储存和运输

（一）产品吊装

产品的吊装采用的是专用吊具。

（二）轨枕的储存和堆放

轨枕的堆放采用龙门吊码放高度为 12 层；采用叉车码放堆放高度为 8 层，根据生产时间、轨枕类型分别存放，见图 5-31。在开新垛前，必须将前面的轨枕垛的高度补齐。

轨枕采用平放堆码方式，须堆放整齐，每层码放轨枕 5 根，两层之间承轨槽外侧部位必须放置支承方木 2 根（10 cm×10 cm），且上下支承位置一致。轨枕堆放基础采用条形基础或平整的混凝土地面。

（三）产品运输

厂内运输通过吊车或叉车来进行。产品装车应按照"先入先出"进行发货。

轨枕运输水平放置（图 5-32），每两层间用两根垫木分开，垫木应上、下对齐，支点位置在轨下正中。装车时利用轨枕两端预留螺纹钢筋水平起吊，每次吊运不超过 5 层。轨枕在装卸和运输过程中严禁碰、撞、摔，严禁吊运轨枕中部。

图 5-31 轨枕堆码

图 5-32 轨枕运输

进行最后检查，以避免有任何损坏的轨枕出现。挑出有损坏的轨枕，对其进行维修或报废处理。

第三节　专业施工机具

CRTS I 型双块式无砟轨道施工的主要设备有混凝土搅拌站、混凝土运输车、混凝土泵车、混凝土输送泵、滑模摊铺机、钢筋加工设备、轨料运输车、轨排粗调机、轨枕抓取装置、螺杆调整器、螺旋调整器、汽车吊、龙门吊等。有以下几个主要设备。

一、散枕装置

如图 5-33 所示，将堆放在线路两侧或线间的轨枕按照设计规定的间距散布在线路上。在机械驾驶员的操纵下，该装置可从轨枕堆上一次夹取 5 根轨枕，在吊装过程中自动按照设计间距将轨枕散开，放置在线路上，并松开轨枕。散枕时只需要 1 名工人辅助定位。

二、工具轨吊装运送车

通过配置起重吊臂的自卸式卡车运送施工工具轨，利用特制吊具吊装和放置工具轨，如图 5-34 所示。

图 5-33　散枕装置

图 5-34　工具轨吊装运送车

三、粗调机

粗调轨排位置。此机器是针对 14.25 m 长的轨排设计，但可以根据需要调整。粗调机由 4 台相连的门架组成，在机械操作员的遥控下，可以同时自动调整轨排的纵向、横向、竖向位置及超高，并可通过自行推进装置使粗调机前移，如图 5-35 所示。

图 5-35　粗调机

四、横向模板安装机

安装横向模板。横向模板只在桥梁（≥25 m）地段安装。路基和隧道内不需要横向模板，如图 5-36 所示。

图 5-36　横向模板安装机

五、纵向模板安装机

安装纵向模板。桥梁（≥25 m）地段横向模板安装到位后，或路基、隧道地段的纵向模板的固定钢棱安装完成后，利用自行推进式、遥控操作的模板安装机安装纵向模板，如图 5-37 所示。

图 5-37　纵向模板安装机

六、钢制模板（纵向及横向）

混凝土浇筑使用。纵向钢制模板在其外侧配有特制的 U 型钢槽，作为混凝土浇筑机、模板安装机、混凝土工作帐篷等的走行通道。纵向模板应根据横向坡度进行配置，如图 5-38 所示。

图 5-38　钢制模板

七、专业精调设备

利用全站仪、激光准直仪和设置在线路两侧的 6～8 个控制点（间距 60 m），利用 GRP1000 系统和全站仪组成的 GRP 无砟轨道测量设备对轨排位置进行精确测量，利用螺杆调节器对轨道几何形位进行精确调整，如图 5-39 所示。

图 5-39　专业精调设备

八、混凝土浇筑机

该设备能够保证高效优质的混凝土浇筑质量。设备配备料斗、螺栓配料装置、定量给料装置、振捣装置、压力喷水设备等，并在不同位置设置了感应器以保证配料的准确（图 5-40）。该设备需要从平行轨道线路或施工便道上的泵车或轮轨式列车供应混凝土。在超高地段，浇筑单元可以满足混凝土的浇筑要求。

图 5-40　混凝土浇筑机

九、工作帐篷

在极端气候条件下（严寒、大风、雨、雪等），为了继续施工作业而专门开发的帐篷，可沿纵向模板外侧的 U 型槽走行，并可在不需要时"折叠"在一起，如图 5-41 所示。

图 5-41　工作帐篷

十、纵向模板拆洗机

纵向模板拆模/清洗机配有遥控及有线两套操作装置。借助辅助支座，纵向模板拆模/清洗机在超高最大时也能保持稳定。

如图 5-42 所示，纵向模板拆模/清洗机有一套全自动的清洗/涂油系统。专门设计的刷子不会对模板造成任何损坏，且能顺利清理模板上残留的混凝土。

该机械配备宽吊臂（从轨道中心可伸出 4.8 m），便于模板装载、卸载及超高地区拆卸模板。机械本身可放置框架用于存放纵向模板。机械轮组也经过特殊设计，可跨过工具轨间缝隙。

图 5-42 纵向模板拆洗机

十一、横向模板拆卸机

如图 5-43 所示，该机械为自行驱动式，在工具轨上行走，轮组经过特殊设计，可以顺利跨过工具轨的间隙。机械上搭载一个 12 m² 的网格平台，用于横向模板存放。

图 5-43 横向模板拆洗机

第四节 施工工艺

一、路基上 CRTS I 型无砟道床施工工艺

路基上 CRTS I 型无砟道床施工工序流程见图 5-44。路基上支承层施工方法同板式无砟道床。

图 5-44 路基上 CRTS I 型无砟道床施工工艺流程图

（一）双块式轨枕运输和线间存储

1. 施工说明

尽可能利用自动装卸车运输和装卸双块式轨枕，实在不具备条件时，可利用载重卡车运输和移动式吊车装卸。双块式轨枕一般以堆垛的形式运送到施工现场，一垛轨枕高 6 层，每层 5 根轨枕，层间以及每垛下部需要放置 10 cm×10 cm 的垫木，见图 5-45。轨枕运输到现场后，利用自动装卸车上的起重装置直接将轨枕垛放置在线间位置，轨枕堆放数量要满足双线 CRTS I 双块式轨枕的铺设需求。特殊情况下，轨枕垛之间最小间距不得小于 0.5 m。

图 5-45 轨枕的存放

2. 检测与验收

轨枕的需求计划按照事先确定的交货时间表进行,该时间表由轨枕生产厂和施工单位共同制定,该时间表详细规定了每周所需的轨枕数量。

轨枕运输到施工现场后,在轨枕卸车前,由施工单位质量检测人员检验轨枕垛,检验项目包括:表面损坏情况、混凝土表面裂缝、钢筋变形、钢筋突出长度。有质量缺陷的轨枕必须标记并从轨枕垛中取出,严禁应用于工程中。如果单个轨枕垛中的一定数量的轨枕都存在质量缺陷,施工单位将不接受该垛轨枕并将其退还给轨枕生产厂。一般情况下,轨枕卸车作业一般在每天的 7 点与 19 点之间进行。如果在夜间卸车,必须制订相应的方案。轨枕卸车后,对轨枕总数量和现场堆放位置进行核对,双方签字确认。

(二)道床板钢筋运输和线间存储

1. 施工说明

尽可能利用自动装卸车运输和装卸道床板钢筋,实在不具备条件时,可利用载重卡车运输和移动式吊车装卸。道床板纵横向钢筋在钢筋加工厂按照设计加工完成后,绑扎成捆运输至施工现场,按照双线设计需求数量卸在线间相应的标记位置处,如图 5-46 所示。

图 5-46 钢筋存放

2. 检测与验收

钢筋的需求计划按照事先确定的交货时间表进行,该时间表由钢筋加工厂和施工单位共同制订,该时间表详细规定了每日所需的钢筋数量。施工单位在钢筋卸载位置用喷漆标出,确保卸车时将钢筋放置在正确位置。

(三)下部结构清洗

1. 施工说明

使用空压机或空气喷枪清扫下部结构表面。

2. 检测与验收

由施工单位质检人员和监理人员目测检查。

(四)道床板纵向钢筋安装

1. 施工说明

人工在下部基础顶面固定钢条之间铺设纵向钢筋。

2. 检测与验收

由施工单位质检人员目测检查。

（五）散枕

1. 施工说明

利用道路起重机（小型挖掘机）和散枕装置从线间位置夹取轨枕，放置于纵向木梁上。散枕装置一般安装在道路起重机起重臂前端，该装置可从轨枕垛上一次夹取 5 根轨枕，吊车操作员在操作室中可以调整散轨装置夹爪的间距，将轨枕间距大致调整到设计位置，人工使用一铁棒辅助将轨枕放置在木梁上，吊车操作员操作散轨装置放开轨枕，然后去夹取轨枕垛的下一层，见图 5-47。

对应不同的下部结构，轨枕的间距有可能发生变化。为此散枕装置应具备一定的间距调整能力，以适应不同下部结构上轨枕间距的要求。

图 5-47　散枕

2. 检测与验收

轨枕必须按照规定的位置布设。轨枕放置的角度及一段长度内的轨枕的线性必须要满足要求，否则，临时施工钢轨将不能顺利被安装在轨枕上。

质量检查项目有：轨枕放置位置（X，Y，Z 坐标）允许偏差 ±20 mm；左右最大允许偏差 ±10 mm；轨枕间距（取决于设计要求）；直角位置；线形；放置轨枕后检查裂缝。

所需检测设备有：尺量检测间距；90°角尺检测直角位置。

（六）自动装卸车运送放置工具轨

1. 施工说明

Ⅰ型双块式无砟轨道施工可以利用正线钢轨或工具轨，采用正线用钢轨组装轨排较长时，应对轨排的温度应力及调整器的约束力进行受力分析计算，及时释放钢轨温度应力，保证轨排不会有较大的内部应力。施工用轨应无变形、损伤、毛刺等，钢轨外观质量应经常检查。

利用自动装卸车运送 15 m 长的工具轨，利用自动装卸车上面的起重臂和专用工具轨吊具将工具轨放置在轨枕承轨台部位的基座板或轨底垫片上，见图 5-48。如轨枕底面和承轨台部位中间存在空隙，可用撬棍轻微移动轨枕，使钢轨就位。

所有的工具轨都必须在第一次使用前及使用中随机检查。对工具轨的吊装操作应谨慎进行，禁止出现塑性变形，必须使用最少带有两个起吊点的横架吊具吊装工具轨。在轨枕上放置工具轨前，工具轨底面和轨枕承轨台部位必须要干净，否则必须用扫帚或毛刷清理干净，这对于轨枕位置的准确性来说至关重要。

工具轨放置时，端头应处于两根轨枕的中间位置，不允许直接放置在轨枕上。工具轨缝最小控制在 15 mm，最大控制在 300 mm，在这个范围内工具轨可以纵向移动以避免将工具轨断头直接放置在轨枕上的情况出现。若工具轨端头处在横向模板位置（两块道床板之间），工具轨应至少进入下一块道床板第一根轨枕并突出至少 200 mm，从而为安装螺杆调节器提供足够空间。如果不能满足上述要求，则必须使用钢轨切割装置截断钢轨，并用醒目的颜色标注。同一个轨排上的两根工具轨的端部接缝必须在同一位置。

该自动装卸车还可以用于运输、起吊和放置纵向钢模板、横向钢模板和螺杆调节器。

图 5-48　工具轨安装

2. 检测与验收

质量检查项目有：工具轨平直性；就位前检查工具轨底面和承轨台顶面是否干净；工具轨缝（最小 15 mm，最大 300 mm）；工具轨端头位置。

所需检测设备：钢轨型材模具（用于检查工具轨平直性，模具的误差应符合有关规范要求）；直尺。

（七）轨枕位置检查和工具轨扣件安装

1. 施工说明

工具轨就位后，检查和调整轨枕位置，达到要求后人工安装弹条，使用手持式螺栓紧固机将扣件螺栓按照规定扭矩拧紧（力矩 200 N·m），见图 5-49。

图 5-49　轨枕位置调整和扣件安装

2. 检测与验收

质量检查项目为：轨枕间距（取决于设计要求）；直角位置。

所需检测设备及其功能有：尺量检测间距；90°角尺检测直角位置。

（八）螺杆调节器运输和散布

1. 施工说明

利用自动装卸车运送螺杆调节器，按照安装位置的需求放置在轨排两侧（一般每隔 3 根轨枕放置 1 对，工具轨接缝处加密）。螺杆调节器搬运过程中应注意保护，防止损坏和变形。

螺杆调节器由竖向调节螺杆、夹具组合装置、防松螺母和铰接锁固螺栓组成，见图 5-50。夹具组合装置又包括铰接螺栓、调节螺杆/铰链块、接合夹板、基板、水平调节螺杆、滑动板、紧固螺钉、夹板和定位螺钉组成。因螺杆相对易损，竖向调节螺杆和夹紧组合装置要分别利用钢质的网格箱进行运输。

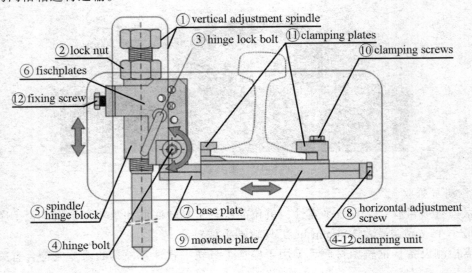

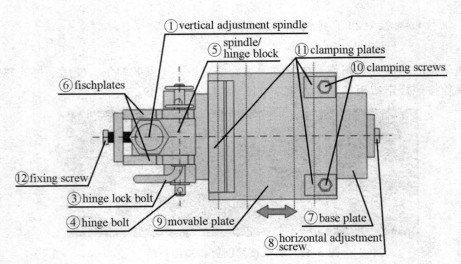

图 5-50　螺杆调节器支架结构

（1）—竖向调节螺杆；（2）—防松螺母；（3）—铰接锁固螺栓；（4-12）—夹具组合装置；（4）—铰接螺栓；（5）—调节螺杆/铰链块；（6）—接合夹板；（7）—基板；（8）—水平调节螺杆；（9）滑动板；（10）紧固螺钉；（11）夹板；（12）定位螺钉

2. 检测与验收

检查螺杆调节器数量和位置。检查螺杆调节器各组成部分是否齐全。

（九）安装螺杆调节器夹具组合装置

1. 施工说明

安装螺杆调节器支架之前，对轨底的平整度及混凝土残留物进行检查，如发现立即清除。

螺杆调节器不要安装在上下结构接缝处和工具轨端头。为了防止轨排摆动，螺杆应定位于每段轨排的第一个轨枕之后以及最后一个轨枕之前。

使用滑动板上的夹板和紧固螺钉，将整个夹紧组合装置紧固到铺设好的轨排的轨底之上，见图 5-51。注意确保调节螺杆/铰链块始终置于轨道的外侧。使用水平调节螺杆，将滑动板移动至基板的中间位置，保证水平调整范围最大可达到±3 cm。

为进行横向调节，螺杆调节器夹具组合装置必须以成对的形式对称安装，即横向两个螺杆调节器中心连线必须与轨排中心线垂直。

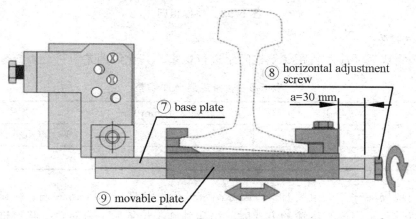

图 5-51　调整夹具组合装置（4-12）

（7）—基板；（8）水平调节螺杆；（9）滑动板

2. 检测与验收

质量检查项目：螺杆调节器夹具组合装置干净，无混凝土附着；检查螺杆调节器安装位置轨底清洁度；螺杆调节器螺杆孔位置距离轨枕至少 15 cm；检查螺杆/铰链块位置是否位于轨排外侧；检查滑动板位置是否居中；两个螺杆调节器在轨排两侧是否对称（平行）安装。

（十）轨排粗调

1. 施工说明

粗调机由发电机组驱使，行进至待调整轨排上方，在测量工程师及技术员的操作下，将 15 m 长轨排吊起，调整轨排的纵向、横向、竖向位置及超高，见图 5-52。粗调机为精密机械，尤其在其顶部的棱镜很容易受到扰动，因此必须小心操作。由于不同下部结构的轨枕间距不同，4 台门架之间的连接杆需根据轨枕间距随时进行调整。

轨排的粗调越准确，其精调就越容易。粗调期间保持轨排低于最终高度是非常重要的，因为使用螺杆调节器支架提升整个轨排，比在精调时将其降低要容易些。

图 5-52   轨排粗调

2. 检测与验收

轨排组装完成后，应对轨距、轨枕间距进行检查。其允许偏差应符合表 5-5 的规定。

表 5-5   轨排组装允许偏差

序号	检查项目	允许偏差（mm）	备注
1	轨距	±1	变化率不得大于 1‰
2	轨枕间距	±5	

轨排采用现场散枕方式组装时，轨面标高宜低于设计高程 20 mm 左右，轨排起升应两侧同时进行。轨排若采用吊装运输的方式时，吊运到施工位置后，应对轨排状态进行复测。

轨排就位前，按设计文件要求绑扎下层钢筋，并对其绝缘性能进行检查。

（十一）螺杆调节器螺杆安装及调整

1. 施工说明

步骤一：螺杆安装。

使用手工扳手或电动扳手将竖向调节螺杆紧固到夹具组合装置上的调节螺杆/铰链块中，直到其底部与下部结构表面仅相距约 5 mm。调节器螺杆安装前充分涂抹润滑脂，安装时在螺杆外侧放置空心塑料套管隔离混凝土，以便于后期拆卸螺杆。

对于路、桥、隧具有不同轨道结构高度的地段及曲线超高地段，应使用不同长度的竖向调节螺杆。选择长度时应使竖向调节螺杆不高于钢轨的上表面，否则可能导致沿轨道行走的机械设备和竖向调节螺杆发生冲撞。

步骤二：调整基板和竖向调节螺杆之间的角度。

竖向调节螺杆和调节螺杆/铰链块必须始终保证竖向定位，以便稳定可靠地承托轨排。包括如下三种情况：无超高地段；超高在下部结构内施作地段；超高在道床板内施作地段。

步骤三：固定竖向调节螺杆的竖向位置。

为了固定竖向调节螺杆的竖向位置，必须将铰接锁固螺栓推入接合夹板和调节螺杆/铰链块上对应的插孔中，见图 5-53。

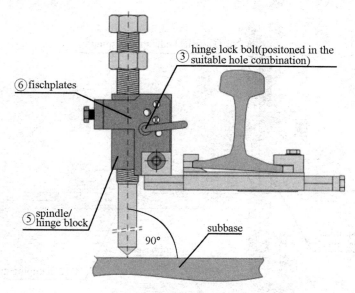

图 5-53　竖向调节螺杆的固定

依据轨道超高选择合适的孔组合，使调节螺杆处于或最接近竖向轴位置。调节螺杆底部和调节螺杆/铰链块下部轴线之间的最大允许水平距离偏差为±25 mm，位于轨排同一位置的一对螺杆调节器的偏差应控制在同一方向。

步骤四：紧固定位螺钉。

为使轨排获得足够的横向刚度，紧固调节螺杆/铰链块上的定位螺钉，以消除调节螺杆/铰链块、铰接锁固螺栓和接合夹板之间的空隙，见图 5-54。

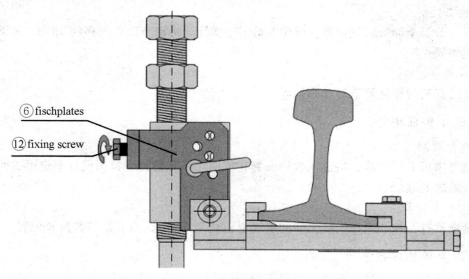

图 5-54　定位螺钉的紧固

步骤五：竖向调节螺杆的完全紧固。

调整竖向调节螺杆，直到螺杆顶部触及到下部结构顶面，见图5-55。

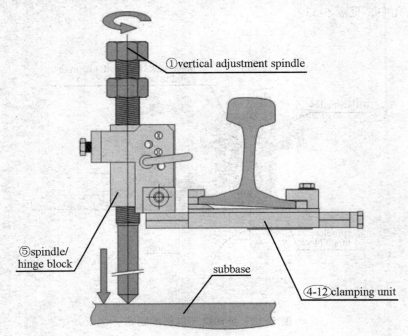

图5-55 竖向调节螺杆的完全紧固

2. 检测与验收

质量检查项目有：检查螺杆调节器安装是否正确；检查螺杆是否涂抹润滑脂，下部是否安装空心套管；将调节器螺杆按照50 N·m的扭矩旋扭到位。

（十二）粗调设备前移

1. 施工说明

螺杆调节器全部安装就位后，操作人员遥控操作，将粗调设备前移约15 m，对下一个轨排进行粗调操作。

2. 检测与验收

检查已安装的螺杆调节器是否稳固。

（十三）钢筋绑扎

1. 施工说明

布设道床板上层钢筋，将道床板钢筋绑扎成网。绑扎过程中根据设计单位提供的方案和要求进行绝缘处理。

2. 检测与验收

检测项目有：任意两根钢筋之间的绝缘电阻达到2 MΩ；检查钢筋数量及位置。

（十四）接地焊接

按照设计要求进行接地焊接，如图5-56所示。

图 5-56　接地焊接

（十五）纵向模板安装和连接

1. 施工说明

用纵向模板安装机（图 5-57）运送并安装纵向模板。纵向模板连续铺设。通过人工用螺钉和螺母连接纵向模板。用钢条横向连接纵向模板，保证模板的稳定性，避免其发生横向弯曲。

图 5-57　纵向模板安装机

纵向模板一般长 12 m，有高模板、中模板和矮模板三种不同的高度。一般超高段不使用矮模板，中模板用于超高段外侧，高模板用于最大超高段外侧。

纵向模板底部有一条橡胶带，保证模板与下部结构紧密连接，避免浇筑混凝土时水泥浆渗漏（图 5-58）。用于连接纵向模板的螺丝和螺母设置在模板上，避免了螺栓丢失。纵向模板外侧有一条 U 型导槽用于设备行走，比如纵向模板安装机、混凝土浇筑机和帐篷，导槽也同时保证了纵向模板的稳定性。

图 5-58　纵向模板安装及连接

纵向模板安装机采用遥控或有线操作。设备前轮在下部结构顶面上走行，后轮在刚铺完的纵向模板上的 U 形导槽内行走。安装纵模时注意不要损坏模板下部的橡胶条。纵向模板安装机有较高存储能力，对于桥上物流配送有着重要意义。

2. 检测与验收

质量检查项目有：纵向模板无弯折；纵向模板干净；脱模剂涂刷情况；损坏或弯折的模板不得使用。模板安装允许偏差应符合表 5-6 的规定。

表 5-6　道床板模板安装允许偏差

序号	项目	允许偏差（mm）	备注
1	顶面高程	±5	
2	宽度	±5	均为模板内侧面的允许偏差
3	中线位置	2	

（十六）轨道精调

1. 施工说明

利用全站仪、激光准直仪和设置在线路两侧的 6~8 个控制点（间距 60 m），对轨排位置进行精确测量，利用螺杆调节器对轨道几何形位进行精确调整，将轨排最终调节至所要求的毫米级精度，包括轨距、超高及里程，误差控制在±0.5 mm 内，见图 5-59。进行精调作业时，不允许在轨道附近进行其他的施工作业。整个区段的轨道调整完毕后，在混凝土浇筑前使用相同的设备对轨道再次进行测量。如果检查和浇筑混凝土的时间间隔超过 6 h，就要对轨道再次进行检核，以确保轨道位置正确。

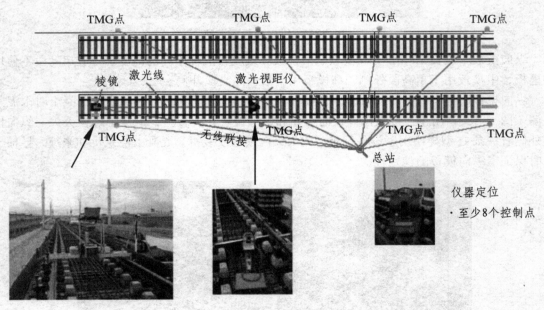

图 5-59　轨道精调

轨排竖向精调通过旋转螺杆调节器上的竖向调节螺杆来完成，见图 5-60。一旦达到了规定的轨道高度，便可借助防松螺母来固定竖向调节螺杆，见图 5-61。如果竖向调节螺杆和调节螺杆/铰链块之间的空隙过大，则必须执行此步骤。

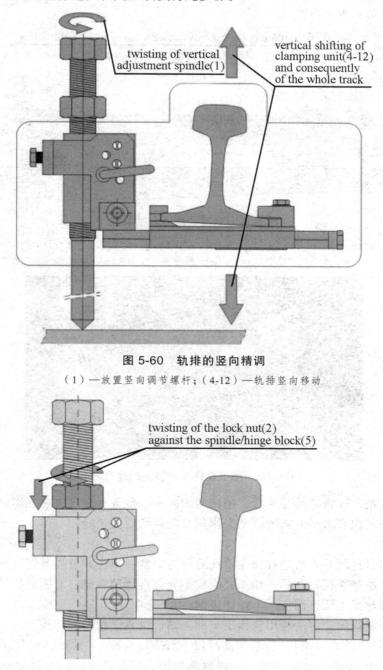

图 5-60　轨排的竖向精调

（1）—放置竖向调节螺杆；（4-12）—轨排竖向移动

图 5-61　竖向调节螺杆固定

（2）—旋转防松螺母固定调节螺杆；（5）—铰链块

　　轨排的水平调整采用的方法是旋转安装在基板上的水平调节螺杆，牵引滑动板发生位移，使轨排沿水平方向移动，见图 5-62。轨距由已安装的轨枕来保证。水平调整时，必须确保两个水平调节螺杆在轨枕的两侧同时转动，以防止轨排因为发生水平移动引起轨距变动。为此，利用一种特殊的螺旋杆以保证水平调节螺杆同时发生转动，见图 5-63。为保证达到最大的调整量，基板应安装在中央位置。

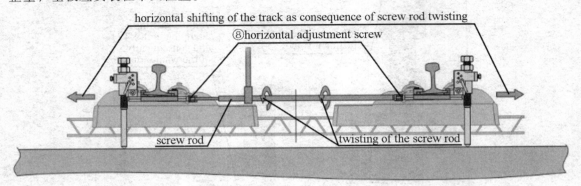

图 5-62　轨排的最终水平调整

horizontal shifting of the track as consequence of screw rod twisting—轨道随水平螺杆旋转横向移动；horizontal adjustment screw—水平调节螺杆；screw rod—螺杆轴；twisting of the screw rod—旋转螺杆轴

图 5-63　用于最终水平调整的螺旋杆

需要注意的是，在轨道超高地段，精调期间的水平位置和高度会相互影响。因此，在这些区域内进行的竖向和水平方向的调整必须相互配合和反复进行。

2. 检测与验收

质量检查项目：测量人员检查每一轨枕的最终位置；螺杆调节器是否正常工作，螺杆是否润滑，螺杆外侧是否设置套管；精调完成后不允许再扰动轨排；有明显扰动迹象时，需重新进行精调；螺丝刀（调整用扳手）操作正常。

道床混凝土浇筑前应再次利用轨检小车和全站仪对轨道状态进行检查，对不合格部位进行调整，允许偏差应符合以下规定：轨顶高程以一股钢轨为准，与设计高程允许偏差：±2 mm；紧靠站台为（+2,0）mm。轨道中线以一股钢轨为准，与设计中线的允许偏差为 ±2 mm；线间距允许偏差（+5,0）mm；车站线间距与站台偏差应协调调整。

轨道调整定位合格后，应安装轨排固定装置，防止混凝土浇筑时轨排的横向位移及上浮。

（十七）混凝土浇筑

轨道精确调整和固定完毕，验收合格后，逐段浇筑道床混凝土（图 5-64）。

图 5-64 混凝土浇筑

1. 施工说明

浇筑前，对钢轨、扣件和轨枕表面应进行覆盖，防止混凝土浇筑时受到污染；同时，利用浇筑机配置的压力喷水设备，湿润轨枕（包括其下表面）及下部结构。利用混凝土浇筑机浇筑道床板混凝土。混凝土浇筑机沿纵向模板上 U 型导槽走行，浇筑单元在工具轨上走行，利用平行轨道或便道上行驶的混凝土运输车提供混凝土，混凝土罐车中的混凝土通过一螺旋送料装置输送到浇筑机料斗内，见图 5-65。螺旋送料装置可旋转，横跨于线间位置，并配有可单独开、关滑板的料斗，其目的是为了定量向浇筑机给料。

图 5-65 混凝土通过螺旋送料装置供料

浇筑单元配有 4 个料斗。混凝土经由螺旋送料装置从搅拌机中送至 4 个料斗中。料斗底部安置有可移动的泻槽，泻槽可以在轨枕间上下移动，见图 5-66。通过改变料斗底部滑板的开口程度控制混凝土流出速度。

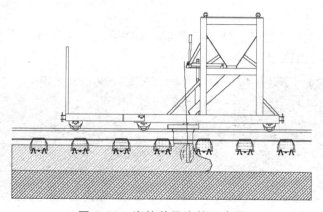

图 5-66 浇筑单元浇筑示意图

混凝土入模后，立即插入振动棒振捣。对轨枕底部位置的混凝土要加强振捣，确保混凝土密实；捣固时防止振动棒触碰钢轨调整器；随时监测轨排几何形位的变化。

2. 检测与验收

在混凝土拌和过程中必须严格按照指定的配合比执行，并连续监控检查其质量，见图5-67。质量检查项目包括：制作混凝土试件；进行强度及弹模试验；进行易性及耐久性试验；外加剂及配合比记录的归档。

图 5-67　混凝土拌和站检测

运到现场的每车混凝土都应检查混凝土配合比和强度检验报告以及流动性检测（扩展度检测）结果，如图5-68所示。

图 5-68　流动性检测

（十八）浇筑后续处理

1. 施工说明

浇筑混凝土后，人工用耙子、抹子将表面整平并磨光，并及时用毛巾、毛刷清理轨枕、扣件、钢轨及调节器上混凝土污物，见图5-69。

图 5-69　混凝土浇筑后处理

混凝土浇筑 0.5 ~ 1.5 h 后，将轨排放低 1 mm（即将竖向螺杆放松 0.25 圈），以保证轨枕更好地嵌入混凝土中。混凝土浇筑 2 ~ 4 h 后，将扣件螺丝慢慢松开，以释放钢轨由温度变化引起的变形。扣件螺丝松开后，在混凝土终凝前，应在新鲜混凝土表面喷洒养护剂进行养护。在后续处理过程中严禁扰动轨枕，以免影响最终线形。

新浇混凝土的养护过程非常重要，不可快速蒸发或降温。在日夜温差变化大时，要及时松开工具轨扣件以防止双块式轨枕与道床板连接部位出现裂缝。在极端恶劣的外界气候条件下，工作帐篷可对新浇混凝土起到遮挡作用。

混凝土拆模强度至少应达到 5 MPa，第一次运行铁路作业车辆时应至少达到 10 MPa。混凝土强度主要取决于配合比及环境温度条件。

2. 检测与验收

现场检查项目：轨枕和扣件系统的清洁；下部结构顶面无积水或少积水；无裂缝、空洞或其他损坏；混凝土表面平整；浇筑混凝土 0.5 ~ 1.5 h 松开螺杆 0.25 圈（等于降低 1 mm）；至少 24 h 用热敏电阻器和数据记录器监测混凝土温度；日夜温差变化大时，松开扣件螺丝；在极端气候条件下需使用帐篷。

（十九）纵向模板拆除及清洗

1. 施工说明

在混凝土达到脱模强度后，利用纵向模板拆洗机一次性完成纵向模板的拆除、清洗、涂油工作，见图 5-70。模板在再次使用之前必须涂刷专用脱模剂（聚四氟乙烯基）。

图 5-70　纵向模板拆洗机

2. 检测与验收

质量检查项目：模板拆卸前检查混凝土强度；拆除模板后检查混凝土有无损坏；检查模板清洗情况。

（二十）螺杆调节器拆卸及倒运

1. 施工说明

手工拆卸螺杆调节器，清除表面混凝土残留物，并利用自动装卸车运输到前方安装位置。竖向调节螺杆及夹具组合装置都必须在拆卸后彻底清洁（除去所有混凝土残留物），并涂上一层防腐剂（脱模油），然后方可倒运至下一施工区段。

2. 检测与验收

质量检查项目：检查螺杆的弯曲度；检查螺杆螺纹损坏程度；检查螺杆调节器表面是否干净。

（二十一）工具轨拆除及倒运

1. 施工说明

人工拆卸扣件，清理工具轨表面，利用自动装卸车吊装工具轨，并倒运至工具轨安装位置。

2. 检测与验收

质量检查项目：检查工具轨表面是否干净；检查工具轨表面是否损伤；利用钢轨断面模型检查工具轨是否发生塑性变形。

（二十二）调节器螺杆孔洞封堵

1. 施工说明

人工用专用水泥砂浆将螺杆调节器螺杆在混凝土中形成的孔洞进行填补，并将表面抹平。

2. 检测与验收

检测水泥砂浆质量。

二、桥上 CRTS I 型无砟道床施工工艺

桥上 CRTS I 型无砟道床施工工序流程见图 5-71。

图 5-71　桥上 CRTS I 型无砟道床施工工序流程

（一）桥面保护层凿毛及清理

根据设计要求，对桥面保护层进行凿毛处理，并使用空压机或空气喷枪清扫表面。在施工前 2 天，多次浇湿保护层表面，保持充分湿润。按设计要求处理好桥面与底座之间的连接钢筋，浇筑混凝土前要清除模板内的积水和杂物。由施工单位质检人员和监理人员通过目测检查。

（二）底座施工

1. 施工说明

桥梁上底座进行分段施工，分段长度不大于 650 cm，段之间结构缝宽 10 cm。底座施工前按设计高程设置好桩橛，曲线地段设置好超高，同时对底座、道床板的伸缩缝设置和凹槽（凸台）位置作详细规划。模板位置由测量员利用±3 mm 的精确度进行测量，仔细审查抗剪凹槽（凸台）位置的精确性。因为凹槽（凸台）定位的失误会导致上部道床板抗剪凸台的位移，进而影响上部轨枕的施工。

根据测量放样，精确安装侧模板、结构缝端模板和抗剪凹槽模板，并支撑牢固。两侧模板连续设置，在结构缝处安装横向模板。底座模板及支架应具有足够的强度、刚度和稳定性，保证结构尺寸的正确。模板安装接缝不得漏浆，模板与混凝土接触面涂刷隔离剂。浇筑混凝土前要清除模板内的积水和杂物。曲线超高在底座上设置，所有模板顶面标高与底座计划高度相同。

混凝土由搅拌运输车运至施工现场进行浇筑，或通过泵送浇筑。混凝土浇筑时通过平板振动器和插入式振动器结合的方式进行混凝土捣固。灌注完成后，及时收浆抹面。在混凝土初凝前进行二次收面，防止不规则开裂的出现，初凝后洒水、覆盖塑料薄膜养护。达到设计要求强度后，在道床板施工前人工铺设隔离层。

2. 检测与验收

质量检查项目：钢筋保护层厚度；混凝土配合比和强度检验报告；流动性检测（扩展度检测）；排水坡度。底座模板安装允许尺寸偏差应符合表 5-7 的规定。

表 5-7 底座模板安装允许偏差

序号	检查项目	允许偏差（mm）
1	顶面高程	±5
2	宽度	±5
3	中线位置	±2
4	伸缩缝位置	±5
5	凹槽（凸台）的位置及长、宽、高程	±3

（三）凸台施工

1. 施工说明

凹槽（凸台）和伸缩缝采用制式模板，尺寸精确，固定可靠，拆除方便。底座设置有在抗剪凹槽（凸台）前后有从混凝土保护层伸出的连接门形筋，利用水平布置的箍筋对其进行固定。

2. 检测与验收

质量检查项目：凹槽（凸台）模型的安装精度；凹槽（凸台）模型安装是否牢固；混凝土配合比和强度检验报告；流动性检测（扩展度检测）。

（四）隔离层施工

1. 施工说明

在施工前将下部结构表面包括凹槽内清理干净，对底座顶面平整度、光洁度仔细进行检查，必要时进行打磨处理。铺设隔离层，首先将塑料薄膜隔离层平铺于底座表面上，隔离层薄膜应向外伸出约 5~10 cm，然后在抗剪凹槽位置用刀割出方孔。割下的那块刚好铺在下面混凝土保护层的表面。隔离层薄膜与底座板施工时凹槽周围已设置好的弹性垫片的接缝处采用胶条密封，确保混凝土施工时不会有混凝土漏入膜内。道床板施工结束后，将隔离膜沿着边剪齐。隔离层应铺贴平整、无破损，搭接处及边沿无翘起、空鼓、皱折、脱层或封口不严等缺陷，搭接量符合设计要求。进行混凝土施工前，再全面检查一次隔离膜的铺设质量。

安装凹槽（凸台）周边的弹性橡胶垫板，使其与凹槽（凸台）周围边的混凝土密贴，不得有鼓泡、脱离现象，缝隙应采用薄膜封闭。

3. 检测与验收

质量检查项目：检查材料是否平整，防止重叠；进行隔离层材料的有关检查，并进行登记。

（五）横向模板固定钢条安装

1. 施工说明

在下部基础表面对应横向模板位置做出标记，安装横向模板固定钢条，并用四个锚钉固定，见图 5-72。

2. 检测与验收

固定钢条在测量员的指导下放置，并由测量人员负责检查和测量固定钢条位置。由施工单位质检人员和监理人员目测检查。

图 5-72　固定钢条安装

（六）轨枕下纵向木梁安装

1. 施工说明

因下部基础顶面上有凸台，为了布设轨枕需要，对应两根钢轨位置在基础顶面上放置

140 mm × 140 mm 木梁（图 5-73）。

图 5-73　轨枕下纵向木梁安放

2. 检测与验收

木梁材质应能承受轨枕重量。由施工单位质检人员和监理人员目测检查。

（七）轨枕下纵向木梁撤除

轨排粗调合格后，将轨枕下垫置的纵向木梁撤除，撤除过程中注意对粗调设备及电缆线的防护工作。

（八）利用横向模板安装机安装横向模板（图 5-74）

1. 施工说明

用横向模板安装机运送并安装横向模板。横向模板安装在固定钢条上。

横向模板有高模板与矮模板两种形式，矮模板用于直线、无超高段，高模板用于超高处。模板的类型及使用直接取决于所用的断面形式，包括设置或需要的超高数量。

横向模板安装机不仅运送模板，也可以运送横向模板固定钢条及螺杆调节器。横向模板安装机在工具轨上走行，共 12 个轮子，将荷载均匀分布到工具轨上。该机械可通过遥控或有线操作进行工作。

图 5-74　横向模板安装

2. 检测与验收

质量检查项目：固定钢条是否与下部结构牢固连接；横向模板是否干净；横向模板上脱模剂涂刷情况；横向模板的损坏或弯折情况；按照设计图纸检查模板大致位置是否正确。

（八）横向模板拆除及清洗

利用横向模板拆洗机一次性完成横向模板的拆除、清洗、涂油（图 5-75）。横向模板在拆卸纵向模板之后拆卸。模板再次使用前必须涂刷专用脱模剂（聚四氟乙烯基）。其他施工方法同路基上无砟道床施工。

图 5-75　横向模板拆除及清洗

三、隧道内 CRTS I 型无砟道床施工工艺

隧道内 CRTS I 型无砟道床施工工艺同路基上无砟道床施工工艺基本相同，施工工序流程见图 5-76。

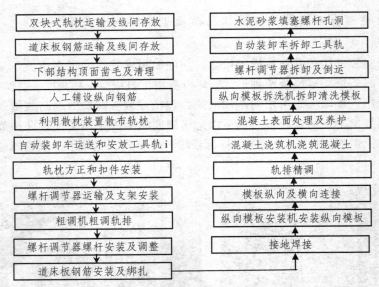

图 5-76　道床板施工工艺流程图

第五节　施工控制测量

一、CPI、CPII 平面控制网及水准基点复测

无砟轨道铺设前，首先对管段内设计单位交付的 CPI、CPII 平面控制网点和水准基点进

行复测。若复测结果与设计院提供的数据不符，应及时上报设计、监理、咨询和建设单位，由各方共同协商解决。

CPI、CPII 平面控制网复测采用全球卫星定位系统 GPS 系统，水准基点复测采用二等水准进行。所有复测均按照《客运专线无砟轨道铁路工程测量暂行规定》（铁建设[2006]189 号）的规定进行。

二、基桩控制网 CPIII 测设

基桩控制网（CPIII）是沿线路布设的三维控制网，起闭于基础平面控制网（CPI）或线路控制网（CPII），一般在线下工程施工完成后施测，为无砟轨道铺设和运营维护的基准。无砟轨道施工前，应完成 CPIII 施工基标精密控制网的建立工作，控制网布置成独立三角坐标网，待建网测设及平差完成后，再与外部的 CPI/CPII 高级控制网采用边连接的方式构网，形成三角网，把外部坐标引入该网中。然后将水准基点的高程引入 CPIII 施工基标精密控制网，使每个网点具有 X、Y、Z 三维坐标。

（一）CPIII 施工基标精密控制网建立

施工精密控制网基标点纵向间距大致按 60 m 控制（特殊地段不得超过 80 m），成对布设于桥梁、隧道及路基两侧，成对布设在线路两侧的两个基标点里程差不超过 1 m。一次布设的 CPIII 施工基标精密控制网最短长度不得少于 2 km。

路基地段，基标点可设置在线路两侧的接触网支柱上，当接触网支柱尚未安装时，在接触网支柱位置埋设钢筋混凝土牛腿，并高出路基面 1.4 m。桥梁地段，基标点设置在桥梁固定端位置的防撞墙上，低于防撞墙顶面 10 cm 处。隧道地段，基标点设置在隧道两侧电缆槽外侧的混凝土墙上，埋设高度控制在侧墙顶面下 10 cm 处。

基标点布设高度一般高出设计轨面至少 35 cm，在牛腿、防撞墙、电缆槽侧壁上钻孔锚固 M8×25 mm 的六角螺栓（内螺栓孔径为 8 mm），用螺帽拧紧，然后在外露螺栓上安装直径为 12 mm 的专用测量连接螺栓。在专用测量连接螺栓上安装棱镜，即可进行平面控制测量。高程测量时，将专用测量连接螺栓的顶面作为立尺点。

（二）CPIII 施工基标精密控制网网点测量和平差

CPIII 基标精密控制网网点测量通过全站仪（测角精度±1″，测角最小读数 0.1″，测距标称精度 1 mm+1 ppm，测距最小读数 0.1 mm）自由设站，通过后方交会法进行施测。

使用全站仪测量前，首先对全站仪进行观测前的横轴与竖轴校验（输入校差后仪器内部自动进行修正），同时需输入观测时的环境温度和气压值。

使用全站仪在相邻两对 CPIII 基标点之间设站，在同一测站测量至少 2×4 个 CPIII 网点，并进行不少于两次测回（盘左盘右度盘换置）的观测，后视网点数量不得少于 3 对。全站仪设站的间隔要保证每个 CPIII 网点的重叠观测次数不少于 3 次，同时观测视距不大于 150 m，见图 5-77。

CPIII 施工基标精密控制网网点观测完成后，通过专业软件对测量数据进行严密平差。如平差后数据与实测数据的偏差超限，要重新进行测量。

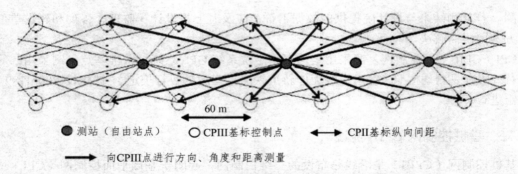

图 5-77　CPIII控制网平面布置及设站示意图

（三）CPIII 施工基标精密控制网与 CPI/CPII 平面控制网的联测

CPIII 施工基标精密控制网网点数据严密平差并合限后，方可与 CPI 或 CPII 控制网进行联测。联测时，使用全站仪在 CPIII 施工基标精密控制网内设置至少 3 个站点。每个站点利用 2×3 个 CPIII 控制网点（坐标为平差后的数据）为后视点，前视 CPI 或 CPII 网点，进行不少于两测回（盘左盘右度盘换置）的观测，具体见图 5-78。

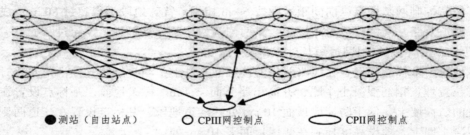

图 5-78　与 CPII 控制网（直接）衔接测量示意图

当与 CPI、CPII 控制点不能通视或观测距离太远时，根据施工现场具体情况需要在适当位置设置辅助点，通过辅助点与 CPI 或 CPII 控制点进行联测。测放辅助点时需进行不少于两个测回的观测。

（四）CPIII 施工基标精密控制网网点高程测量

CPIII 施工基标精密控制网网点高程测量采用精密水准测量方法进行，往返测量并起闭于水准基点，见图 5-79。测量完成后进行严密平差，平差计算按有关精密水准测量的规定执行。在返测时，所有在往测上作为中视的 CPIII 观测点，现在作为交替测点，即原 CPIII 中的视观测点变为前后视观测点。

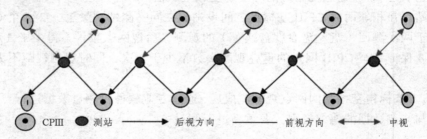

图 5-79　往返水准测量往测原理示意图

（五）CPIII 施工基标精密控制网平差

CPIII 施工基标精密控制网具备 *X*、*Y*、*Z* 坐标后，利用专用软件进行平差。

（六）CPIII 施工基标精密控制网精度评估

施工单位将测量成果上报建设单位，由建设单位组织咨询单位、设计单位、监理单位、施工单位对 CPIII 控制网精度进行评估，评估合格后方可交付施工单位使用。

三、无砟道床施工测量

（一）CRTSI 型无砟道床施工测量

1. 轨排粗调

（1）粗调机就位

安装好工具轨和螺杆调节器托轨板后，粗调机沿工具轨自行驶入，4 个粗调单元均匀分布在 15 m 长工具轨上（图 5-80）。

图 5-80　轨排粗调

（2）准备粗调

放下两侧辅助支撑边轮，支撑在道床顶面上。放下夹轨器，夹紧钢轨。

（3）确定全站仪坐标

全站仪采用自由设站法，测量测站附近 6 个固定在电力塔杆（或混凝土边墙）上的基准控制点棱镜，通过配套软件，自动平差计算，确定全站仪的 *x*、*y*、*z* 坐标。改变全站仪测站，需要重新确定新测站坐标时，必须至少观测后方 3 个交叉控制点。为了加快粗调速度，压缩测量仪器定位时间，每套粗调机配备两台全站仪。

（4）测量、传输数据

依次遥控打开每个粗调单元顶部的棱镜，然后将全站仪自动搜索、测量、计算得出的棱镜 *X*、*Y*、*Z* 数据、各单元倾角仪测得的倾角数据，全部无线传输到测量工程师手持的掌上电脑（PDA）。

（5）计算调整量、轨道调整

PDA 通过安装的计算软件，结合已存入的粗调机的结构尺寸，迅速自动计算出每个调节单元与设计位置的偏差（调整数据），全站仪通过无线传输与操作人员手持的笔记本电脑相连，全站仪上设置无线发射装置，将数据传递给笔记本电脑。当操作人员将粗调机定位后，全站仪定位并计算出各调节单元坐标后，就将各调整单元的位置传输到计算机进行计算。粗调机采集倾角仪测出的超高数据并通过无线传输传递到笔记本电脑，全站仪自动依次寻找各个调整单元的棱镜，然后对获得的坐标和超高数据进行计算，得出每个调节单元与设计位置的偏差。计算机计算该偏差值后将数据自动无线发送至各个调节单元，由人工控制进行水平、垂直、超高位置的自动调节。调整按照先调整中间两台、后调整端部两台的顺序，粗调机一次将轨道高度、平面（左、右）调整到预定位置。一般情况下，调整后的高度应低于设计标高约 3~5 mm。粗调机有无线操作以及有线操作两种方式，以备信号频率受到干扰时能正常使用。

（6）确认测量结果

重复测量，确认轨排定位。必要时再次进行调整。

（7）安装螺杆

完成轨道粗调后，利用 1 台自行式轨道平板运输吊车安装螺杆调节器。选择的螺杆调节器托轨板的倾斜插孔，安装波纹管，旋入螺杆。利用电动扳手拧紧垂直螺杆，最大扭矩不应超过 5 N·m（与手动拧紧的力量大致相当），基本当螺杆接触地面时就停止。这时，整个轨道在螺杆调节器的支撑下能保持稳定。螺杆顶端高出钢轨顶面的高度不得超过 70 mm。

2. 轨排精调

轨道精调作业以无砟轨道专业精调检测小车作为测量与操作指示，通过人工调节螺栓精调装置的方式实现轨道的精确定位。精调时，小车静置于被调整轨道上，通过全站仪对小车棱镜点的跟踪测量，实时显示对应点处的轨道位置、设计位置及其位置偏差的大小、调轨方向，从而实现直接指导现场的调轨作业。经过精调后的轨道位置误差将控制在 ±1 mm 范围内。

轨排精调流程如下：

（1）将所有测量控制点数据文件调入备用。

（2）输入线路设计中心线的参数，确定线路设计中心线的理论位置。

（3）全站仪精确调平后通过自由设站观测附近 8 个固定在电力塔杆（或隧道边墙）上的控制点棱镜。

（4）经数据处理和精度分析后，确定全站仪自由设站点的坐标、方位和全站仪横轴中心的高程。

（5）全站仪确定轨检小车上棱镜的绝对位置（X、Y、Z），小车自动测量轨距、超高，通过配套软件，计算轨道平面位置、水平、超高、轨距等数据，并与设计位置进行比较，将误差值迅速反馈到精测小车的电脑显示屏幕上，指导轨道调整。标高调整时，采用普通六角螺帽扳手，旋转竖向螺杆，调整轨道水平、超高，见图 5-81。高度只能往上调整，不能下调。使用双头调节扳手，横向调整轨道中线，见图 5-82。

（6）轨检小车移动到下一个精调位置（大约 2 m 一个），全站仪自动照准、测量和记录，确定该点钢轨的精确调整量，进行该点的精细调整到位作业。

（7）全站仪搬站后，利用交接段重叠测量数据进行检核、计算和精确微调。改变测站位置，必须至少交叉观测后方利用过的 4 个控制点。为加快进度，每工作面配备 2 台具有自动搜索、跟踪、计算、传输数据等功能的全站仪。

图 5-81　轨道高程调整

图 5-82　轨道横向调整

（8）精确调整完后，对调整好的线路段（包括重叠段）用轨检小车进行检核，如满足无砟轨道验收标准的精度要求，即可进行下一路段的定位测量。如不满足，则再进行检查和微调，直至满足要求。

（9）轨道精调合格后，尽早浇筑混凝土。如轨道放置时间过长，或环境温度变化超过 15 ℃，或受到外部条件影响，必须重新检查或调整。

（二）CRTSII 型无砟道床施工测量

1. 支脚安装放样

（1）通过 GL-survey 一体化测量软件进行内业计算，经二人复核无误后向外业测量人员提交支脚放样成果。

（2）使用全站仪进行自由设站，后视 2×4 个 CPIII 控制点，采用专用放样棱镜进行支脚放样，见图 5-83。支脚纵向间距 3.27 m，横向距离为 3.2 m，特殊地段纵向间距可适当调整，调整量不大于 10 mm。支脚放样平面偏差控制在 3 mm 以内。每个支脚点测设完成后，使用射钉枪打入钢钉或使用冲击电钻钻孔，见图 5-84，所测放点位必须进行复测并在测量手簿中进行数据保存的工作。

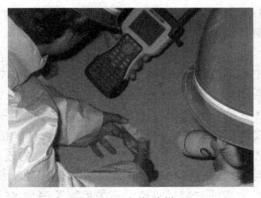
图 5-83　支脚放样

图 5-84　点位标记钻孔

（3）在全站仪自由设站换站后要对前一测站测设的部分支脚放样点进行复核检测。使用特制放样模具，进行支脚钻孔、安装的作业。

（4）在支脚放样过程中要随时检测 CPIII 点，以确保仪器的稳固及放样的精度。

（5）在存储数据时要严格按照技术交底进行点位编号，确保内业处理数据的正确性。

2. 支脚精调

支脚的精调是通过全站仪的目标追踪系统对放置在支脚上部凹槽内的特殊球状棱镜进行观测，获得棱镜的三维坐标。经测量手簿（手持微型测量电脑）与全站仪的无线连接，通过微型电脑内安装的专业测量软件对实测数据进行实时处理。根据测量手簿持续显示出的支脚球形棱镜中心实测值与设计平面和高程位置的偏移量，对支脚的方向、距离、水平进行精确调整。精调方法如下：

（1）通过专用转接器板将全站仪与某一支脚（60 m 范围内选择一处）上部相连接（曲线地段全站仪设置在曲线外侧支脚上），后视至少 8 个 CPIII 点，观测一个测回，以保证所有后视 CPIII 点的三维坐标限差在 1 mm 之内，并保存其观测值。若超限需适当增加测回数或查找原因后重测，直至合限。

（2）使用全站仪以放样方式检测一个 CPIII 点，如该 CPIII 点测量值与设计值三维坐标差小于 1 mm，即可开始对支脚进行精确调整。

（3）在待调整支脚上部凹槽内安装特殊球状棱镜，通过全站仪的目标追踪系统，可以得到球状棱镜的三维坐标，并且持续显示出实测值与设计值的偏差，人工对支脚进行精确调整，使球状棱镜实测三维坐标和理论值相符。调整支脚的三维坐标与设计值偏差均控制在 0.5 mm 以内，精度达标后，锁定所有固定螺栓。支脚上部用于调整的钢板，横向调整时不得超过支脚中心位置 4 cm，以防止施工中卡住横梁，若横向调整量超过 4 cm，需将支脚下部固定螺栓松开，整体移动支脚后重新精调到位并固定。支脚上部的调整钢板的纵向要平行于线路中心线，以保证各个施工单元车能够安全通过。

（4）精调过程中，每调整 5 个支脚后，都要对先后视距中的任意一个 CPIII 点进行一次检查对比测量，若三维坐标限差在 1 mm 之内，可以继续进行支脚精调放样。若超限，则考虑重新设站，并对之前已精调完成的支脚进行检测。

（5）由于测站前后 10 m 范围内的支脚距离太近，为保证支脚调整精度，测站点前后 10 m 范围内的 4 对支脚在全站仪转入下一测站时要进行精调。

（6）每个测站只负责测站后方 60 m 范围内（距仪器 10 m 范围内的 4 对支脚除外）的支脚测量调整。测站前方的支脚待下一测站进行测量调整。

3. 道床板混凝土浇筑前检测

全站仪检测法：仪器应在所需检测范围的中心部位设站，并后视不得少于 6 个 CPIII 控制点，检测范围距测站最大不得超过 90 m、最近不得少于 10 m。后视 CPIII 的坐标偏差 $\triangle X$、$\triangle Y$、$\triangle Z$ 皆不得超过 1 mm。若两个以上 CPIII 点的残差值超过规定值则应重新后视。使用全站仪配套测量手簿（微型电脑）预装软件对支脚以放样方式进行检测，实测与设计坐标差 $\triangle X$、$\triangle Y$、$\triangle Z$ 都不得超过 1 mm，内业整理输出测量报告，报告内容为实测与设计值的较差。若实测值与设计值的差值超过上述规定，则应对支脚进行再次的检查或重新调整直至合限。

正矢检查方法：采用正矢检测专用工具对检测段的支脚进行连续正矢检测（图 5-85），检测相邻 11 个支脚上端凹槽中心的实测与设计正矢偏差（弦长约 19.62 m，可事先计算出设计正矢值），调整正矢的偏差控制在 ±1 mm 内。

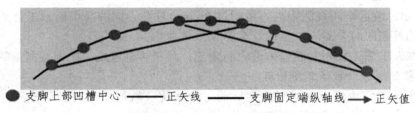

● 支脚上部凹槽中心 —— 正矢线 —— 支脚固定端纵轴线 ➤ 正矢值

图 5-85 支脚正矢检查示意图

曲线段超高检测：利用专用轨道尺检查支脚的超高和横距，检测超高和横距控制在 ±1 mm。

所检测项的结果满足上述偏差要求时方可进行整体道床混凝土浇筑作业。

4. CRTSII 型与 CRTSI 型双块式无砟轨道施工衔接测量（图 5-86）

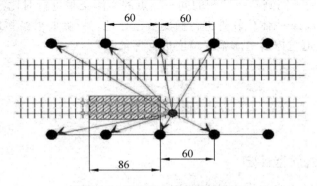

图 5-86 衔接段测量布置示意图

通过全站仪与轨道检测小车的配合使用，采用自由设站方式对机械与人工施工段进行衔接测量。施工衔接测量方法的如下：

（1）在轨排测量精调段距附近的 CPIII 基标点约 10～16 m 处设置三脚架并安装仪器（设站位置如图示），并后视 8 个 CPIII 点，进行不少于一个测回的观测，待设站完成后，对已完工的机械施工段 30 m 范围内的支脚与轨枕进行三维坐标实测，并与设计坐标进行对比。若多数三维坐标偏差大于 5 mm，需多方查找原因，需进行重新设站观测。如果个别点位三维坐标差大于 5 mm，计算时需进行剔除。测量数据通过测量手簿内置的专业测量软件自动进行方向、水平的顺接处理，即平面及高程偏差通过软件自动顺接处理后的轨道不会存在有折点的现象，从而使轨道线路能够达到"高、平、顺"之目的。然后便可进行人工施工轨排的初调与精调工作。

（2）在进行轨排精确调整前必须对全站仪及轨检小车进行校正。自由设站完成后即可打开轨检小车电源、信号传输器，启用测量手簿蓝牙装置与轨检小车连接并连接全站仪信号，使传感器导向轮密贴钢轨轮缘，徐徐推动轨检小车至每个轨道调整架处，通过全站仪的目标追踪系统，获得轨检小车上棱镜的三维坐标，以及持续显示偏差（里程位置上方向、轨距及左右股轨顶面水平与设计值的偏差），测量人员根据测量手簿所显示轨排的方向、水平、轨距偏差等数据通过下承式轨道调整架，按水平→方向→水平→方向→水平→方向的顺序进行循环精调作业，直至符合限差。精调合限后需立即使用轨道横向三角支撑架固定轨排的位置。

（3）当变换测站时，需对最后的 3～5 个已经精调的轨道调整架处进行重叠观测，重叠观测段约为 16 m，最远精调观测距离不得超过 86 m。对在不同的两个测站进行重叠区段内同一精调位置偏差超限时，需返工重调直至符合限差为止。

同理，在人工施工段先完成整体道床的施工，两相邻轨道施工段衔接测量的方法相同。

5. 工后整体道床轨枕承轨槽检测

整体道床施工完成后应及时对成型后的工后轨枕承轨槽应及时进行检测。其检测方法如下：

（1）利用全站仪进行自由设站，并观测 8 个 CPIII 点（后视点位要求及偏差与支脚检测相同），使用轨枕检测特制专用模具对承轨槽的三维坐标进行检测；轨枕的检测可以在每个轨枕框架的第一根轨枕和第五根轨枕进行，检测其平面位置和标高是否满足要求（相邻轨枕高程限差为 ±0.5 mm）。测站位置更换后需对前一测站已检测的 60 m 范围内的承轨槽进行重叠测量，目的是在对前后不同测站所检测的同一测点的实测结果进行对比，以保证其检测精度。

（2）通过 GL-survey 一体化软件进行检测数据处理。检测成果经整理后进行归档，收集数据以便于对无砟轨道整体的道床施工精度进行评估。

第六节　质量评定

一、双块式轨枕质量评定

双块式轨枕外形尺寸偏差和外观质量应满足表 5-8 的要求。

表 5-8　双块式轨枕外形尺寸偏差和外观质量要求

序号	检查项目		检查项别	允许偏差（mm）	每批检查数量	
					出厂检验	型式检验
外形尺寸						
1	钢筋桁架上弦距双块式轨枕顶面距离		B2	±3	10 根	20 根
2	双块式轨长度		C	+4，−2	10 根	20 根
3	各断面高度		C	±3	10 根	20 根
4	承轨部位双块式轨枕顶部宽度		C	±3	10 根	20 根
5	保持轨距的两套管中心距	配 WJ-7 扣件	B1	+2，−1	10 根	20 根
		配 WJ-8 扣件	B1	±1.5		
6	同一承轨槽的两相邻套管中心距	配 WJ-7 扣件	B1	±1	10 根	20 根
		配 WJ-8 扣件	B1	±0.5		
7	预埋套管距轨槽面 120 mm 深处偏中心线距离		B1	2	10 根	20 根
8	预埋套管的凸起高度		B1	0，−0.5	10 根	20 根
9	承轨面表面平整度		B1	1/150	10 根	20 根
10	两承轨面间相对扭曲		B1	<0.7	10 根	20 根

续表

序号	检查项目		检查项别	允许偏差（mm）	每批检查数量	
					出厂检验	型式检验
外形尺寸						
11	配 WJ-8 扣件	两承轨槽外侧底脚间距离	B1	+1.5，−1.0	10 根	20 根
		同一承轨槽底脚间距离	B2	+1.5，−0.5		
		承轨槽底脚距套管中心距离	B2	±1		
		轨底坡（100 mm 范围内）	B2	±0.5		
外观质量						
12	承轨部位表面缺陷（气皮、粘皮、麻面等）		B2	长度≤10 深度≤2	全检	20 根
13	其他部位表面缺陷（气皮、粘皮、麻面等）		C	长度≤50 深度≤5	全检	20 根
14	承轨面与挡肩裂纹，双块式轨枕侧面与横截面平行的裂纹		A	不允许	全检	20 根
15	预埋套管内堵孔数		A	不允许	全检	20 根
16	双块式轨枕棱角破损和掉角		C	长度≤50	全检	20 根

二、桥上底座外形尺寸允许偏差

桥上底座外形尺寸允许偏差应符合表 5-9 的规定。

表 5-9　底座外形尺寸允许偏差

序号	项 目		允许偏差
1	底座	顶面高程	±10
		宽度	±10
		中线位置	3
		平整度	10/3 m
2	凹槽（凸台）	中线位置	3
		相邻凹槽（凸台）中心间距	±3
		横向宽度	±5
		纵向宽度	±5

三、道床板外形尺寸允许偏差

道床板外形尺寸允许偏差应符合表 5-10 的规定。

表 5-10　混凝土道床板外形尺寸允许偏差

序号	检查项目	允许偏差（mm）
1	顶面宽度	±10
2	道床板顶面与承轨台面相对高差	±5
3	伸缩缝宽度	±5
4	中线位置	2
5	平整度	2/1 m

第六章　CRTSII 型双块式无砟轨道施工

第一节　CRTSII 型双块式无砟轨道结构

CRTSII 型双块式无砟轨道结构、双块式轨枕预制、施工控制测量方法、质量评定与 CRTSI 型双块式无砟轨道相同，主要区别在施工机具和工艺的不同。

CRTSII 型双块式无砟道床施工时，先在现场浇筑道床板混凝土，然后利用测设好的支脚将现场组装的小轨排（通过轨枕固定架组装，轨排长度一般为 3.25 m）嵌入到新浇筑的混凝土中，成型后拆除轨枕固定架。

第二节　专业施工机具

CRTS II 型双块式无砟轨道施工的主要设备有混凝土搅拌站、混凝土运输车、混凝土泵车、混凝土输送泵、滑模摊铺机、钢筋加工设备、混凝土浇筑车、混凝土捣固机、轨枕铺设机、轨枕装配车、拆卸车、施工循环车、钢模板轨道、支脚、横梁、固定架、插入式振捣器、平板式振捣器等。下文是其中几个的主要设备。

一、混凝土巡回车

混凝土巡回车（图 6-1）用来运输新鲜混凝土。新鲜混凝土由混凝土搅拌车进行补给。混凝土巡回车沿模板轨道行驶到施工处，将混凝土直接浇筑到模板内。

图 6-1　混凝土巡回车

混凝土巡回车由装在车上的柴油机驱动的发电机提供动力。为避免行驶过程中竖直方向的振动，混凝土巡回车下部设有弹性橡胶垫。混凝土巡回车底部设有两个高度可调节的刮擦器，以便将倾倒在模板内的混凝土刮平。

二、混凝土压实单元

混凝土压实单元的功能是将刚浇筑的混凝土振捣、压实并整平。混凝土压实单元有 4 个驱动轮，可在模板轨道上行驶。电力由安装在压实单元上的发电机供给。在操作台侧边设置有照明灯，如图 6-2 所示。

图 6-2　混凝土压实单元

三、轨枕安装单元

轨枕安装单元（图 6-3）从轨枕装载单元上一次抓取一个轨枕固定架（已和 5 根轨枕牢固连接）和一根横梁，沿模板轨道行走至安装位置，将横梁放置在两侧的支脚上，然后利用振动架将吊装的轨枕固定架嵌入到新浇筑的混凝土中，直至轨枕固定架和横梁密贴。在超高地段，轨枕安装单元上的提升机构可横向运动，以保证竖直嵌入。

图 6-3　轨枕安装单元

四、轨枕装载单元

轨枕装载单元（图 6-4）可从线路两侧吊装轨枕，将 5 根轨枕和轨枕固定架连接，并将轨枕固定架和横梁移动到前端，供轨枕装载单元使用。

轨枕装载单元上面有一个放置发电机和液压起重机的平台。液压起重机承担轨枕装载单元上所有的起重工作。轨枕装载单元上设有工作平台，工作平台全长设置滚道，滚道沿纵向倾斜一定角度，轨枕可在自重作用下自动散开，人工辅助将轨枕和轨枕固定架连接。组装后的轨枕固定架沿滚道在自重的作用下到达装载单元前端，供轨枕安装单元使用。

图 6-4　轨枕装载单元

五、拆卸单元

拆卸单元（图 6-5）可在模板轨道上往返行驶，用来拆除已成型的无砟道床上的轨枕固定架及横梁，并放置在装载单元后端。

图 6-5　拆卸单元

六、回收单元

回收单元用来转运已成型的无砟道床两侧的支脚和模板。回收单元上配有液压起重机，用来起吊支脚和模板，如图 6-6 所示。

图 6-6　回收单元

回收单元为一辆平板车，它通过四个橡胶轮在无砟道床板上行驶，两侧有导向轮，导向轮沿道床板侧边移动。通过更换轮子并加大轮距，回收单元也可以在模板轨道上行驶。可在回收单元后面挂一个拖车以增加载重量。回收单元的能源由自身配置的发电机提供。

七、轨枕固定架

轨枕固定架可一次固定 5 根轨枕，由轨枕安装单元将轨枕固定架下的 5 根轨枕嵌入到新浇筑的混凝土中，轨枕固定架的位置由横梁确定，如图 6-7 所示。

轨枕固定架为钢结构，固定架和横梁结合面、固定架和轨枕结合面必须具有很高的配合精度，确保支脚精度可以以较小的损失传递到轨枕上。

图 6-7　轨枕固定架

八、横梁

如图 6-8 所示，横梁两端放置在支脚上，用来定位轨枕固定架。横梁为钢结构，具有较高的刚度，以保证轨枕固定架安放后基本不变形。横梁和固定架结合面、横梁和支脚结合面必须具有很高的配合精度。

为了吊装方便，横梁上面设有吊环。横梁下面设有放置板，可以使横梁在装载单元的滚道上安全地滚动和停放。

图 6-8　横梁

九、支脚

支脚（图 6-9）是无砟道床铺设的基准点，用螺栓固定在下部的基础混凝土面上，由测量人员直接进行测设和调整，用来固定横梁的位置，并承担横梁、固定架及轨枕的重量。

十、模板轨道

模板轨道一来可以作为混凝土浇筑模板，二来可以为施工设备提供行走轨道，如图 6-10 所示。模板轨道由销钉固定在下部混凝土上。当下部混凝土表面不水平时，通过带螺纹的支撑脚调整，可使模板轨道的最大倾斜度达到 12%。

模板安装时，为避开支脚位置，两块模板之间通过挂板连接，轨道也通过一根可折起的轨道条相连。

图 6-9　支脚　　　　　　　　　　　图 6-10　模板轨道

第三节　施工工艺

一、路基支承层、桥梁底座施工

（一）路基支承层施工

路基支承层施工的技术要求与 CRTS Ⅱ 板式无砟轨道相同，在滑模摊铺机摊铺完成后，应立即在支承层表面按设计要求插入接茬钢筋，并重新处理好混凝土表面凸起部分。

（二）桥上底座施工

桥上混凝土底座施工的技术要求与 CRTS Ⅰ 型双块式无砟轨道相同。

（三）桥上隔离层施工

桥上隔离层、弹性橡胶垫板施工的技术要求与 CRTS Ⅰ 型双块式无砟轨道相同。

二、道床板施工

（一）洒水湿润

在道床板施工前 2 天，对下层结构表面进行多次洒水，充分湿润。

（二）支脚、模板安装

在支承层混凝土中心线两侧的直线段每隔 3.27 m 安放支脚，曲线段两支脚中心线与线路中心线保持垂直，外侧两支脚距离为 3.27 m，内侧两支脚距离小于 3.27 m。支脚在下部结构层上钻孔并用螺栓固定，支脚可以做水平和垂直的三维校准。施工现场对支脚的定位测量使用的是高精度全站仪测量系统。然后在下部结构层上放线定点，并用十字螺栓标注，定位辅助标尺，根据辅助标尺在支承层上为支脚和钢模板轨道钻孔，然后安装两侧支脚，并固定好，同时对支脚归零。

完成支脚的粗安装以后，便可以安装并固定混凝土道床板的钢模板轨道。钢模板轨道的布置，沿着进行施工的方向，在支承层上间距 2.8 m 处的两侧每隔 3.27 m，于下部结构上钻出用于固定支脚和钢模板轨道的螺栓孔。钢模板轨道可以通过这些孔固定在下部结构上，额外的孔可以在钢模板轨道安装完毕后根据需要钻取。在支脚位置处，钢模板轨道被中断。将独立的中间板作为补充模板，行驶轨道由一个附加的钢轨连接。通过相邻的两段钢轨的完全分离，可以形成一个钢模板轨道和支脚没有任何接触的区间。

（三）布设钢筋

钢筋布设前，首先清洁钢筋表面，如灰尘、油污等，否则会影响钢筋与混凝土之间的握裹力。钢筋表面出现的浅表性的锈蚀无害，且有利于钢筋与混凝土之间的粘结。在调整支脚的同时，即可绑扎道床板钢筋。

（四）道床板接地

绑扎钢筋的同时进行接地处理，接地钢筋的搭接必须采取焊接搭接的形式，其他所有的搭接均采用钢筋相互错开的绑扎搭接形式。

道床板上层两边最外侧的 1#、18# 与 9# 筋共三根纵向松弛配筋作为接地钢筋相连。纵向上每隔大约 100 m 的长度设置一个段落，段落与段落之间的纵向接地钢筋采用绑扎搭接的方式，相互之间绝缘处理，搭接长度不小于 600 mm。同一段落的纵向接地钢筋通过焊接相连，相互搭接长度不少于 200 mm，纵向焊缝长不小于 160 mm，且均匀分布在搭接的两头。焊接中，热融焊条必须嵌入缝中，然后焊接；焊接方向分别为从搭接处两头往中间靠拢。

若纵向接地钢筋布设在轨道单元的结构缝断开，那么在缝一侧道床板内设置一根横向钢条并与三根纵向接地钢筋焊接相连（与其他钢筋绝缘），另在缝前后各设置一接地端头与钢条焊接相连，两接地端头稍后可以通过接地桥的互相连接来实现接地钢筋的导电性。

接地钢筋与综合接地端头的连接，在段落内中间位置（约 50 m 处）布设一块横向钢条（50 mm×5 mm）与三根纵向接地钢筋相连，连接之处采用焊接处理，横向接地钢条与其他的钢筋的接触采用绝缘处理，见图 6-11。而后横向钢条与接地端头相连，采用焊接，钢条的长度恰好能使接地端头抵在钢模板内侧，并垂直于钢模板轨道。接地端头的螺栓孔内塞满海绵，防止后续施工时有混凝土渗入孔内。

（五）钢筋导电性能检查

利用摇表对纵、横向钢筋的绝缘情况及接地钢筋之间的导电进行检查，满足 ZPW2000 轨道电路系统要求，相互绝缘的钢筋之间电阻与及相互导电的接地钢筋之间的电阻必须达到相关的要求，合格后方可进行后续施工，见图 6-12。

图 6-11　钢筋接地　　　　　　图 6-12　钢筋导电性能检查

（六）检查、精确定位支脚

在道床板钢筋施工完成后，对支脚进行精确调整，见图 6-13。在支脚上安装球形棱镜，通过全站仪测量，调整支脚将其顶部球形凹槽球心的三维坐标与设计误差控制在 0.5 mm 以内。

道床板混凝土施工之前，再次对支脚位置进行专门检查，通过专用检测工具检测同一对支脚之间的距离与及形成的超高情况，见图 6-14，利用正矢检测固定端一侧前后 7 根支脚的弦偏差位置。支脚经检查合格后，方可进行道床板的混凝土施工作业，保证在道床板施工轨枕嵌入位置的准确性。

图 6-13　支脚精调　　　　　　图 6-14　支脚间距及超高检测

（七）浇筑混凝土

混凝土浇筑前，对浇筑区内洒水湿润。混凝土运输罐车倒车至模板轨道前端（或用输送泵泵送），将混凝土放进浇筑车料仓前，试验人员对混凝土坍落度和含气量进行检测（图 6-15、图 6-16），合格后方可允许进行下一工序。

图 6-15　坍落度检测　　　　　　图 6-16　含气量检测

混凝土浇筑车沿模板轨道运送到浇筑地点，浇筑进模板内。条件允许的情况下，通过输送泵或者混凝土运输罐车直接将混凝土导入模板内。浇筑车返回到模板轨道前端，继续运送混凝土。混凝土压实单元就位，用随机配置的 2 个振动棒振捣混凝土，将混凝土整平压实，见图 6-17。

在混凝土浇筑后 1 h 左右，在水泥浆体硬化前对混凝土进行二次振捣。消除前面振捣过程中由于混凝土下沉与钢筋脱离而产生的空洞和混凝土产生的裂缝，排除混凝土内因泌水在粗骨料水平筋下部生长的水分及空隙，提高混凝土与钢筋的握裹力，提高混凝土的密实度、均匀性和抗渗性。二次振捣要把握好时机。捣棒在工作的情况下放在混凝土表面，让其自动进入混凝土中，捣棒到达混凝土底部时再慢慢将其拔出，如果混凝土能自然闭合，为最佳的二次振捣时机。若造成振捣时间太迟，会造成无法愈合的裂缝产生，导致混凝土的结构破坏。

混凝土振捣密实后，人工用木抹子对混凝土表面进行初次抹面，混凝土初凝前人工用铁抹子进行二次抹面和压光，在混凝土与轨枕交接之处进行钩边，以混凝土前往轨枕块方向进行作业。

图 6-17　混凝土整平压实　　　　图 6-18　轨枕固定架装配

（八）轨枕安装

利用装载单元上吊车从线路两侧吊取 5 根轨枕，在装载单元上将 5 根轨枕安装到固定架上，见图 6-18。

轨枕安装单元从装配单元取 1 根横梁和 1 个安装好 5 根轨枕的轨枕框架，前行到要安装的地段内，先将横梁放置在一对支脚上进行固定（图 6-19），对轨枕喷水湿润，然后放下轨枕框架，振动压入新浇筑的混凝土中（图 6-20）。轨枕的嵌入振动力应符合设计要求，禁止过振或欠振。检查轨枕框架和横梁之间的接触面，确保没有间隙，见图 6-21。因轨枕压入，轨枕周围的混凝土又会突出，因而需要再次抹平，并且控制好承轨槽到混凝土表面的间距，使其在验标要求的范围内。

图 6-19　横梁安装固定

图 6-20　轨枕振动嵌入　　　　图 6-21　固定架和横梁接触面检查

混凝土振捣密实后，人工用木抹子对混凝土表面进行初次抹面（图 6-22），混凝土初凝前人工用铁抹子进行二次抹面（图 6-23）和三次压光。

图 6-22　初次抹面　　　　图 6-23　二次抹面

（九）后期处理

拆卸：混凝土灌注完毕、轨枕嵌入后，混凝土经过养生达到要求强度后将轨枕框架和横梁松开，由拆卸单元的输送升降设备将固定架提起并装上轨枕装载单元后输送到中间工作站，在那里固定架上再次装上 5 块轨枕，并向前输送到轨枕安装单元。

回收：道床板混凝土经养生达到要求强度后，拆除道床板侧向模板、支撑脚及连接件，并由回收单元运送到前面的施工位置进行再次组装。在施工第一条轨道时，后方支脚和模板轨道从回收单元装到运输车上运到前方安装位置；施工第二条轨道时，回收单元停放在第一条轨道上，支脚和模板轨道由回收单元通过第一条轨道越过施工地点运到前方安装位置。

（十）装配

装配作业与以上工序平行作业，轨枕装配单元将线路两侧的轨枕吊到装配车上并排好，采用螺旋道钉将每个轨枕固定架与一组 5 根的轨枕组装固定，组装完成后传送到装配单元前端安装单元的取货位置，准备下一安装循环。

（十一）检测和验收

1. 支脚

支脚应质地坚固，并能精确可调。混凝土支承层或底座施工完成后，在线路中心线两侧，直线段每隔 3.27 m 安放支脚；曲线段两支脚中心线连线与线路中心线切线保持垂直，外侧两支脚距离为 3.27 m，内侧两支脚距离小于 3.27 m。精调定位后的支脚顶点三维空间位置偏差不应大于 0.5 mm。

2. 钢筋

钢筋铺设前，将表面油污、浮土、铁锈等杂物清理干净。钢筋铺设数量、钢筋间距及保护层厚度应符合设计要求。纵横向钢筋接点间的绝缘性能应满足设计要求，并按设计要求可靠接地。

3. 道床板混凝土（C40）

混凝土入模温度应该在+5 ℃ ~ +25 ℃。混凝土应由统一的拌和站集中进行供应，由运输车提供运输，按要求的频次做坍落度检查，坍落度应满足设计要求。混凝土拌制过程中，应对混凝土拌和物的坍落度进行测定，测定值应符合理论配合比的要求。混凝土拌和物的入模含气量应满足设计要求。混凝土施工缝的界面应与线路中心线垂直，施工缝宜设在设计伸缩缝处，不得随意留置施工缝，线下构筑物设计伸缩缝处的道床应设伸缩缝。道床板混凝土初凝前后应采取喷雾保湿养护措施。

道床板外形尺寸的允许偏差应符合表 5-10 的规定。

4. 轨枕

支脚、横梁、固定架和轨枕之间的所有接触面必须完全接触，检查确认各部件间接触面完全接触无误后，轨枕安装单元返回。混凝土浇筑后，立刻进行轨枕位置的检测。浇筑完混凝土的轨枕，某些区域过 2 ~ 3 天后再进行测量。每 5 根轨枕检测一处，并与设计值进行比较。轨枕铺设允许偏差应符合表 6-1 的规定。

表 6-1 轨枕铺设允许偏差及检验方法

序号	检查项目	允许偏差	检验方法
1	轨枕间距	±5 mm	尺量
2	相邻轨枕承轨台中心高差	±0.5 mm	水准仪
3	轨枕承轨台底坡	1/35 ~ 1/45	专用量具（图 6-24）
4	每轨枕两承轨台相对翘曲度	1 510 mm×100 mm 范围内四点误差<0.7 mm	专用量具（图 6-25）

图 6-24 轨底坡检测

图 6-25 翘曲度检测

（十二）养护

由于现场施工条件等原因，在施工过程中利用覆盖海绵洒水的方式进行自然养护。混凝土在养护期间要重点加强混凝土的湿度和温度控制，及时覆盖减少表面混凝土的暴露时间，防止表面水分蒸发。暴露面的保护层混凝土初凝后用木抹子进行二次收面，平整后对混凝土表面喷洒水雾，并覆盖，直至混凝土终凝。

混凝土覆盖养护期间，应采取覆盖、浇水、喷淋洒水等措施进行保湿、潮湿养护，保证不至失水干燥（图 6-26）。

混凝土拆模或除去表面覆盖物后，要洒水养护。在养护期间，白天至少洒水 3 次，在气温较高的情况下，混凝土表面必须保证时刻有水。

图 6-26　混凝土养生

混凝土养护期间应注意采取保温措施，防止混凝土表面温度受环境影响（暴晒、气温剧降等）而发生剧烈变化。作好温度登记工作。在任意养护期间，如淋注于混凝土表面的养护水温度低于混凝土表面温度，需注意二者间温差不得大于 15 ℃。

混凝土养护期间，对混凝土的养护过程作详细记录，并建立严格的岗位责任制。

第七章　无砟轨道跨区间无缝线路铺设

第一节　轨道部件采购

客运专线铁路轨道部件包括：钢轨、轨枕、联结零件、道砟、道岔、钢轨伸缩调节器和线路附属设备等。各类轨道部件生产厂家均应具有生产资质，并按照相关标准规定的批量，出具产品检验合格证，并提供质量保证书。采购方应提供质量复验证明书。

第二节　基地长钢轨焊接

基地长钢轨是将 100 m 定尺轨无孔标准轨焊接成 500 m 的长钢轨，采用的焊机主要是瑞士拉伊台克公司生产的 GAAS80、乌克兰的 K190 直流焊轨机。基地内的长钢轨焊接使用流水作业法在焊轨生产线上进行。焊轨生产线主要由选配轨、（初）调直工位、除锈工位、焊接工位、粗打磨工位、正火工位、风冷、水冷工位、四向调直工位、细磨、精磨工位、探伤工位组成。

一、焊接工作原理

基地钢轨焊接采用闪光接触焊（Flash Butt Welding，简称 FBW）。其基本原理是：将待焊的钢轨平顺对直，然后将对好的钢轨端部固定在焊机夹具上，利用电流通过某一电阻时所产生的热量熔接焊件，再经顶锻以达焊接目的。产生的热量可由式（7-1）计算：

$$Q=KI^2Rt \tag{7-1}$$

式中　Q ——焊件接触面上产生的热量（J）；

　　　K ——换算系数，取 0.24；

　　　I ——通过焊件接触面的电流（A）；

　　　R ——焊件接触面的电阻力（Ω）；

　　　t ——焊件接触面的接触时间（s）。

当两焊接钢轨之间通过电流时，由于两钢轨接触面之间存在着较大电阻，因电热效应会使钢轨迅速得到加热。两钢轨的接触面微观上是凹凸不平的，因此，首先接触的是一些凸出点。这些接触点通电后再瞬间被加热到熔化状态，从而在钢轨接触面之间形成多个液体金属过梁。

这些过梁在进一步加热的过程中被"爆炸"而破坏，使熔化的金属从钢轨接触面的缝隙中飞溅而出，形成闪光，与此同时，进一步加热钢轨。钢轨通过继续加热和连续闪光的作用，钢轨端面的温度逐渐均匀一致，形成熔化金属薄层，防止周围气体侵入。与此同时，迅速施加顶锻力，迫使焊面相互挤压，使闪光时形成的火口得到充分闭合，并挤出全部液体金属，将两轨焊联成一体。

二、钢轨闪光焊接基本理论

（一）获得优质接头的条件

（1）必须设法使焊接工件的闪光端面在加热过程中不被氧化。

焊接端面连续而稳定的烧化时，过梁爆破所造成压力使空气难以进入闪光间隙，烧化过程中高温金属微粒被强烈氧化，降低了闪光间隙的氧含量，尤其是钢中 C（碳）的烧损形成了 CO、CO^2 保护气体。如果在闪光后期出现闪光中断，就极易破坏了良好的保护气氛，而使焊接端面氧化。由于被氧化，顶锻时氧化物不能全部挤出而产生焊接缺陷。

（2）焊接端面应形成足够的加热区和适当的和均匀的温度梯度。

通过工艺手段解决。例如：电压、反馈电流、预热电流、预热时间、烧化速度、加速程度。

（3）焊接端面要有足够的塑性变形区。

通过顶锻，将氧化膜从接头区挤出或通过塑性变形把它挤碎；但顶锻量也不是越大越好。过多地挤出高温金属，将导致接头未焊合。

（二）稳定闪光的条件

烧化后期，需要稳定的闪光，保证送进速度等于闪光烧化速度。钢轨端面的烧化不是匀速的，钢轨送进的速度也不是匀速的，通过伺服阀或比例阀来实现。

设在某一规范下，钢轨端面上各触点的尺度相同，整个端面由 N 个触点组成，假设每次闪光实际参与的触点数为 M，则整个端面更新一次需要经过 N/M 次闪光。

设 G 为钢轨整个端面更新一次后的烧损长度，V_G 为平均闪光速度，Δt 为钢轨整个端面更新一次所用的时间，则有：

$$G = V_G \times \Delta t \tag{7-2}$$

又设 g 为单个触点金属烧化量，V_g 为单个触点闪光速度，δt 为这个触点的闪光时间，有：

$$g = V_g \times \delta t \tag{7-3a}$$
$$g = G \tag{7-3b}$$
$$\Delta t = (N/M) \times \delta t \tag{7-3c}$$

将式（7-3c）代入式（7-2），根据式（7-3a）和式（7-3b），则有：$V_g \cdot \delta t = V_G \times \Delta t = V_G \times (N/M) \times \delta t$，即（$V_g/V_G$）$=N/M$，$N/M$ 反映了闪光烧化的激烈程度，N/M 越小，闪光越激烈。

当 $V_g = V_G$ 时，单个触点的闪光速度等于端面更新的速度，这时所有触点参与闪光，闪光最激烈，保护效果最好。通常 $N/M > 1$，N/M 越大，触点闪光结束至下一次闪光开始的停顿时间越长，触点越易被氧化。

（三）去除氧化膜的条件

1. 氧化膜以四种形式存在于端面上

（1）固相金属上存在固相氧化膜

这种情况氧化物去除的难易取决于金属的氧化物比值，如果氧化物熔点远远高于金属熔点，则氧化物硬度越高于金属硬度，破坏氧化物就越容易，可以通过塑性变形把它挤碎；如果氧化物硬度接近金属硬度，则难以通过塑性变形挤碎。

（2）固相金属上存在液相氧化膜

这种情况很容易去除液相氧化膜。

（3）液相金属表面存在固相氧化膜

这种情况可把固态氧化膜随液态金属一起挤走，也很容易去除。

（4）液相金属表面存在液相氧化膜

这种情况很容易将液相氧化膜随液态金属一起挤出。

2. 去除端面氧化膜的条件

（1）闪光对焊时，端面形成液态金属层，厚度均匀的液态金属层有利于挤干净氧化膜。稳定、激烈的闪光可以形成均匀的液态金属层。

（2）端面塑性变形特征与沿钢轨纵向温度分布有关。随着加热区的缩小和端面温度的提高，也就是温度梯度增大，可使塑性变形集中于接口区，该处金属更多地被挤走，有利于去除氧化物；反之，如果加热区变宽，变形量分散到更宽区域，使接口处的塑性变形程度减小到不足以彻底去除氧化物，则难以获得优质接头。

（四）闪光焊接头的形成

钢轨闪光焊接头由焊缝和热影响区（HAZ）组成。因为碳元素的烧损而导致焊缝处严重脱碳，在经过刨削加工的硬度大板上可以见到一条宽度小于 0.5 mm 的亮线；热影响区组织粗大，脆性增加，从整根钢轨看，接头处组织粗大，因此接头强度很难超过母材，消除粗晶组织，可以采取热处理的方法。

有一些接头断裂在热影响区，热影响区不会氧化，断裂原因多数是热处理工艺不当、或接头在后期处理过程中操作不当、导致焊缝附近组织转变引起。

（五）闪光对焊时的电阻 R

包括两个部分，钢轨自身的电阻 R_0 和端面间的接触电阻 R_C。则 $R = R_C + 2R_0$ 如图 7-1 所示。

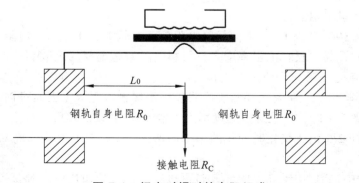

图 7-1 闪光对焊时的电阻组成

1. 接触电阻 R_C

闪光对焊时，焊件端部间电气触点由各个独立的触点-过梁组成，这时接触电阻 R_C 的大小，取决于同一时间内端面上存在的触点-过梁数目、和它们的截面面积。触点-过梁的平均尺寸随焊件截面及烧化时零件接近速度的增大而增大。接触电阻由实验测定，可以按照以下经验公式计算：

$$R_C = (9500 \times K_1) / (F^{2/3} \times V^{1/3} \times j) \tag{7-4}$$

式中　F——截面面积；

　　　V——闪光速度；

　　　j——电流密度；

　　　K_1——考虑材料性能的系数（对于钢轨 $K_1 = 1$ ）。

2. 焊接过程中接触电阻 R_C 的变化规律

（1）闪光初期，端面温度低，闪光不稳定，触点-过梁数目变化较大。

（2）闪光中期，闪光稳定，加速进行，触点-过梁数目不断增加，闪光激烈，导电面积增大。

（3）闪光后期，如图 7-2 所示，闪光不稳定，容易出现灰斑。

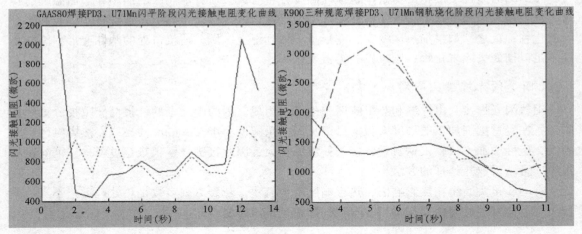

图 7-2　焊接过程中接触电阻 R_C 的变化

3. 钢轨自身的电阻

（1）远小于接触电阻。

（2）低温时（500 ℃以下），不同材料电阻率相差较大，高温时，电阻率接近。

（3）随温度的升高，材料电阻率增大，材料电阻率是温度的函数。

4. 闪光对焊时，电阻变化的一般规律

（1）钢轨内部电阻 $2R_0$ 在闪光开始阶段明显小于接触电阻 R_C，因而对钢轨的加热影响小。

（2）烧化将要结束时，钢轨送进速度增大，触点-过梁数目和尺寸都增大，所以 R_C 减小；但是钢轨自身电阻 $2R_0$ 由于烧化时加热的结果而增大，所以烧化后期 $2R_0$ 对钢轨的加热有明显影响。

（3）烧化过程中，接触电阻 R_C 的降低超过钢轨自身电阻 $2R_0$ 的增加，所以总电阻 R 逐渐降低。

（4）顶锻开始时（有电流顶锻），随着 R_C 的突然消失，$R \approx 2R_0$。

（六）闪光对焊时的热量析出

烧化时端面析出的热功率：$q = 0.24R_C \times I^2$。这一功率消耗分为两部分：q_1：飞溅金属带走的热量；q_2：钢轨纵向传递的热量。

三、钢轨焊接工艺

基地接触焊接工艺流程见图 7-3。

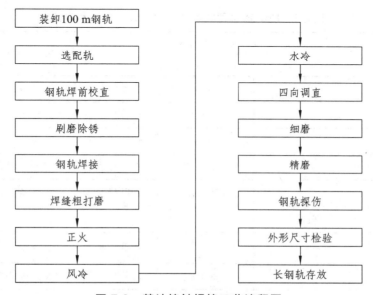

图 7-3 基地接触焊接工艺流程图

钢轨焊接采用流水作业法在焊轨生产线上进行，长钢轨的生产按以下工序进行。

（一）钢轨卸车及堆放（图 7-4）

（1）进场钢轨采用 12 台 2 t 固定龙门吊卸车。钢轨平行的堆放在短轨存放区，排列整齐、稳固。

（2）多层堆码时，层间垫木必须平直，上下同位。同一层垫木的间距为 4.5～5 m。

（3）不同钢种及轨型的钢轨分类堆放，禁止混放。

图 7-4　100 m 定尺钢轨存放场

（二）钢轨进场检验

（1）对照"质保书"，检查进场钢轨的钢种、型号，"质保书"由物资部门负责保管。

（2）检查钢轨外观有无硬弯、扭曲、裂纹、毛刺、折叠、重皮、夹渣、结疤、划痕、压痕、碰伤等缺陷。

（3）对钢轨批次、炉号、长度做好记录，钢轨型式尺寸检验项目、要求和方法见表7-1。存在缺陷的钢轨对其缺陷种类及部位、尺寸、进场日期等内容进行登记，严禁使用缺陷超标钢轨。

表 7-1　P60 钢轨型式尺寸检验项目、要求和方法

项目	尺寸及偏差（mm）	检查工具和方法
钢轨高度	176±0.6	专用样板检查、游标卡尺测量尺寸
轨头宽度	73±0.5	专用样板检查、游标卡尺测量尺寸
轨头顶部断面	±0.6	专用样板检查是否合格
轨腰厚度	16.5±1.0	专用样板检查、游标卡尺测量尺寸
轨底宽度	150±1.0	专用样板检查、游标卡尺测量尺寸
离轨底边缘20 mm处的轨底厚度	±0.5	专用样板检查是否合格
轨底边缘厚度	+0.75 − 0.5	专用样板检查是否合格
轨底凹陷	≤0.3	直角尺、塞尺检查是否合格
端面垂直度（垂直、水平方向）	≤0.6	直角尺、塞尺检查是否合格
端面不对称	±1.2	专用样板极限检查是否合格并分等级
长度	±6	钢卷尺实测

（三）选、配轨

（1）根据无缝线路设计图纸，编制配轨表。

（2）按配轨表的顺序和要求，丈量每根钢轨长度，依次配轨，并在自动流水作业线上按顺序焊接钢轨。配轨时，用于正线钢轨的最小长度不得短于 9 m，两根短轨不得焊接在一起。

（3）选配轨前对钢轨的端部尺寸进行测量。以 1.5 m 钢直尺检查钢轨端部平直度，游标卡尺检测钢轨断面尺寸，通过目视检查钢轨全长表面质量，做好焊接顺序编号。被焊的两根钢轨轨头宽度、轨底宽度、钢轨高度、钢轨不对称性的尺寸偏差不得大于 0.3 mm。对于轨端 1.5 m 范围内平直度超标的钢轨，用焊前矫直机矫正至合格，不合格钢轨单独存放并做好标识。钢轨平直度、扭曲检验项目和要求符合表 7-2 规定，并按要求进行检测。

表 7-2　钢轨平直度、扭曲检验项目和要求

部位	项目	允许偏差
距轨端 0～1.5 m 部位	垂直方向（V）—向上 垂直方向（V）—向下	≤0.5 mm/1.5 m ≤0.2 mm/1.5 m
	水平方向（H）	≤0.7 mm/1.5 m
距轨端 1～2.5 m 部位	垂直方向（V）	≤0.4 mm/1.5 m
	水平方向（H）	≤0.6 mm/1.5 m
轨身	垂直方向（V）	≤0.4 mm/3 m， ≤0.35 mm/1.5 m
	水平方向（H）	≤0.6 mm /1.5 m
钢轨全长	上弯曲或下弯曲	10 mm，见注 3
	扭曲	见注 4、5

注：1. 垂直方向（V）平直度测量位置在轨头踏面中心；水平方向（H）平直度测量位置在轨头侧面圆弧
　　　　以下 5～10 mm 处。
　　2. 轨身为除去轨端 0～1.5 m 的其他部分。
　　3. 当钢轨正立和倒立在检测台上时，钢轨端部的上翘不应超过 5 mm。
　　4. 当钢轨轨头向上立在检测台上能看见明显的扭曲时，用塞尺测量钢轨端部轨底与检测台面的间隙，
　　　　当间隙超过 2.5 m 时钢轨判废。
　　5. 钢轨端部和距之 1 m 的横断面之间的相对扭曲不得超过 0.45 m。以轨端断面为测量基准，用特制
　　　　量规（长 1 m）对轨底表面两点（分别距轨底边缘 10 mm 处）进行测量。

（四）钢轨校直

（1）校直是用 1.5 m 钢直尺检测钢轨的平直度和扭曲，用液压调直机对超出规定公差范围的钢轨予以调直。

（2）距轨端 0.5 m 范围内无法调直的死弯、翘头和扭曲超限的钢轨、需要用锯轨机锯掉。图 7-5 所示为钢轨矫直设备。

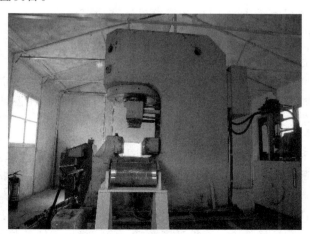

图 7-5　钢轨焊前矫直设备

（五）钢轨除锈

采用钢轨刷面除锈机清除钢轨表面锈斑、脏物以及其他有害物质，保证焊机的电极与钢轨有良好的导电性能。

（1）钢轨的焊接质量与端面的除锈刷磨加工质量有着重要的关系，必须十分严格地对钢轨电极面、端面进行除锈处理。处理好的钢轨除锈面应显出金属光泽，在距端面 400 mm 以内的钢轨应无锈垢。处理好的除锈刷磨面，要用防护罩罩住，保证轨端除锈后与钳口的接触面干燥，且不得用手触摸或受水、烟、油、灰的污染，否则应重新进行除锈处理。

（2）为保证焊机的电极能与被焊钢轨良好接触，除锈刷磨的范围应为端面左侧和右侧 400 mm（至少不小于 350 mm），轨头及轨底上的圆角在 1 m 范围内应圆顺。母材打磨深度不超过 0.2 mm。焊前轨面除锈时，打磨光泽应达到母材的 90%以上，见图 7-6。

图 7-6　焊前除锈机

（3）在除锈过程中，操作人员注视设备运转情况，出现意外时，要立即按下"停止"按钮。

（4）除锈结束，用除锈质量专用检验表测量，并且及时、准确、真实地填写除锈记录。除锈刷磨面待焊时间超过 24 h 以上的，必须重新处理。

（六）预热交接

交接工位是将经过焊前处理的钢轨传送给焊机。如遇到低温焊轨，可用设在此处的电加热棒对轨头进行加热（同时加热两个轨端）。如气温在零下 15 ℃ 左右时，用 6 kW 的加热棒对轨头 850 mm 范围加热 6 min，可使轨温达到 10 ℃ 以上。利用轨温计检查测量轨温。

（七）钢轨焊接

钢轨接头在基地利用直流焊轨机，经对中、调尖峰、闪光、顶锻、推凸等工序将 100 m 轨焊接成 500 m 的长钢轨，图 7-7 为瑞士 SCHALLATE 公司生产的 GAAS80/580 型钢轨闪光焊机。

（1）焊接前要确认前一班的焊接记录，并确认供电、液压、控制、冷却等系统正常工作。

（2）焊机的各项参数一经选定，不得随意改动。确认待焊钢轨的除锈处理符合工艺要求，焊接参数与所焊轨种一致。

（3）焊机主机、附属设备及控制、记录系统必须完好，各工艺参数应按标准工艺调整定位，并使作业保持稳定正常。

（4）选定焊轨基准面，进轨、夹持、对齐、确认、焊接。对中后，工作边错位偏差≤0.1 mm，非工作边错位偏差≤0.6 mm。

（5）当轨端加热到塑性状态后，焊机能自动夹紧钢轨，轨端顶压，使轨端焊成整体。

（6）钢轨焊接后，由于焊接时的顶压，使焊接轨端处凸出，利用推瘤刀将焊瘤推掉。

（7）为保证钢轨与钳口接触良好，每焊接一个焊头对钳口清理一次，每焊接五个焊头用高压风对钳口清理一次。

（8）焊后不得有夹渣、电击伤、推亏母材等缺陷。

（9）对焊后情况进行确认，并及时、准确、真实填写焊接记录。

图 7-7　GAAS80/580 型钢轨闪光焊机（瑞士 SCHALLATE 公司生产）

（八）焊后粗打磨

粗打磨是指对焊接接头范围内轨底角上表面、轨底面、轨顶面及内侧工作面的焊瘤打磨到规定程度，如图 7-8 所示。

（1）焊后打磨质量好坏是影响焊接接头几何形状质量的关键工序。打磨前先要对接头进行检查。焊后打磨使用的移动式电动工具必须符合用电的安全规定，并按岗位作业规程要求作业。

（2）人工打磨前应检查手提式砂轮机是否漏电，运转是否良好，如有异常应立即联系维修电工进行维修，严禁私拉乱接，避免发生人身事故。

（3）粗打磨时，应将轨顶面和两侧面及腭部、轨底角上表面及轨底面的残留焊接瘤凸及全部毛边除尽，保持轨顶面弧部形状，但不能打亏母材。

（4）人工打磨过程中，砂轮不得冲击钢轨，不得在钢轨上跳动，打磨力量不宜过大。打磨面应平整、光洁，不得有凹坑；打磨钢材表面不得有发黑、发蓝现象出现。

（5）将钢轨轨底角上表面及轨底面的全部焊瘤及全部毛边除尽，轨底的不平度达到≤0.5 mm/m。焊接接头的轨腰及其上、下圆角、轨头的非工作边等部位的不平度≤1 mm/m，使轨顶面及工作边打磨余量≤0.8 mm/m。

（6）应纵向打磨，不得横向打磨。

图 7-8　粗打磨

（九）自然冷却、喷号

（1）冷却工位是对钢轨焊接接头进行的自然冷却。冷却后钢轨温度要求小于 500 ℃。通过红外线测温仪对其进行温度检测。

（2）对长钢轨和各焊头进行编号喷号，以便于长钢轨铺设到线路上后，能根据编号追溯到每个焊头的焊接参数和质量检查记录。

（十）焊后正火及风冷

正火能细化焊缝结晶颗粒，以提高其延伸率和冲击韧性，如图 7-9 所示。正火后立即进行强制风冷以提高焊缝的硬度。

图 7-9　正火设备

（1）当焊头温度降到 500 ℃ 以下后，利用正火机把焊头重新加热到 860 ℃（轨底角）~ 920 ℃（轨头）。所选择的最佳正火温度是以焊接接头为对象，通过实验确定的，焊接接头表面正火加热温度的检查工作，采用的是测温仪自动测量的方法。并且每个焊接接头的正火都应逐个做好记录，以备考查。

（2）钢轨进入线圈前应及时调控线圈与钢轨的间隙和位置，正火时不得有打火现象；正火机床的风冷装置风压为 0.5 MPa，自动定时 120 s 左右。

（3）正火处理由该班质检员负责检查。抽查时发现不合格必须重新进行正火处理。

（4）用 4 台 SF4-4 型号的轴流通风机对焊头进行吹风冷却。使钢轨焊头温度冷却至 200 ℃ 以下。

（十一）水冷

用水泵抽水循环喷淋焊缝区 300 mm 范围，使焊缝快速冷却，确保调直工位前焊头温度降至 50 ℃ 以下，如图 7-10 所示。

图 7-10　水冷隧道

（十二）钢轨四向调直

用钢轨四向校直机（图 7-11）对焊接接头进行焊后冷调直。

图 7-11　钢轨四向调直机

（1）校直前按操作规程对设备进行检查确认。钢轨焊接后必须经过四向调直机调直处理，先垂直方向校直，后水平方向校直。在成品焊缝两侧各 500 mm 范围内校直，使焊接接头的平直度达到轨顶面和工作面≤0.3 mm/m。四向调直机的测量系统可以记录、储存测量数据，数据应妥善保管，不得随意删除。

（2）焊后调直人员，应在每班下班后，对液压调直机进行擦拭保养，并认真填写交班记录。

（3）焊后调直人员，应在每班工作前对液压四向调直机做运行状态的检查，做好接班记录。如发现异常，应立即通知工班长及领工员进行维修检查。

（4）焊后调直人员应根据规定，对焊接接头焊后的错位及推凸后的残留量进行检查。发现有超出工艺要求范围的焊接接头，立即与焊机操作人员联系，及时调整。若发生连续超限情况，应立即报告质量检验人员，进行质量控制处理。

（5）焊后调直人员应对焊接接头附近的外观质量进行观测检查，发现不合格者及外观有缺陷时，必须立即报告工班长，并如实记录，为重点探伤和跟踪检查观察做好准备。

（十三）钢轨细磨

（1）用 FMG—2.2 型电动手推摆式钢轨仿形打磨机对焊接接头左右 500 mm 范围内的轨顶面和工作面作进一步打磨，使得钢轨工作面的不平度≤0.3 mm/m。

（2）打磨过程中辊轮和导向法兰应紧贴钢轨两侧，确保仿形精确。打磨钢轨时，只能往复运动打磨，不得静止打磨，亦不得一面纵向往复打磨，一面又摆动打磨机，造成斜向打磨痕迹。只能在往复运动到头后，再摆动一个适当的角度。

（3）打磨钢轨必须注意磨削量的调整，磨削量不得过大，严禁打亏，打磨表面严禁发黑、发蓝。

（十四）钢轨精磨

（1）精磨使用的是瑞士 NENKI 公司生产的 MMA14-AL 型钢轨焊缝精磨机，如图 7-12 所示。对焊缝两侧各 500 mm 范围内的轨顶面和工作面进行精磨，使焊头工作面和轨顶面的不平度≤0.3 mm/m，不得有负误差。

图 7-12　钢轨焊缝精磨机

（2）开机前按操作规程进行检查，根据测量曲线设定好磨削进给量。精磨应符合要求，认真精磨好每一个焊接接头，电脑对检测检录的每一个合格接头都应留存备考。

（3）依据测量曲线，选择合适的进给量和砂磨行程，原则上应先短行程大进给打磨；再全行程小进给精磨接头。

（4）磨削完毕后，再次测量焊缝位置 1 m 范围内的平直度，轨顶面及工作面的平直度允许偏差为 0 ~ 0.3 mm/m。

（5）将磨削后的曲线结果资料存盘，并做好记录。

（十五）探伤及检验工位

采用 CTS-23B 型探伤仪对钢轨焊接接头进行检验。每个钢轨接头均应进行超声波探伤检查。探伤人员必须持有二级以上无损检测资格证书。

（1）按照规定要求，对每一个焊接接头均应进行超声波探伤。

（2）探伤仪使用前，先用对比试块校准，再进行基线校准和灵敏度测试，确认性能良好。

（3）清理焊缝两侧各 400 mm 范围内的锈斑、焊渣、水渍，确保探头和钢轨耦合良好并减少探头磨损。

（4）探伤范围：轨头、轨腰、轨底角、轨底三角区。

（5）锁上输送线、探伤。探伤时要"一看波形显示、二量水平距离、三作波形分析、四定缺陷性质"，以便采取措施。

（6）探伤记录必须完整、及时、准确。发现缺陷，应将情况附图说明，并填写处理意见。

（十六）钢轨焊缝外观检验

（1）长钢轨进入存放区存放前，还要对钢轨焊缝进行外观质量检验。用 1 m 直靠尺和塞尺进行测量，记录焊接接头平直度。

（2）钢轨焊缝要纵向打磨平顺，不得有低接头。用 1 m 直靠尺测量，焊缝不平度允许偏差见表 7-3。

表 7-3　焊缝不平度允许偏差表

序号	部位	旅客列车设计行车速度 v（km/h）	
		200	250<v≤350
1	轨顶面	0，+0.3	0，+0.2
2	轨头内侧工作面	0，+0.3	0，+0.2
3	轨底（焊筋）	0，+0.5	0，+0.5

注：1. 轨顶面中符号"+"表示高出钢轨母材轨顶基准面；

　　2. 轨头内侧工作面中符号"+"表示凹进；

　　3. 轨底（焊筋）中符号"+"表示凸出。

（3）轨头及轨底上圆角在 1 m 范围内圆顺。不允许横向打磨，母材打磨深度不超过 0.5 mm。

（4）焊接接头的轨头工作面在焊缝中心线两侧各 100 mm 范围内，要打磨平整。

（5）焊缝两侧各 100 mm 范围内不得有明显压痕、碰痕、划伤缺陷。焊头不得有电击伤。

（十七）长钢轨存放

（1）500 m 长钢轨的存放利用了 33 台 2 t-16 m 固定龙门吊，同步集中控制吊装作业。

（2）固定龙门吊在起吊、横移、落钩时同步进行。

（3）长钢轨在存放台上存放时，整齐摆放，存放台在同一水平面上。多层堆码时，层间设轻型旧轨或方木支垫，垫木上下同位，间距 5 ~ 5.7 m，如图 7-13 所示。

图 7-13 500 m 长钢轨存放场

第三节 无砟轨道钢轨铺设

无砟轨道铺轨应在无砟道床施工完毕，经验收合格并达到规定强度后方可施工，无砟轨道宜采用钢轨纵向推送直接入槽的方法（以下简称"纵向推送法"），必要时也可采用工具轨换铺的方法（即"工具轨换铺法"）。

一、纵向推送法

（一）主要铺轨设备

无砟道床长轨条铺轨机组由机车、轮胎式钢轨引导车、钢轨推送车及长钢轨运输车组等组成（WZ500 型无碴道床长轨条铺轨机组如图 7-14 所示）。

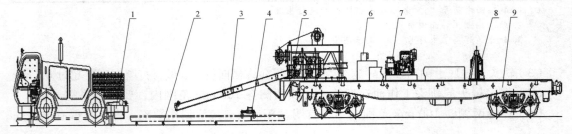

图 7-14 WZ500 型无砟轨道长轨铺轨机组

1—钢轨引导车；2—地面滚筒；3—钢轨拖拉及变形过渡装置；4—对轨装置；5—推送装置；6—液压系统；
7—动力、电控系统；8—分轨装置；9—N17 平车

（二）纵向推送法铺设长钢轨工艺流程

纵向推送法铺设长钢轨工艺流程如图 7-15 所示。

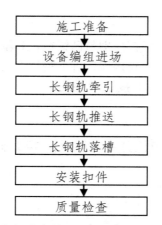

图 7-15　纵向推送法铺设长钢轨施工基本工艺流程图

（三）纵向推送法铺设长钢轨施工工艺

1．钢轨的装载

拆下上层钢轨安装托梁一端的插销，通过转动装载上层钢轨的托梁来腾出空间，装载下层的钢轨，并压紧。转动装载上层钢轨的托梁；安装插销。装载上层钢轨，并压紧，安装钢轨档。

2．设备编组进场

（1）与机车连挂，顶送到施工现场，铺轨列车在施工地段的运行限速为 5 km/h。当到达离已铺轨道端部 500 m 时，机车减速到 3 km/h 以下，在接近轨头 10 m 处应停车，以 0.5 km/h 的速度对位。

（2）在已铺钢轨端部安放铁鞋和止轮器，推送车前转向架的前轮与钢轨的接触点离轨端 550 mm 以内停车，整列车制动。

3．长钢轨牵引

（1）启动设备，启动步骤为先开动柴油机；再由液压系统建压。

（2）取出首车上钢轨挡，松开待拖拉的一对钢轨的压紧块。（注：拖拉钢轨从钢轨中心距最接近 1 505 mm 的一对开始，再逐步向内或向外成对拖拉即可。）

（3）开动卷扬机，钢丝绳从换向轮开始，经过推送机构，到达待拖钢轨前端，安装钢轨夹具。

（4）卷扬机把钢轨端头拖到推送机构的辊轮前端。

4．长钢轨推送

（1）取下钢轨夹具；启动推送机构，推送钢轨；当钢轨端头离推送前端辊轮约 15 m 时，钢轨变形装置上抬，钢轨变形装置靠到钢轨底部，当钢轨端头离道床面高度约 200 mm 时，在钢轨底部放置一对地面滚筒，停下推送机构。

（2）启动轮胎式钢轨引导车，钢轨与轮胎式钢轨引导车连接，启动推送机构的同时，轮胎式钢轨引导车前行。

（3）随轮胎式钢轨引导车之后，每隔 10 m 左右在钢轨底下放置地面滚筒。

（4）当钢轨尾端至推送机构时，松开推送机构，缓解列车，列车后退，直到钢轨尾部落到地面滚筒（地面）上，列车停止。

5. 长钢轨落槽

（1）取下钢轨对接装置，两组斜楔分别与已铺钢轨和刚铺的钢轨安装好；油缸与斜楔装好，启动油缸，对接钢轨，安装钢轨连接器，拆下钢轨对接装置，放到车上。

（2）轮胎式钢轨引导车后退到对接位后前行，从钢轨底下取出地面滚筒，放到引导车上。

6. 安装扣件

长钢轨落槽后，宜每隔 5～8 根枕安装一组扣件，接头前后两根枕扣件应安装齐全。铺轨列车通过后，补齐扣件。

二、工具轨换铺法

（一）主要铺轨设备

无砟道床长轨条铺轨机组由机车、长钢轨运输车及换轨车组等组成。

（二）工具轨换铺法铺设长钢轨工艺流程

工具轨换铺法铺设长钢轨的工艺流程如图 7-16 所示。

（三）工具轨换铺法施工工艺

1. 工具轨铺设

首先利用小型机械设备经过人工配合的方式，将工具轨铺至无砟道床上，并安装扣配件。

2. 长钢轨运输及卸车

（1）长轨运输采用的是长钢轨运输车组运输，运输车前端配有过渡车（上有滚道）和下道装置。

（2）长轨单元焊处钢轨搭接量宜控制在 0～150 mm，锁定焊处钢轨搭接量宜控制在 1.5～2 m。

3. 更换长钢轨

长钢轨卸好之后，利用两台换轨小车进行换轨，换轨台车分 Ⅰ、Ⅱ 号，配有牵引车和引导架，两个台车之间通过钢丝绳柔性连接。Ⅰ 号用于换新轨，Ⅱ 号用于收工具轨。其施工工艺如下：

（1）待长轨卸完后，机车带长轨运输车返回基地，工地开始换轨。首先用活动扳手解开工具轨的扣件。

（2）将 Ⅰ、Ⅱ 号换轨台车从运输车上卸下。

（3）将新轨一端放于 Ⅰ 号换轨台车上，牵引台车前行到待换工具轨接头处，将工具轨一端放于 Ⅱ 号换轨台车上。

（4）牵引台车前行，直至新轨一端能与既有轨接头相连，新轨逐渐落槽，工具轨逐渐放于道心。

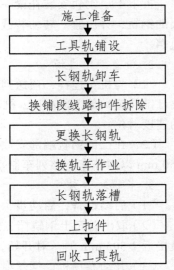

施工准备

↓

工具轨铺设

↓

长钢轨卸车

↓

换铺段线路扣件拆除

↓

更换长钢轨

↓

换轨车作业

↓

长钢轨落槽

↓

上扣件

↓

回收工具轨

图 7-16　工具轨换铺法铺设长钢轨施工工艺流程图

第四节 工地钢轨焊接

一、施工方法

现场长钢轨可采用移动式接触焊轨机焊接的方式，工地长钢轨焊接分为单元轨节焊接和锁定焊接两个阶段。

单元轨节的焊接是将已铺设的长钢轨焊接成长度为 1 000～2 000 m 的单元轨节；锁定焊接是将单元轨节和单元轨节在设计锁定轨温范围内焊接，形成跨区间无缝线路。

二、施工工艺流程

工地钢轨移动接触焊施工工艺流程见图 7-17。

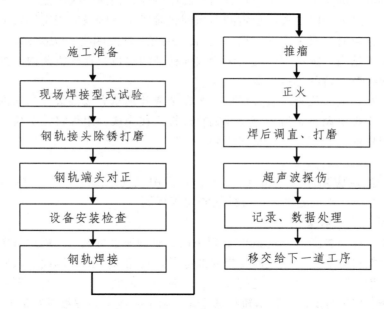

图 7-17 工地钢轨移动接触焊施工工艺流程图

三、施工工艺

1. 焊接设备组装调试、钢轨型式试验

按照组装程序进行设备组装，并进行全面调试。确认设备一切正常后将待焊轨按照规定的检验要求通过焊接进行型式试验，确定焊接参数合格后可开始正式施工。

2. 钢轨接头除锈、打磨

在钢轨接头端面及两侧钢轨与焊机导电钳口部位间 500 mm 范围内采用手提式砂轮机打磨，打磨后钢轨表面应有金属光泽，不得有锈蚀，对母材的磨耗不得超过 0.2 mm。若打磨后的待焊时间超出 24 h 或有油水沾污，则必须重新打磨。

3. 钢轨焊接前设备检查

焊接前应按照焊机使用说明检查主机、冷却系统、液压系统、电气控制系统是否正常；

检查动力电压、水温、水位、油温、油位钳口上的焊砟及其他碎屑、推瘤刀上的焊接飞溅物是否被清除。焊接参数是否符合实验结果。一切正常之后，在操作司机、工长签字确认后方可进行焊接工作。

4. 钢轨焊接

准备工作完成后，用机车或轨道车推送移动式焊轨车运行到焊接接头处，特制集装箱将二位端前墙向上旋转到与顶棚平齐并锁定。起吊机构连同焊机沿轨道向外移动至端墙外平台；吊臂驱动油缸伸长降下旋转臂，将焊机降下接近钢轨，利用转盘转动，使焊机进入焊接工作位置；将焊机落下置于钢轨上，确保两钢轨间隙位于导轴上标记的正下方，降低焊机直到压在钢轨上。

焊机机头上的两对钳口将两钢轨轨头夹紧，接头两侧 500 mm 范围内的钢轨、在水平和纵向两个方向上能非常精确地自动对准（两端钢轨在纵向同时被相对抬高 0.6～0.8 mm/m）。两钳口在通以 400 V 的直流的电压后形成两个高压电极，提高焊接电流。启动焊接，激活自动焊接工序；分别进入预闪阶段、稳定的高压闪光阶段（该阶段应锁定钢轨夹紧选择开关，防止在焊接周期结束时焊机再次夹紧钢轨）、低压闪光，加速闪光、以及顶锻阶段。顶锻完成以后整个焊接过程结束。随后钢轨夹紧装置快速松开两钳口，在焊机头内的推瘤刀立即进行推瘤，从而完成一侧钢轨的焊接作业。

焊机机架张开到最大位置，起升焊机直至完全离开钢轨焊接接头，去除推瘤焊砟，清洁焊机内部。然后将焊机调整到另一侧完成钢轨焊接。在完成一组焊接接头后，每间隔三根轨枕上紧扣件，焊机前行到下一个焊接接头处。

5. 焊后接头正火

正火时接头温度应降低到 500 ℃ 以下，然后用氧气-乙炔加热器将焊缝加热到 850～950 ℃，再自然冷却。正火温度采用红外线测温仪控制。

6. 钢轨焊后调直、打磨

钢轨焊缝正火完，温度降低到 300 ℃ 以下时，对钢轨进行调直。焊后打磨可以分成粗打磨和精细打磨，粗打磨利用手提式砂轮机对焊缝及附近轨头顶面、侧面、轨底上面和轨底进行打磨；焊缝踏面部位在常温下不能打亏，打磨时不得横向打磨，打磨面不得发黑、发蓝而是应平整有光泽。精细打磨时，用钢轨打磨小车、扁平锉或细砂皮纸进行纵向打磨，打磨后，平直度在焊缝两侧各 500 mm 范围内轨顶面 0～+0.2 mm/1 m，轨头内侧工作面 0～+0.2 mm/1 m，轨底 0～+0.5 mm/1 m。

7. 焊接接头超声波探伤

每个钢轨焊头均进行超声波探伤，探伤前将焊缝处温度减低到 40 ℃ 以下，冷却可以用浇水法进行，但浇水时钢轨温度不高于 250 ℃。在经打磨过的焊接钢轨轨底、轨腰、轨头上均匀涂抹探伤专用油，然后用探头进行探伤。合格的探伤结果中不得有未焊透、过烧、裂纹、气孔、夹渣等有害缺陷。

8. 数据的记录及分析

每完成一个接头的焊接、除瘤、打磨、探伤后，应将相关数据、信息等资料收集、整理、同时加以分析、存档。

第五节　无缝线路应力放散及锁定

一、施工方法

无缝线路应力放散及锁定根据现场量测轨温，实测轨温在设计轨温范围以内或以下时，分别采用"滚筒法"或"拉伸器滚筒法"应力放散及锁定后，完成无缝线路施工，并按设计要求设置位移观测标记。无缝线路锁定焊采用移动闪光接触焊机进行现场焊接施工。

线路应力放散及锁定是将道床几何形态基本达到设计规定且已经达到初期稳定状态的线路，在合适的轨温条件下，重新松开扣件、支起钢轨、垫上滚筒、使钢轨自由伸缩状态或自由伸缩后再强制拉伸，放散掉钢轨内的附加应力和温度力，在钢轨处于设计锁定轨温时的"零"应力状态下，将线路焊接锁定，完成无缝线路的施工。

二、施工工艺

应力放散及锁定是先将第一段单元轨节应力放散，并在设计锁定轨温范围内予以锁定，再将第二段单元轨节与上一段单元轨节进行锁定焊接，然后应力放散依次锁定成无缝线路。

（1）按单元轨节锁定作业方向由始端向终端顺序拆除扣件，并拆除上一节已锁定单元轨节 30 m 范围内的扣件，避免在焊头处产生应力集中。

（2）用液压起道机支起钢轨，在钢轨下每隔 12～15 m 支垫一个滚筒，将钢轨放在支垫滚筒上，并保证钢轨目视平顺。

（3）根据现场量测轨温，实测轨温在设计轨温范围以内时采用"滚筒法"放散应力后予以锁定；实测轨温在设计轨温范围以下时采用"拉伸器滚筒法"放散应力后进行拉伸锁定。

① 滚筒法放散应力：当实测轨温在设计锁定轨温范围内时，在单元轨节适当位置安装撞轨器，钢轨放到支垫滚筒上，利用撞轨器撞击钢轨，放散掉钢轨内的附加应力和温度力，在钢轨处于设计锁定轨温时的"零"应力状态下，进行线路锁定。滚筒法应力放散及锁定施工工艺的流程见图 7-18。

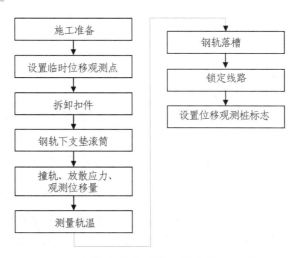

图 7-18　滚筒法应力放散及锁定施工工艺流程

②拉伸滚筒法放散应力：当实测轨温低于设计锁定轨温时，在单元轨节适当位置安装撞轨器，通过移动式焊机拉伸钢轨，根据实测轨温计算钢轨拉伸量、锯轨量，钢轨放到支垫滚筒上后，利用焊机和撞轨器配合作用，均匀拉伸钢轨达到设计值后，拉伸装置保压，撤除滚筒，安装扣件、锁定线路。拉伸器滚筒法应力放散及锁定施工工艺流程见图 7-19。

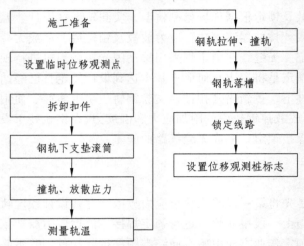

图 7-19　拉伸滚筒法应力放散及锁定施工工艺流程

计算拉伸量、锯轨量：测量单元轨节始、中、末端轨温，取其平均值作为单元轨节的轨温。计算轨温 T_0 和拉伸量 ΔL，根据计算轨温和拉伸量计算锯轨量 ΔS。

计算轨温：$T_0 = （T_{始} + T_{中} + T_{末}）/3$。

计算拉伸量：$\Delta L = \alpha \times （T_{锁} - T0）\times L$。

式中：ΔL —— 钢轨拉伸量；

　　　α —— 钢轨钢线膨胀系数，为 0.0000118/ ℃；

　　　L —— 单元轨节长度（m）；

　　　T_0 —— 实际轨温；

　　　$T_{锁}$ —— 设计锁定轨温。

计算锯轨量：$\Delta S = \Delta L + \lambda$

式中：ΔS —— 实际锯轨量；

　　　λ —— 预留轨缝（mm）；

　　　ΔL —— 钢轨拉伸量。

③ 单元轨节落槽时，在锁定的同时将它与上一个单元焊接起来，组成超长无缝线路，线路锁定完成。

④ 两股钢轨宜同步锁定，立即在钢轨上设置纵向位移观测"零点"标记，并按规定开始观测并记录钢轨位移情况。

⑤ 位移观测桩设置

无缝线路地段（含道岔、钢轨伸缩调节器）均按单元轨节设置位移观测桩，按里程递增方向顺序编号、阿拉伯数字标注，并在桩号右上方标"#"号。现场的编号应标记清晰、耐久。

三、无缝线路应力放散及锁定技术措施

（1）单元轨节应在道床达到初期稳定阶段，方可进行线路应力放散及锁定工作。应力放散时必须做到匀、准、够。

（2）线路应力放散前应掌握当地的轨温变化情况，根据轨温变化规律，合理选定施工时间及计划锁定轨温，单元轨节在锁定前应按设计要求设置好位移观测桩。

（3）应力放散时，每隔 100 m 设一个临时位移观测点，观测放散时的钢轨位移量，应力放散应均匀。

（4）放散必须进行均匀检验，确认均匀后才算完成放散任务。

（5）曲线上内股钢轨的锁定轨温不高于外股的锁定轨温。

（6）相邻单元轨节锁定轨温之差不大于 5 ℃；左右股锁定轨温差不应大于 3 ℃；同一区间内的单元轨节最高与最低锁定轨温之差不应大于 10 ℃。

（7）钢轨拉伸器撤出后，已锁定单元轨节自由端会产生回缩量，下一节单元轨节拉伸锁定时，应将该回缩量计入单元轨节拉伸量。

（8）无缝线路锁定后，任何一点的实际零应力轨温值，都应落在设计允许锁定轨温范围内，否则应重新放散调整应力后锁定线路，使其符合设计要求。

第六节　质量评定

一、线路基桩

（1）路基桩所用材料进场时，应对其规格、型式、外观进行验收，其质量应符合设计要求。

（2）基桩的设置位置及数量应符合设计要求。

（3）基桩的测设精度应符合设计要求。

（4）基桩标志应设置牢固。

（5）基柱的标示应设置齐全、色泽鲜明、清晰完整。

二、无砟道床

（1）无砟轨道静态平顺度标准应符合相关表的规定。

（2）在满足轨道平顺度标准的情况下，轨面高程符合设计要求，允许偏差为+6、－4 mm，紧靠站台时为+4、0 mm。

（3）轨道中线与设计中线允许偏差为 ±10 mm，线间距允许偏差为 0、+10 mm。

（4）无砟轨道表面整齐，清洁无杂物。轨道板上的防护盖、防护螺栓应安设齐全，位置正确。

（5）轨头打磨区无连续发蓝带。

（6）充填式垫板注入袋的外形尺寸应符合设计要求，长度和宽度允许偏差±1 mm。充填式垫板注入袋的外观应封边严密，不得漏气。内部强化芯材在注入口端与注入袋固定。注入袋四角应做铺设位置的印记。充填式垫板安装位置的印记应与轨下胶垫对齐。

（7）扣件的轨距块离缝不应大于 6%；扣压力与设计值的差值不应大于 8%；胶垫无缺损，偏斜量大于 5 mm 的不应大于 8%。

三、基地钢轨焊接

（1）待焊钢轨材质、外观、类型、规格应符合设计要求和《客运专线 250 km/h 和 350 km/h 钢轨检验及验收暂行标准》的规定。

（2）钢轨焊接接头的型式检验和生产检验应符合客运专线铁路钢轨焊接的有关要求。

（3）钢轨焊头应进行探伤检查，焊头不得有未焊透、过烧、裂纹、气孔夹渣等有害缺陷。

（4）钢轨焊缝及两侧各 100 mm 范围内不得有明显压痕、碰痕、划伤等缺陷，焊头不得有电击伤。

（5）轨底上表面焊缝两侧各 150 mm 范围及距两侧轨底角边缘各 35 mm 的范围内应打磨平整，不得打亏。

（6）钢轨焊接接头应纵向打磨平顺，不得有低接头，钢轨焊接接头平直度应符合表 7-3 的规定。

四、铺轨铺枕

（1）长钢轨的类型、规格、质量应符合设计要求。

（2）扣件的扣压力应符合产品标准的规定。

（3）扣配件的型式尺寸应符合产品标准的规定。

（4）钢轨胶接绝缘接头的类型、规格、铺设位置应符合设计要求，质量应符合相关技术条件的要求。

（5）轨道中心线与线路设计中心线应一致，允许偏差 30 mm。左右两股钢轨的钢轨胶接接头应相对铺设，且绝缘接头轨缝绝缘端板距轨枕边缘不宜小于 100 mm。

五、工地钢轨焊接

（1）气温低于 0 ℃ 时不宜进行工地钢轨焊接工作。气温低于 10 ℃ 时，和轨端相距 50 cm 范围的钢轨焊前应加热升温至 35 ~ 50 ℃ 才能进行焊轨作业，焊后应采取保温措施。

（2）钢轨胶接绝缘接头焊接前应测定电缘性能，并应符合相关技术条件的规定。

（3）工地钢轨焊接应符合长钢轨布置图，其加焊长度不得小于 12 m。

（4）焊缝及两侧各 100 mm 范围内不得有明显压痕、碰痕、划伤等缺陷，焊头不得有电击伤。

（5）钢轨焊接接头应纵向打磨平顺，不得有低接头，工地钢轨焊接接头的平直度应符合上表 7-3 的规定。

（6）左右股单元轨节锁定焊接头宜相对，相错量不宜大于 100 mm。

（7）单元轨节起止点不应设置在不同轨道结构过渡段以及不同线下基础过渡段范围。

六、无缝线路应力放散及锁定

（1）单元轨节长度应根据线路条件、工点情况、施工工艺等因素综合研究确定，一般宜为 1 000 ~ 2 000 m。

（2）线路锁定前应掌握当地轨温变化规律，根据作业区段的时间间隔，选定锁定线路的最佳施工时间与施工方法。

（3）线路锁定后，应立即在钢轨上标记位移观测"零点"位置，并每月观测钢轨位移情况并做好记录。位移观测桩处相对位移换算轨温加上原锁定轨温超出设计锁定轨温允许范围时，应及时查明原因并进行处理。

（4）应力放散时，应每隔 100 m 左右设一位移观测点，观测放散时钢轨的位移量，应力放散应均匀。

（5）线路锁定时，实际锁定轨温应在设计锁定范围内，相邻单元轨节间的锁定轨温之差不应大于 5 ℃，同一单元轨节左右股钢轨的锁定轨温差不应大于 3 ℃，同一区间内单元轨节的最高与最低锁定轨温之差不应大于 10 ℃。

（6）轨道纵向位移"零点"标记应齐全，标记大小应适当、一致，色泽均匀、清晰。

七、线路及信号标志

（1）正线应根据设计需要设置下列标志：公里标，半公里标，百米标，平面曲线标，圆曲线、缓和曲线和竖曲线的始终点标，桥梁标，隧道标，坡度标，信号标志等。

（2）线路及信号标志的材质、规格、图案字样均应符合设计要求。

（3）各种标志的数量、位置、高度及标示的方向应符合设计要求，标志应设置牢固。

（4）各种标志应设置端正，涂料色泽鲜明，图像字迹清晰、完整。

第八章　无砟轨道施工组织设计实例

第一节　工程概况及施工组织设计编制依据

一、基本概况

本章以××铁路客运专线 NHZQ-I 标段 CRTS Ⅱ型板式无砟轨道工程为实例进行说明，其主要情况见表 8-1。

表 8-1　工程建设概况一览表

工程名称	××铁路客运专线 NHZQ-I 标段 CRTS Ⅱ型板式无砟轨道工程	工程地址	××省
建设单位	中华人民共和国铁道部	勘察单位	铁道第×勘察设计院
设计单位	铁道第×勘察设计院	工期	2006-3-10 ~ 2008-12-31
监理单位	××铁路建设监理有限公司	造价	85 000 万元

NHZQ-I 标段起止里程为 DK1+852.4 ~ DK75+213.2，总长 74.03 km，其中路基结构 33.1 km，隧道结构 3.42 km，桥涵 37.5 km，包括特大桥 10 座，大桥 4 座，中桥 2 座，长大隧道 1 座，及四座车站。正线全长 74.03 km 均铺设 CRTS Ⅱ型无砟轨道板，共计用Ⅱ型板 21 955 块；四座车站共设计 20 组长枕埋入式无砟道岔。

本标段 CRTS Ⅱ型无砟轨道板厂建于南京市江宁区内，共生产Ⅱ型板 24 057 块（含Ⅱ标的 2 102 块），计划将于 2008 年 2 月 25 日前预制打磨完成，并提前运至现场存放。

主要工程量：正线全长 74.03 km 均铺设 CRTS Ⅱ型无砟轨道板，共计用Ⅱ型板 21 955 块；四座车站共设计 20 组长枕埋入式无砟道岔。本标段 CRTS Ⅱ型无砟轨道板厂建于南京市江宁区境内，共生产Ⅱ型板 24 057 块（含Ⅱ标的 2 102 块），计划 2008 年 2 月 25 日前预制打磨完成，并提前运至现场存放。

主要技术标准：（1）铁路等级为客运专线；（2）正线数目为双线；（3）设计速度 350 km/h；（4）正线线间距 5.0 m；（5）最小曲线半径 7 000 m；（6）设计活载为 ZK 活载；（7）轨道结构为 GRTS Ⅱ型板式无砟轨道。

二、工程施工条件

1. 工程地质

本标段线路主要位于低山丘陵及丘间谷地等地貌单元，分布在长江支流的秦淮河流域，地势平坦、开阔，地表水系发育；沿线地基土特征多为沉积软土或粉质黏土，基岩以砂岩为主。

2. 水文地质

本标段沿线河流众多，属长江支流秦淮河水系，主要河流有：秦淮河、句容河、高阳河、二干河，地表水发育。主要河流地表水及地下水大部分水质较好，仅少量地段地下水水质对于混凝土来说具二氧化碳酸性或有氯盐侵蚀的可能性。

3. 气象特征

该客运专线所处地带温暖湿润，四季分明，雨量充沛，湿度大，属亚热带季风气候。每年 7~8 月气温较高，1~2 月气温较低，历史最高气温 38.8~43.0 ℃，最低气温 -10.1~-14.0 ℃。年平均降雨量为 1 027~1 600 mm。每年 7~9 月为台风活动期，以 8、9 月份为甚。沿线河流 5~9 月为主汛期，一般由梅雨及台风雨形成。

4. 周边道路及其他条件

沿线公路交通发达。国道、省道、县道基本成网，沿线路走向主要有 104 国道、宁杭高速公路，材料运输较为方便。

沿线石料资源丰富。水系发达，施工用水可利用地表水或地下水，并通过获得地方供水企业供水等方式取水。

沿线用电来源于华东电网，电力资源丰富。沿线有 3.5 kV、10 kV、35 kV 等高压电力线交错或平行线路分布，施工用电可就近接入。

三、施工组织设计编制依据

施工组织设计编制依据如下：
（1）施工合同及招投标文件。
（2）经铁道部审批的有效施工图。
（3）铁道部相关技术批文。
（4）工程所涉及的主要规范、标准等。
（5）企业质量保证、安全管理、环境保护三体系标准文件。

第二节　施工部署

一、确定工程项目施工目标

1. 质量目标

合同质量目标：达到时速 350 km 客运专线无砟轨道技术标准，并通过铁道部组织的验收。
项目部质量目标：争创中铁×局优良工程。

2. 工期目标

本标段计划施工总工期为：2006 年 3 月 10 日至 2008 年 12 月 31 日，其中铺轨时间为 2008 年 4 月 15 日至 2008 年 4 月 30 日。

3. 安全目标

工程施工以"预防为主，安全第一"为目标，杜绝重大伤亡事故，轻伤事故频率控制在 5‰以下，把事故发生率降到最低点，确保每个班组的安全施工。

4. 文明施工目标

按照本公司 CI 形象及铁道部文明施工要求进行布置，争创铁路客运专线文明安全施工工地。

5. 成本目标

通过科学组织，严格管理，依靠科技进步，应用新技术、新工艺、新材料、新设备实现直接工程费利润 1%的目标。

二、项目组织机构的建立

项目组织机构见图 8-1，由工程指挥部成立 NHZQ-I 标客运专线无砟轨道施工领导小组，专门负责组织、管理、指挥、协调标段内无砟轨道施工。Ⅱ型板铺设具体由 8 个分部承担。各部室设部门负责人一名，履行各自岗位职责，接受工程指挥部领导班子直接领导，各分部成立相应的领导班子和部室。

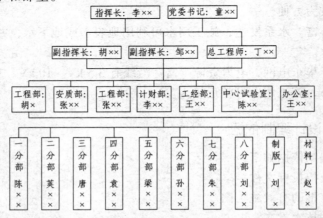

图 8-1　××铁路客运专线 NHZQ-I 标段 CRTSⅡ型板式无砟轨道工程项目组织机构图

NHZQ-I 标段无砟轨道施工由 8 个独立的分部分段承建，平行施工；Ⅱ型轨道板均由制板厂生产，具体任务划分情况见表 8-2。

表 8-2　NHZQ-I 标段无砟轨道施工各分部任务划分

分部编号	所属公司	管段起讫里程	长度（km）	管段内主要构筑物
一分部	四公司	DK1+600～DK5+150	3.37	秦淮河特大桥（0#南京台至101#墩）、L3上下行联络线特大桥（有砟轨道）
二分部	四公司	DK5+150～DK11+650	6.5	秦淮河特大桥（101#墩至287#杭州台）
三分部	二公司	DK13+072.91～DK18+420	5.35	胜利河特大桥
四分部	建筑公司	DK11+650～DK13+072.91、DK18+420～DK24+540.7	7.54	江××车站、句容河特大桥、区间路基
五分部	南京分公司	DK24+540.7～DK32+322.4	7.78	句××车站、高阳河特大桥、区间路基
六分部	四公司	DK32+320～DK40+702	8.84	溧×跨宁杭高速公路特大桥、卧龙湖特大桥、长乐明洞、区间路基
六分部	四公司	DK32+320～DK40+702	8.84	溧×跨宁杭高速公路特大桥、卧龙湖特大桥、长乐明洞、区间路基
七分部	四公司	DK40+702～DK46+732	5.58	卧龙山中桥、跨沿江高速公路特大桥、溧×站车站、卧龙1#、2#隧道、区间路基
八分部	七公司	DK46+732～DK75+213.16	28.48	东芦山隧道、吕家山大桥、隐烛山大桥、老鸭坝水库1#特大桥、老鸭坝水库2#大桥、张巷大桥、湖北岗特大桥、章家棚中桥、南旺坝特大桥、瓦×山车站、区间路基

三、确定施工顺序

根据本工程结构特点和本公司的技术装备、劳力、机械状况及现场情况，计划的本工程施工工艺总流程如图 8-2 所示，具体各工序的施工工艺流程详见分项工程施工内容。

图 8-2　施工工艺总流程图

1. 轨道板预制施工顺序

模板安装→预应力筋下料→钢筋编组及预埋件安装→施加预应力→混凝土配制和浇筑→混凝土养护→预应力放张→轨道板脱模→轨道板存放、养护→轨道板磨削。

2. 路基上无砟轨道施工

路基上 CRTS Ⅱ 型板式无砟轨道施工顺序如图 8-3 所示。

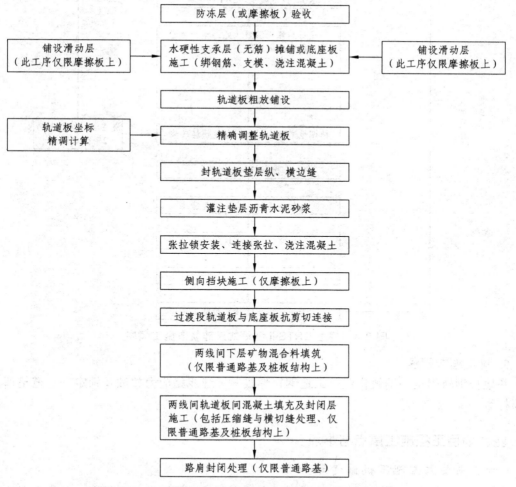

图 8-3　路基上 CRTS Ⅱ 型板式无砟轨道施工顺序

3. 隧道内无砟轨道施工

隧道内 CRTSⅡ型板式无砟轨道施工顺序同路基上的施工。

4. 桥上 CRTSⅡ型板式无砟轨道施工顺序

桥上 CRTSⅡ型板式无砟轨道施工顺序如图 8-4 所示。

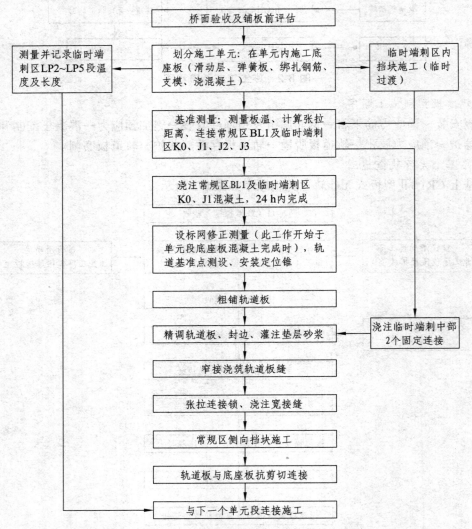

图 8-4　桥上 CRTSⅡ型板式无砟轨道施工顺序

5. 铺轨施工顺序

基地长钢轨焊接→铺轨作业→工地钢轨焊接→无缝线路应力放散及锁定→轨道整理及钢轨预打磨。

四、项目工程施工重点与难点

（一）主要大型施工机械选择

根据本工程计划，采用的 CRTSⅡ型板式无砟轨道的施工设备主要有：混凝土搅拌站、混凝土运输车、混凝土泵车、混凝土输送泵、滑模摊铺机、钢筋加工设备、轨道板运输车、轨道板铺设龙门吊、轨道定位精调装置、移动式水泥沥青砂浆拌和车、水泥沥青砂浆灌注设备、定位圆锥体。各机具设备的具体数量见施工资源配置计划部分。

（二）工程特点与难点

1. 工期紧张

本工程正线全长74.03 km均铺设CRTSⅡ型无砟轨道板，共计用Ⅱ型板21 955块，工程需进行Ⅱ型板预制、无砟轨道铺设和铺轨等多项大型施工作业，但总工期仅为991日历天，工期紧张是本工程要解决的首要难题。

2. 技术难度较高

本工程采用世界上最先进的高速铁路无砟轨道系统——CRTSⅡ型板式无砟轨道，具有多项先进施工技术，主要为：CRTSⅡ型无砟轨道板预制技术、乳化水泥沥青砂浆灌注技术、轨道板精调技术、底座板施工技术、端刺施工技术、滑动层施工技术、摩擦板施工技术等。其中桥上CRTSⅡ型无砟轨道板需要的底座板施工技术、端刺施工技术、摩擦板施工技术等在我局为首次施工，无先例可寻，对公司技术水平的要求较高，难度较大。

3. 质量是重中之重

对企业来说，工程质量是生存和发展的基础。针对本工程的特点，需要解决以下几点质量问题：底座板混凝土浇筑及其纵向连接、轨道板铺设精度、乳化水泥沥青砂浆灌注均匀、滑动层土工布褶皱、轨道板纵向张拉。

针对难点应采取的措施：

（1）加强图纸会审，做好施工的技术交底。

（2）编制施工进度计划及相应的材料、设备采购供应计划、质量验收计划。

（3）定期组织施工协调例会，让接口施工双方提前介入统一的接口施工管理，通过合同、补充协议等方式，明确接口部位施工的双方责任。

（4）提前安排有关设备、材料的采购、供货工作。

（5）每月28日前报送月进度计划，每周例会前报送周进度计划（并对上周的工作计划进行总结），检查周、月进度计划是否符合总进度计划的要求。项目部每半个月由项目经理和生产副经理组织对项目的实际进度和进度计划进行对比，找出二者之间的差别并分析产生差别的原因和问题，并将分析产生差别的原因和问题传递给公司和业主。

五、主要分布分项工程施工方法

（一）CPⅢ控制网建设和测量

本标段CPⅢ控制网建设和测量由具有资质的专业队伍负责，按×公司规定的平差软件平差是否合格，并通过评估单位评估合格后采用。

（二）桥上无砟轨道施工

本标段桥梁无砟轨道施工以一个桥梁单位工程作为一个施工段落。本标段有特大桥10座，大桥4座，中桥2座，共计17个施工段，以9个独立的作业面同时组织施工。

1. 临时和固定端刺的设置

根据底座板施工区段的划分以 4~5 km 为宜，避开连续梁及其前后各相邻两孔简支梁、道岔区，满足后浇带缝与轨道板缝不能重合、底座板每次灌注长度不大于 164 m 等临时端刺的设置原则，本标段暂拟设置临时端刺 8 组（除秦淮河特大桥上必须设 1 组临时端刺个，满足施工工期要求时，可取消）。

2. 梁面打磨、检测

为了使梁面达到喷涂聚脲防水层 3 mm/4 m 的平整度，粗糙度满足 SP3~SP4，高程偏差在 0~−20 mm 内的要求。在喷涂防水层之前要对梁面进行处理，对超出设计标高的部位利用 L550A 重型研磨机打磨，对低于设计标高的部分进行梁面修补。

并按规定对桥面高程、梁面平整度、梁端剪力齿槽等凹槽几何尺寸、桥面预埋件、排水坡、伸缩缝等进行检测验收。

3. 聚脲防水层施工

本工程聚脲防水层由具有实际施工经验的专业施工队伍进行施工。利用抛丸机处理基面；底漆、聚脲防水涂料、脂肪族聚氨酯面层等喷涂均采用机械喷涂、人工涂刷相辅的方式。

4. 滑动层及高强挤塑板施工

施工程序为：梁面清扫检查→滑动层铺设边缘放样弹线→粘结剂涂刷带放样弹线→梁端接缝处高强度挤塑板铺设→底层土工布粘贴铺设→土工膜铺设→上层土工布铺设→碾平压紧。

5. 桥梁底座板施工

底座板分为多个单元，可由一个单元开始向相邻单元依次进行施工，也可分多个工作面同时施工。同一单元内底座板施工顺序为临时端刺区施工→常规区施工→另一侧临时端刺区→钢筋连接器张拉→后浇带砼浇筑。具体施工程序如下：底座板钢筋笼场内加工→钢筋笼整体吊装就位→钢板连接器及剪力齿槽锚固筋安装→模板制作安装→测温电偶安装→底座板混凝土浇筑（后浇带除外）→顶面边缘收坡→顶面拉毛→顶面边缘横坡收光→模板拆除→混凝土养护→钢筋连接器张拉→后浇带混凝土浇筑→后浇带混凝土顶面收坡、拉毛→后浇带混凝土模板拆除养护。

（1）钢筋加工及安装温差电偶。

① 底座钢筋绑扎由于受工期、场地、钢筋运输等的限制，拟在钢筋加工场内集中加工，根据分节绑扎成型后吊装上桥，再在现场安装成型。

② 剪力齿槽钢筋、钢板连接器等均在钢筋棚中加工好后上桥安装。

③ 温差电偶埋设：底座板混凝土浇筑前，在每个浇筑段距离后浇带约 1/3 浇筑段长位置处，在横断面的轨道板放置边缘处埋设温差电偶，用于测量混凝土芯部的温度变化。

（2）模板安装。

根据施工进度安排制作相应数量的底座板模板。一般情况下一个工作面底座模板的配置数量以满足一个施工段落左右线的底座板能同时浇筑为宜。为适应振动梁行走需要及曲线超高段底座板加厚需要，底座板模板采用高度可调式钢模。模板上部采用 4 mm 厚钢板作为面板，背肋为上下两道 10# 槽钢，下道槽钢大面可紧贴面板背面上下滑动，兼做可调部分的面板。

侧模安装方法：按照计算出的模板安装高度安装底座侧模板，使模板顶面与底座顶面边缘的变坡点平齐，并用φ48 mm 钢管支撑。外侧模板支撑在竖墙上，内侧模板左右线对称。端模加工成梳形，梳齿间的净距应根据其所卡纵向钢筋的直径来确定。

（3）底座板混凝土浇筑。

混凝土由拌和站集中搅拌，混凝土罐车运到工地，再由泵车泵送入模。用φ50 mm 插入式振捣器振捣，最后采用提浆振动梁进行混凝土面振捣并提浆整平。

（4）底座板混凝土拉毛、边缘横坡收光。

底座板表面利用轨道板厂专用的硬塑拉毛刷拉毛。拉毛槽深按 1 ~ 2 mm 进行控制。

底座板边缘 25 cm 宽横坡收光先采用特制木抹子抹压出规定坡度，并检查横坡率符合设计要求后，再用铁抹子对两侧 20 cm 的范围进行收光处理。底座板边缘横坡面的收光不少于两遍。

底座板两侧排水坡面抹面收光完成后，应及时进行覆盖养护。

（5）设临时侧挡。

底座板砼拆模后，在曲线地段的底座板，要加设临时侧挡，防止底座板在张拉时横向位移。临时侧向挡块设置的原则为：曲线半径≤2 500 m 时，每个侧向挡块处设置 1 个；曲线半径在 2 500 m ~ 4 500 m 时，每跨简支梁设置 2 处；曲线半径 > 4 500 m 时，每跨简支梁设置 2 处。

（6）底座板连接施工。

底座板连接施工是围绕并确保板内 25 ℃ 时零应力状态而进行的连接筋张拉施工。连接方法是遵照一定程序将钢板连接器（BL1）螺母紧固，实现底座的板张拉连接。按照环境温度和底座板的温度，可分为三种情况：当 10 ℃≤T< 25 ℃ 时，底座板应进行张拉连接；当 25 ℃≤T≤35 ℃ 时，不张拉，直接用手拧紧螺母连接施工；当 T > 35 ℃ 或 T < 10 ℃ 时，禁止张拉连接施工。底座板连接时混凝土强度必须达到 20 MPa，所有类型单元段底座板的连接施工均须在温差较小的 24 h 内完成且左右线同步。

6. 桥梁轨道板粗铺

（1）定位锥点安放。

用评估合格的 CPⅢ控制网 4 点对，测设基准点和定位锥点。定位锥利用植入的φ16 精轧螺纹钢作为定位锥锚杆。

（2）轨道板粗铺。

轨道板粗铺采用的是悬臂龙门吊提吊轨道板上桥后铺设的方式。铺板前一定要对所铺设处的底座板标高进行复测，确保板腔最小空间不小于 2 cm（控制在 2 ~ 4 cm 内），同时对于精调爪位置处预留 2.5 cm 的空缺，避免出现不能精调到位的情况。粗铺时，采用 300 mm × 50 mm × 40 mm 厚松木条在板下支垫。每块板放置 6 个（曲线上 8 个）精调千斤顶，并在每个精调千斤顶安装位置处用粘胶粘贴"凹"型弹性密封止浆垫。检查板号，"对号入座"，完成粗铺作业，粗铺轨道板平面位置精度控制在 5 mm 之内。

7. 轨道板精调

精调施工前，要对 CPⅢ控制网进行核查，确保有效可用。并要将现场不同的曲线要素输入到仪器中，精调哪一段要用相应的曲线要素。对精调仪器、装置进行检查，确保测量系统正常工作。精调完毕后，在砂浆灌注前，应对精调好的轨道板进行复核。

8. 水泥乳化沥青砂浆施工

砂浆灌注施工，主要把好以下几道关。

（1）原材料型式检验、进场检查、日常检验，以及砂浆的日常检验工作，确保砂浆质量合格。

（2）按试验段揭板试验确定的工艺参数和操作工艺进行灌注施工。

水泥乳化沥青砂浆搅拌采用了专用搅拌车，汽车吊提吊灌注。封边使用了专用的砂浆封边土工布，槽钢制封边压紧横梁、压紧封边角钢。窄接缝处第一次采用土工布封堵，之后采用稠化的 CA 砂浆封堵。轨道板的压紧利用的是翼形压板装置。排气孔在板四角设置（4 个，中部必要时对称增设 2 个）。砂浆灌注采用"先慢、再快、后慢"的工艺方法进行。灌注完成的充填层 CA 砂浆应及时做好洒水养护。

9. 轨道板纵向连接张拉

轨道板纵向连接张拉顺序如图 8-5 所示。

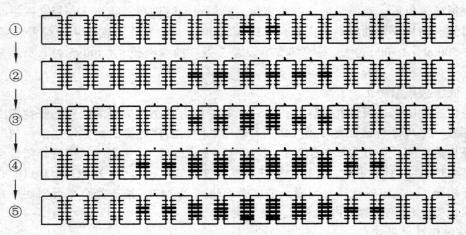

图 8-5　轨道纵向张拉步骤图

10. 桥上无砟轨道铺板施工物流组织方案

本标段桥梁无砟轨道施工主要物流组织措施为以下几个。

（1）底座板。

底座板钢筋用汽车吊吊上桥面进行绑扎，或直接在钢筋加工厂绑扎好后，再用吊车吊上桥进行连接；混凝土使用罐车配合汽车泵，泵送上桥进行砼灌注。

（2）轨道板。

桥梁用轨道板提前运至现场，存放于桥下便道上，个别便道宽度不足 7 m 的困难地段的桥梁轨道板采取集中存放的方式。粗铺工序开始前，轨道板提前使用汽车吊吊运上桥，以三块一垛的形式存放于施工完成的底座板上（底座板等强 75%以上），以提高悬臂龙门吊工作效率，或直接使用悬臂龙门吊提板上桥进行粗铺。对于集中存放的桥梁轨道板在粗铺时，用平板车临时运送至桥下，用上述方法上桥。

（3）CA 砂浆

CA 砂浆拌制出仓后，用汽车吊提中转罐上桥，使用小型叉车运至灌注作业面，注入移动式灌注小车进行灌注。每辆 CA 砂浆车配备两个中转罐。

（4）施工便道

桥梁无砟轨道施工便道的宽度应大于 7 m，便道每 200 m 设置一处 3.5m×10m 的回车区域，确保全程贯通。桥梁施工物流组织如图 8-6 所示。

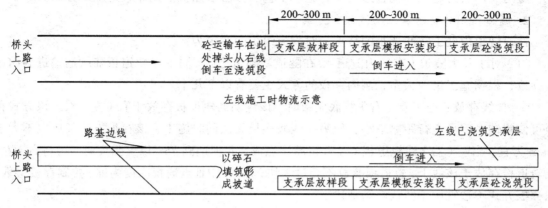

图 8-6　支承层施工物流组织示意图

（5）作业人员及小型器具、材料等通过上桥钢斜道上下，上桥钢斜道一般选择购置厂制成品。每 1 km 左右设置一处。

（三）路基上无砟轨道施工

1. 路基上支承层施工

路基上水硬性混凝土支承层，采用摊铺机摊铺模压，压路机碾压成型。其他工序的具体工艺、方法参照桥上无砟轨道施工。

2. 路基上无砟轨道铺板施工物流组织方案

（1）路基上混凝土支承层施工由施工便道进入路基面，每次浇筑长度约 200～300 m，且左右线之间应错开 30 m，方便机械施工。混凝土运输采用小型汽车，以便在路基上调头。

（2）路基上支承层先施工远离施工便道的一侧，再施工靠近便道的一侧。路基上支承层施工物流组织参考的是桥上支承层的物流组织。

（3）路基用Ⅱ型板在施工前应集中存放于路基上。先使用汽车吊从便道上将轨道板吊运至路基面，采用三支点存放的方式（曲线地段路基不宜存板）；轨道板粗铺前，再使用小型龙门吊配合双向运板车运送至铺板作业面，运输过程中满足 4 点支承 3 点平衡。

（4）路基用 CA 砂浆先利用汽车吊吊运中转罐至路基面，再由叉车运输中转罐至灌注作业面，最后注入灌注小车进行灌注。

（四）隧道内无砟轨道施工

本标段隧道结构为 3.42 km，分别为：长乐明洞（136 m）、卧龙 1#隧道（183 m）、卧龙 2#隧道（193 m）和东庐山隧道（2 908 m），除东庐山隧道作为一个单独的施工段外，其余短隧道均划入相邻路基无砟轨道施工段落。

1. 隧道底板凿毛及各道工序施工

隧道底座施工前应将隧道底板（或仰拱填充）进行凿毛，凿毛范围：横向为轨道中心线两侧各 1.375 m 内，纵向范围为至施工缝 0.50 m 处。凿毛深度以见到粗骨料（10 mm 左右）为准，凿毛率≥50%。凿毛宜优先通过铣刨机进行，辅以人工手持风镐凿毛。

隧道无砟轨道施工其他各道工序、施工工艺、方法参照桥上无砟轨道施工方法。

2. 隧道内无砟轨道施工物流组织方案

针对隧道内施工空间狭小的特点，对物流组织的要求为：

（1）对于长大隧道（东庐山隧道），在隧道基础凿毛后，将Ⅱ型轨道板陆续运输进洞内进行存放，根据施工组织关系，洞内存板的方式主要有以下几个。

① 异线存放：施工左（右）线底座板时，该线别的轨道板存放于右（左）线。该方式存板可使粗铺龙门吊走行距离最小，但另一线底座板无法同时施工，该存板方式长度以不大于 1 km 为宜。当左（右）线轨道板 CA 砂浆灌注完成，养护达到 75%以上强度时，可将右（左）线轨道板存放于该线上，轨道板叠放不超过 3 块，并以 CPⅢ点通视高度为准，控制存板层数。该存板方式不适宜用于曲线超高地段。

② 同线存放：施工一段底座板时，将该段用轨道板存放于施工段的大（或小）里程端。在底座板施工方向上，存板点应距离混凝土浇筑作业面 1 km 左右，以确保底座板可连续向前施工。

③ 洞口存放：对于较短的隧道，轨道板存放于两个洞口外的路基上，粗铺用轮胎式龙门吊走行距离以不大于 500 m 为宜。

（2）洞内存板仍采用三点垫木支撑。支撑位置提前预留，支撑处底座板不凿毛，进行打磨平整，并确保凿毛区的总凿毛率不低于 50%。板垛叠放层数不超过 3 块，防止遮挡 CPⅢ点照射视线，放置时注意轨道板朝向和线别，使用 10 t 轮胎式龙门吊吊卸。洞内存放的板垛使用塑料布包裹，并粘贴反光标志。

（3）在长大隧道（东庐山隧道）内进行粗铺板施工时，一个工作面配置两台 10t 轮胎式龙门吊，以弥补龙门吊走行距离拉长的影响；同时应采取多种存板位置相结合的方式进行物流组织，使一个工作面上的底座板双线同时作业，并使底座板工序和粗铺工序之间形成流水作业，确保整体进度指标的实现。

（4）洞内 CPⅢ点埋设位置适当加高。点位的埋置高度离隧道地面的距离应大于 1.6 m，防止存板后阻挡 CPⅢ点视线。

（5）隧道内作业空间狭小，CA 砂浆中转罐的运输方式拟采用两种。

① 使用小型叉车运输，在两线底座板之间行走，以节约施工空间。

② 直接采用铺板龙门提吊进行灌注。

（6）隧道底座板浇筑拟采用两种方式。

① 使用混凝土罐车运输，利用 HBT80/1613S 型地泵泵送砼入模。

② 混凝土罐车运输，铺板龙门提吊专制料斗灌注入模。

（7）隧道内轨道板运输：进洞存放时采用专用汽车运输；轨道板装卸及洞内倒运利用 MEBL 型系列轮胎式可变跨龙门吊进行，吊运方式如图 8-7 所示。

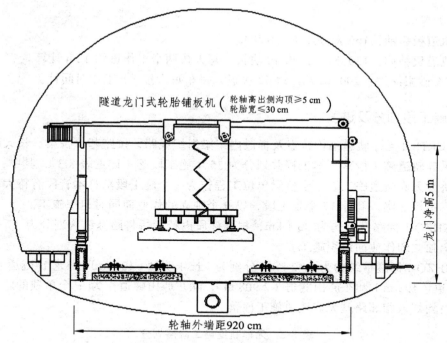

隧道龙门式轮胎铺板机（轮轴高出侧沟顶≥5 cm
轮胎宽≤30 cm）

龙门净高5 m

轮轴外端距920 cm

图 8-7 隧道内轨道板吊运图示

第三节 工程施工进度计划

一、总体工期计划

1. 正线无砟轨道结构

本标段铺轨时间为 2008 年 4 月 1 日～2008 年 4 月 18 日，正线上无砟轨道施工时间为 2007 年 9 月 21 日～2008 年 4 月 6 日，累计 6.5 个月，先导段计划于 2007 年 9 月 21 日开始施工。由于受到铺轨工序的制约，桥梁上侧向挡块计划于 2008 年 4 月 30 日前完成。

2. 线外模拟试验段

本标段试验段场地计划建设时间为 2007 年 6 月 15 日～2007 年 7 月 15 日，模拟施工时间为 2007 年 7 月 21 日～2007 年 9 月 21 日。

3. 车站内无砟轨道

管段内四座车站无砟道岔共计 20 组，计划于 2008 年 5 月上旬施工完成。

4. Ⅱ型板预制

Ⅱ型板预制生产时间安排在 2006 年 12 月 25 日～2008 年 2 月 25 日，日均打磨量控制 80～100 块，满足总体工期计划的要求。

二、主要进度指标

（1）底座板施工：130 m/天，每个工作面配置 3 套（单侧累计 780 m）底座板模型；周转期按 15 天考虑。

（2）轨道板粗铺：160 米/天，约 50 块板。

（3）轨道板精调：130 米/天，约 40 块板，每天按两个工作班约 12 h 计算。

（4）CA 砂浆灌注：200 米/天，约 62 块板，每车每天按 8 h 工作时间计。

三、施工段划分及进度

根据 CRTS Ⅱ 无砟轨道结构特点及标段内架梁组织线路，按路基、桥梁、长大隧道等构筑物划分无砟轨道施工段落。本工程共划分为 35 个施工段落（详见表 8-3），其中：

（1）桥梁无砟轨道施工以一个桥梁单位工程作为一个施工段落，本管段有特大桥 10 座，大桥 4 座，中桥 2 座，共计 17 个施工段，以 9 个独立的作业面同时组织施工。

（2）NHZQ-I 标路基结构为 33.1 km，根据标段内特大桥将路基结构划分为 17 个施工段落，以 9 个独立的作业面组织施工。

（3）NHZQ-I 标隧道结构为 3.42 km，分别为：长乐明洞（136 m）、卧龙 1#隧道（183 m）、卧龙 1#隧道（193 m）和东庐山隧道（2 908 m），除东庐山隧道作为 1 个单独的施工段外，其余短隧道均划入相邻路基无砟轨道施工段落。

表 8-3　无砟轨道施工段落划分

序号	单位	工点起讫里程	长度（km）	工点名称或范围		作业面
				起点	止点	
1	一分部	DK1+782.41 ~ DK4+100 DK4+100 ~ DK5+150	3.37	秦淮河特大桥		1
2	二分部	DK5+150 ~ DK11+650	6.50	秦淮河特大桥（设 1 个临时端刺）		2
3	三分部	DK13+071.682-DK18+438.985	5.37	胜利河特大桥（设 1 或 2 个临时端刺）		1
4	四分部	DK11+649.81-DK13+072.91	1.43	秦淮河特大桥杭州台	胜利河特大桥南京台	1
5		DK18+440.91-DK20+383.24	1.94	胜利特大桥杭州台	句容河特大桥南京台	1
6		DK20+384.775 ~ DK24+540	4.16	句容河特大桥		1
7	五分部	DK24+540.7-DK27+494.7	2.96	句容河特大桥南京台	高阳河特大桥杭州台	1
8		DK27+494.74-DK32+322.76	4.83	高阳河特大桥		1
9	六分部	DK32+322.76-DK33+256.08	7.55	高阳河特大桥杭州台	溧×跨宁杭高速特大桥南京台	2（含长乐明洞）
10		DK33+256.105 ~ DK37+965.715		跨宁杭特大桥		
12		DK37+965.05-DK39+635		溧×跨宁杭高速特大桥杭州台	长乐明洞进口	
13		DK39+788-DK40+020		长乐明洞出口	卧龙湖特大桥南京台	
14		DK40+020.4 ~ DK40+622.58	0.60	卧龙湖特大桥		

序号	单位	工点起讫里程	长度（km）	工点名称或范围		作业面
				起点	止点	
15	七分部	DK40+622.58-DK40+702		卧龙湖特大桥杭州台	卧龙1#隧道进口	2（含卧龙1#、2#隧道）
16		DK40+885-DK40+956		卧龙1#隧道出口	卧龙2#隧道进口	
17		DK41+149-DK41+177.27	1.35	卧龙2#隧道出口	卧龙山中桥南京台	
18		DK41+177.26～DK41+288.93		卧龙山中桥		
19		DK41+288.93-DK42+462.75		卧龙山中桥杭州台	跨沿江高速公路特大桥南京台	
20		DK42+462.76～DK45+074.53	2.61	跨沿江特大桥		
21		DK45+074.53-DK46+732	1.66	跨沿江高速公路特大桥杭州台	溧×站	1
22	八分部	DK46+732-DK49+225	2.50	溧×站	东庐山隧道入口	1
23		DK49+225-DK52+133	2.91	东庐山隧道		
24		DK52+133-DK57+601	5.50	东庐山隧道出口	老鸦坝水库1#特大桥南京台	1
25		DK58+957-DK63+584	4.63	老鸦坝水库1#特大桥杭州台	湖北岗特大桥南京台	
26		DK65+247-DK69+951	4.70	湖北岗特大桥杭州台	南旺坝特大桥南京台	1
27		DK71+150-DK75+213	4.10	南旺坝特大桥杭州台	I标终点	1
28	八分部	DK52+303.27～DK52+447.64	0.14	吕家山大桥		1
29		DK53+151.27～DK53+328.33	0.18	隐烛山大桥		
30		DK57+601.31～DK58+957.2	1.36	老鸦坝水库1#特大桥		
31		DK60+043.72～DK60+449.68	0.41	老鸦坝水库2#大桥		
32		DK60+760.51～DK61+022.98	0.24	张巷大桥		
33		DK63+583.92～DK65+246.72	1.66	湖北岗特大桥		
34		DK66+017.26～DK66+128.93	0.11	章家棚中桥		
35		DK69+951.1～DK71+149.91	1.20	南旺坝特大桥		
合　计（km）			73.96			19

　　各施工段落进度根据总体工期计划由各分部进行细化并严格落实，工程指挥部定期进行检查。

四、各项资源需要量施工准备工作计划

（一）主要大型设备配备计划

根据施工计划时间安排，本标段拟投入 17 套独立的无砟轨道板施工设备（其中 2 套分由 2 个作业面共用）。主要大型设备应于正式施工前 1~2 个月进场，以便进行线外试验、调试及安装。主要大型设备配备见表 8-4。

表 8-4　NHZQ-I 标无砟轨道施工主要大型设备表

序号	施工单位	管段长度	主要大型设备（成套）	数量台套	最迟进场时间	工作面
1	一分部（四公司）	3.368 km	CA 砂浆搅拌车	1	2007-11-1	桥-1
2			移动式灌注小车	1		
3			悬臂龙门吊	1		
4			35 t 吊车	2		
5			精调设备			
6	二分部（四公司）	6.5 km	CA 砂浆搅拌车	2	2007-11-1	桥-2
7			移动式灌注小车	2		
8			悬臂龙门吊	2		
9			35 t 吊车	4		
10			精调设备	2		
11	三分部（二公司）	5.4 km	CA 砂浆搅拌车	1	2007-8-20	桥-1
12			移动式灌注小车	1		
13			悬臂龙门吊	1		
14			35 t 吊车	2		
15			精调设备	1		
16	四分部（建筑公司）	7.5 km	CA 砂浆搅拌车	2	2007-10-1	桥-1 路-1
17			移动式灌注小车	2		
18			悬臂龙门吊（桥专用）			
19			35 t 吊车	3		
20			双向运板车（路用）	1		
21			轮胎式门吊（路用）	1		
22			精调设备	2		
23	五分部（南京分公司）	7.8 km	CA 砂浆搅拌车	2	2007-8-20（其中试验段用砂浆车和模型板 7 月 20 日前进场）	桥-1 路-1
24			移动式灌注小车	2		
25			悬臂龙门吊（桥专用）	1		
26			35 t 吊车	3		

27		双向运板车（路用）	1		
28		轮胎式门吊（路用）	1		
29		精调设备	2		
30	六分部（四公司）	CA 砂浆搅拌车	2	2007-10-20	桥-1 路-1
31		移动式灌注小车	2		
32		悬臂龙门吊（桥专用）	1		
33	8.3 km	35 t 吊车	3		
34		双向运板车（路用）	1		
35		轮胎式门吊（路用）	1		
36		精调设备	2		
37	七分部（四公司）	CA 砂浆搅拌车	1	2007-10-20	桥-1 路-1
38		移动式灌注小车	1		
39		悬臂龙门吊（桥专用）	1		
40	6.1 km	35 t 吊车	3		
41		双向运板车（路用）	1		
42		轮胎式门吊（路用）	1		
43		精调设备	1		
44	八分部（七公司）	CA 砂浆搅拌车	5	2007-10-1	桥-1 路-1
45		移动式灌注小车	5		
46		悬臂龙门吊（桥专用）	1		
47	29.5 km	35 t 吊车	6		
48		双向运板车（路桥用）	4		
49		轮胎式门吊（路桥用）	4		
50		精调设备	5		

（二）主要试验、质检仪器设备计划

为确保施工质量，加强现场检测的力度。施工现场设三级试验室一个，配备必要的试验检测仪器，具备水泥乳化沥青砂浆、乳化沥青、干料三个项目试验检测工作，共计 21 个参数的检测能力。施工现场主要试验检测仪器设备配置见表 8-5。

表 8-5 NHZQ-I 标无砟轨道施工主要试验检测仪器设备配置表

序号	仪器设备名称	规格型号	数量	进场日期	备注
1	针入度试验仪	XCH-28010	1 台	2007-7-5	
2	软化点试验仪	SLR-C	1 台	2007-7-5	
*3	红外线测温仪	MODEL TN18	1+14 台	2007-7-5	
4	延度试验仪	SY-1.5	1 台	2007-7-5	

序号	仪器设备名称	规格型号	数量	进场日期	备注
*5	含气量测定仪	LS-546	1+8 台	2007-7-5	
6	数显沥青闪点仪	SLD-3536	1 台	2007-7-5	
7	PH 测试仪	PHS-3C	1 台	2007-7-5	
8	沥青旋转烘箱	SMBM-85	1 台	2007-7-5	
*9	恒温去湿养护箱	HBY-30	1+8 台	2007-7-5	
10	电子天平	JF	1 台	2007-7-5	
11	掌上型电子称	XES-500A	1 台	2007-7-5	
*12	电子天平	TD	1+8 台	2007-7-5	
13	电子称	BS1500	1 台	2007-7-5	
14	电子称	BS-30KA	1 台	2007-7-5	
*15	深度游标卡尺	0-200	1+8 台	2007-7-5	
16	低温槽	THD-0506	1 台	2007-7-5	
*17	秒表	504	1+8 台	2007-7-5	
18	微机控制恒加载试验机	TYA-300B	1 台	2007-7-5	
19	弹模仪	TM-2	1 台	2007-7-5	
*20	具赛三角瓶	100 mL	6+8 个	2007-7-5	
*21	烧杯	1 000 mL	6+80 个	2007-7-5	
*22	量筒	50 mL	10+80 个	2007-7-5	
*23	量筒	100 mL	10+80 个	2007-7-5	
*24	量筒	250 mL	60+800 个	2007-7-5	根据实际使用消耗而定
25	量筒	1 000 mL	4 个	2007-7-5	
26	蒸馏发生器	YA.ZD.10	1 台	2007-7-5	
27	沥青乳液稳定性管	/	3 根	2007-7-5	
28	八字模及底板	/	4 套	2007-7-5	
*29	抗冻试模	10*300	4+32 组	2007-7-5	
*30	CA 砂浆试模	ϕ50*50	4+80 组	2007-7-5	
31	锥形瓶	/	6 个	2007-7-5	
32	夹钳台	/	1 台	2007-7-5	
33	容量瓶	250 mL	4 个	2007-7-5	
*34	扩展度筒	内径 50 mm,高 190 mm	1+16 个	2007-7-5	
*36	乳化沥青流动度测定仪	/	1+16 台	2007-7-5	
37	砂浆试验漏斗	/	1 个	2007-7-5	

序号	仪器设备名称	规格型号	数量	进场日期	备注
38	自由膨胀试验仪	内径 5.9 cm，高 50 cm	1 个	2007-7-5	
*39	砝码	F2 级/20 kg,10 kg,5 kg	3+16 组	2007-7-5	
40	砂浆电动轻型搅拌机	SJ-10L	1 台	2007-7-5	
41	可调试电炉	1 000 W	1 台	2007-7-5	
*42	不锈钢数显卡尺	0-200 mm	1+8 把	2007-7-5	
43	笔式酸度计	PHB-1 型	1 只	2007-7-5	
44	沥青微粒离子电荷仪	HDH-1A	1 台	2007-7-5	
*45	粘结强度拉拔仪	ZQS6-2000 型	1+4 台	2007-7-5	
46	电动防水卷材不透水仪	DTS-96	1 台	2007-7-5	
47	电热鼓风恒温干燥箱	101-2	1 台	2007-7-5	
48	沥青砂浆搅拌机	CAJ-5	1 台	2007-7-5	
49	CA 砂浆搅拌机	CA-20	1 台	2007-7-5	
50	电子式万能试验机	WDW-50	1 台	2007-7-5	
*51	超声波漆膜测厚仪	Positector 200	1+4 台	2007-7-5	
52	圆模	ϕ 60*35*60	1 个	2007-7-5	
*53	撕裂强度裁刀	直角形	1+4 个	2007-7-5	
*54	哑铃裁刀	I 型	4+16 个	2007-7-5	

注：*为必备仪器。

（三）专业精调仪器设备配备计划

根据本标段施工计划及无砟轨道施工作业面安排，拟计划投入 17 套精调设备，各设备的具体进场时间见表 8-6。

表 8-6　NHZQ-I 标无砟轨道施工专业精调仪器设备配备表

序号	施工单位	管段长度	主要大型设备（成套）	数量台套	最迟进场时间
1	一分部	2.3 km(3.368 km)	徕卡 TCR1201+R400 全站仪	1	2007-11-1
2			徕卡精密棱镜（leicaGPR121）	9	
3			无砟轨道板精调测量定位系统	1	
4			CRTSII 施工布板软件	1	
5	二分部	7.55 km（6.5 km）	徕卡 TCR1201+R400 全站仪	2	2007-11-1
6			徕卡精密棱镜（leicaGPR121）	18	
7			无砟轨道板精调测量定位系统	2	
8			CRTSII 施工布板软件	1	

序号	施工单位	管段长度	主要大型设备（成套）	数量台套	最迟进场时间
9			徕卡 TCR1201+R400 全站仪	1	2007-8-20
10	三分部	5.4 km	徕卡精密棱镜（leicaGPR121）	9	
11			无砟轨道板精调测量定位系统	1	
12			CRTSII 施工布板软件	1	
13			徕卡 TCR1201+R400 全站仪	2	
14	四分部	7.5 km	徕卡精密棱镜（leicaGPR121）	18	2007-10-1
15			无砟轨道板精调测量定位系统	2	
16			CRTSII 施工布板软件	1	
17			徕卡 TCR1201+R400 全站仪	2	
18	五分部	7.8 km	徕卡精密棱镜（leicaGPR121）	18	2007-7-15
19			无砟轨道板精调测量定位系统	2	
20			CRTSII 施工布板软件	1	
21			徕卡 TCR1201+R400 全站仪	2	
22	六分部	8.3 km	徕卡精密棱镜（leicaGPR121）	18	2007-10-20
23			无砟轨道板精调测量定位系统	2	
24			CRTSII 施工布板软件	1	
25			徕卡 TCR1201+R400 全站仪	2	
26	七分部	6.1 km	徕卡精密棱镜（leicaGPR121）	18	2007-10-20
27			无砟轨道板精调测量定位系统	2	
28			CRTSII 施工布板软件	1	
29			徕卡 TCR1201+R400 全站仪	5	
30	八分部	29.5 km	徕卡精密棱镜（leicaGPR121）	50	2007-10-1
32			无砟轨道板精调测量定位系统	5	
33			CRTSII 施工布板软件	3	
33	合计		徕卡 TCR1201+R400 全站仪	17	
			徕卡精密棱镜（leicaGPR121）	158	
			无砟轨道板精调测量定位系统	17	
			CRTSII 施工布板软件	10	

（四）物资供应计划

物质供应计划见表 8-7。

表 8-7 NHZQ-I 标无砟轨道线上施工主要用材数量表

序号	材料名称	规格型号	单位	数量
1	HRB500 钢筋	$\phi 10$	t	2 818.07
2		$\phi 14$	t	7.95
3		$\phi 16$	t	5 540.70
4		$\phi 20$	t	1 004.24
5	HRB500 精轧螺纹钢钢筋	$\phi 25$	t	69.86
6	HRB335 精轧螺纹钢	$\phi 28$	t	19.67
7	冷轧带肋钢筋	CRB550ϕR10	t	8.72
8		CRB550ϕR11	t	56.49
9		CRB550ϕR12	t	182.68
10	限位板	长×宽×厚=0.65 m×0.1 m× 0.018 m	块	33 515.60
11	高强挤塑板	长×宽×厚=2.95 m×1.45 m× 0.05 m	块	2 417.30
12	两布一膜	专供	m²	220 440.00
13	喷涂聚脲	专供	t	2 400.00
14	钢板连接器		套	563.00
15	不锈钢连接线		m	4 568.95
16	锚固板	Q235	块	5 055.40
17	无碴轨道板张拉锁件	专供	个	120 600
18	乳化沥青	专供	t	3 900
19	干料	专供	t	19 500
20	散装水泥	硅酸盐水泥（详见配合比设计）	t	42 000
21	砼粗细骨料	二级级配（详见配合比设计）	m³	240 000

（五）主要劳动力配置及模拟演练计划

1. 主要劳动力配置

NHZQ-I 标无砟轨道施工包括桥梁作业面 9 个，路隧作业面 10 个，高峰期间累计有 17 个工作面同时作业，对施工人员数量、组织统筹要求如下。

施工时每个工作面配置一套专业工班，主要包括：聚脲防水层作业班 81 人，每班 9 人；两布一膜作业班 90 人，每班 10 人；底座板（含水硬性支撑层）作业班 544 人，每班 32 人；粗铺作业班 442 人，每班 26 人；精调作业班 170 人，每班 10 人；CA 砂浆作业班 476 人，每班 28 人；加料站 80 人，每站 20 人；轨道板纵连、剪切连接、窄接缝浇筑、侧向挡块作业班 136 人，每班 8 人。NHZQ-I 标无砟轨道施工累计需投入工班操作人员 2 019 人，管理人员 765 人。

2. 模拟演练计划

无砟轨道所有施工人员均提前组织进场，确保培训工作和正式工程的顺利展开。

第一阶段：本标段线外试验段计划于 2007 年 7 月 20 日开始进行模拟施工，各分部无砟轨道施工领工员、架子队长、安质检人员、试验人员、测量人员、技术人员按时进场进行模拟操作。

第二阶段：标段内先导段计划于 2007 年 9 月 20 日开始施工，各分部无砟轨道专业工班组及管理人员按时进场进行跟班学习。

（六）先导段施工安排

根据《无砟轨道先导段评估实施细则》要求："先导段不小于 2 km 长度，应包含曲线地段，宜包含桥梁及路基地段，统筹考虑 CPⅢ 精测网段落划分及搭接处理。"结合本标段线下工程施工进度情况，本标段先导段设置在五分部高阳河特大桥内（DK30+345.7 ~ DK32+372.76），总长度 2.03 km。

1. 先导段施工时间计划

2007 年 9 月 21 日至 10 月 20 日进行底座板的浇筑和张拉施工；10 月 21 日至 11 月 5 日进行轨道板粗铺；10 月 23 日至 11 月 8 日进行轨道板精调；10 月 24 日至 11 月 10 日进行轨道板 CA 砂浆灌注；11 月 10 日至 11 月 15 日进行轨道板张拉和剪切连接；11 月 20 日完成全部施工工序，达到报验评估条件。

第四节　施工总平面布置图

本工程施工总平面布置遵循如下原则：方便施工、便于管理；保障环保及文明施工；珍惜土地、保护耕地；避免施工交叉干扰，确保施工的安全、质量和进度。Ⅱ型无砟轨道施工总平面的布置见图 8-8。

本工程其他主要临时设施布置如下。

一、CA 砂浆加料站

根据施工区段布置，按照每个临时储料站供应周边 15 ~ 20 km 左右的原则，本标段拟建 4 座 CA 砂浆原材料临时储料站。CA 砂浆加料站设置如表 8-8 所示。

表 8-8　CA 砂浆加料站设置

序号	加料站所在位置	供应范围		作业区域	所属
		主要工点	里程		
1	原二分部秦淮河搅拌站（约 DK8 处）	秦淮河特大桥、江××站、胜利河特大桥	DK1+852 ~ DK18+420	16.8 km	二分部
2	原五分部高阳河搅拌站（DK28 处）	句容河特大桥、句××站、高阳河特大桥、溧×跨宁杭特、卧龙 1# 隧道	DK18+420 ~ DK40+702	22.7 km	五分部
3	原八分部搅拌站（约 DK53 处）	卧龙 1# 隧道、跨沿江高速特大桥、溧×站——老鸦 1# 特大桥	DK40+702 ~ DK57+601	16.9 km	八分部
4	原八分部搅拌站（约 DK70 处）	老鸦 1# 特大桥——湖北岗特大桥——终点	DK57+601 ~ DK75+213	17.8 km	

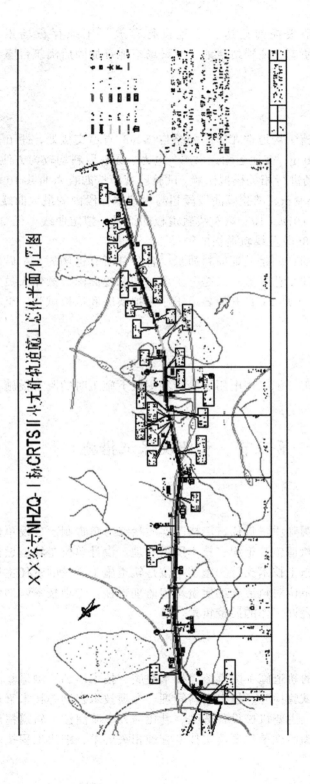

×× 路 ×× NHZQ-Ⅰ 轨道工程 CRTS Ⅱ 型板式无砟轨道施工总体平面化工图

图 8-8　施工总平面布置图

二、现场存板布置

本标段所预制的Ⅱ型板提前运送至工地进行存放，工地存板场累计用地 126 亩（84 000m²），均利用施工便道、搅拌站空地、制梁场空地等加固后浇筑台座，用于轨道板的存放。

三、线外揭板试验段

本标段线外揭板试验施工场地选在宁茅公路与 S243 省道交接处，距五分部混凝土拌和站及 CA 砂浆车加料站 100 m，交通运输、水源、电力、原材取料均较为方便，且地处Ⅰ标段中部位置，方便各分部进场进行相关模拟试验。试验段规模按四直六曲共 10 块Ⅱ型板底座的规模进行设置，总长度 65.9 m。试验段曲线段超高模拟本标段内的最大曲线超高 175 mm，故拟定模拟秦淮河特大桥 107# ~ 108#墩左线轨道板的铺设，拟定曲线半径 2 200 m；直线段模拟高阳河特大桥 47# ~ 48#墩左线轨道板的铺设。

揭板试验段的主要目的：一是验证原料质量、各分部所有进场的 CA 砂浆搅拌车工作性能，确定施工配合比和灌注工艺参数；二是分工序培训和提高岗位操作人员的操作能力。

试验段计划：2007 年 7 月 21 日开始各道工序模拟演练和揭板试验，至 2007 年 9 月 10 日结束。

四、其他临设布置

混凝土搅拌、钢筋加工、施工用电用水等均利用线下施工时的既有设施。

第五节　管理及保证措施

一、质量责任

客运专线轨道施工要明确质量责任，严格落实质量终身负责制。建设单位是轨道建设管理的责任主体，全面负责轨道施工组织、技术质量管理。设计单位是轨道设计质量的责任主体，全面负责轨道设计及施工技术支持。施工单位是轨道施工质量的责任主体，全面负责轨道实施的质量控制。监理单位对轨道施工质量承担监理责任。专项技术咨询单位对轨道专项技术进行审核、指导，对咨询工作的质量负责。

二、技术管理

建设单位要建立健全的轨道施工图审核、技术交底、技术培训、测量复测、沉降变形观测评估、专用材料准入、试验检验、技术资料管理、专项技术咨询等技术管理制度。重点抓好无砟轨道板（枕）制造、主要机械设备选型、乳化沥青砂浆灌注、轨道精调、专业接口等关键技术方案审查。施工和监理单位要落实技术管理相关要求，细化工程技术措施和监理细则，确保落实到位。

三、作业标准

本工程各施工分部要根据颁布的客运专线轨道施工标准、规范、验标和《客运专线铁路无砟轨道施工手册》等，编制作业指导书、施工作业要点卡片等技术文件。建设单位要组织有关单位按照定量化、标准化的原则进行审查，统一无砟轨道和道岔作业标准。

四、人员培训

本工程实行全员培训、持证上岗制度。建设单位要组织对施工、监理等单位的无砟轨道技术、管理人员进行专项技术培训，考试合格后方可上岗。施工单位要组织对精密测量、轨道板（枕）制造、底座（支承层）施工、乳化沥青砂浆灌注、轨道板铺设与调整、道床板混凝土浇筑、轨道精调等关键工序的操作和质检人员进行深化培训，理论和实做考核合格后持证上岗。

参考文献

[1] 王平. 铁路轨道施工[M]. 北京：中国铁道出版社，2010.

[2] 刘学毅. 客运专线无砟轨道设计理论与方法[M]. 成都：西南交通大学出版社，2010.

[3] 卢春房. 轨道工程[M]. 北京：中国铁道出版社，2015.

[4] 高亮. 轨道工程（第二版）[M]. 北京：中国铁道出版社，2015.

[5] 孟维军，付民光，于航，卜春玲. 高速铁路轨道工程施工[M]. 北京：中国铁道出版社，2014.

[6] 赵国堂. 高速铁路无砟轨道结构[M]. 北京：中国铁道出版社，2006.

[7] 朱颖. 客运专线无砟轨道铁路工程测量技术[M]. 北京：中国铁道出版社，2008.

[8] 铁道部工程管理中心. 客运专线铁路无砟轨道施工手册[M]. 北京：中国铁道出版社，2009.

[9] 中铁十九局集团有限公司. 铁路客运专线施工与组织[M]. 成都：西南交通大学出版社，2006.

[10] 韩峰. 铁道线路工程施工[M]. 北京：中国铁道出版社.2007.

[11] 卢祖文. 客运专线铁路轨道[M]. 北京：中国铁道出版社.2005.

[12] 赵景民. 无砟轨道施工测量与检测技术[M]. 北京：人民交通出版社.2011.

[13] 任娟娟. 桥上无砟轨道设计与维修理论[M]. 北京：科学出版社.2015 .